有影响力的学问是怎么炼成的

陈晓萍（Xiao-Ping Chen） [英] 凯文·斯廷斯马（H. Kevin Steensma） 编著

陈晓萍 贺伟 罗文豪 等译

U0274518

清华大学出版社

北 京

北京市版权局著作权合同登记号　　图字：01-2021-6997

图书在版编目（CIP）数据

有影响力的学问是怎么炼成的 / 陈晓萍，（英）凯文·斯廷斯马（H.Kevin Steensma）编著；陈晓萍等译 . —北京：清华大学出版社，2023.2

书名原文：A Journey toward Influential Scholarship：Insights from Leading Management Scholars

ISBN 978-7-302-62287-1

Ⅰ.①有… Ⅱ.①陈…②凯… Ⅲ.①管理学 Ⅳ.① C93

中国国家版本馆 CIP 数据核字 (2023) 第 003042 号

责任编辑：张立红
封面设计：钟　达
版式设计：方加青
责任校对：赵伟玉　葛珍彤
责任印制：丛怀宇

出版发行：清华大学出版社
　　　　　网　　　址：http：//www.tup.com.cn，http：//www.wqbook.com
　　　　　地　　　址：北京清华大学学研大厦 A 座　　　　邮　　　编：100084
　　　　　社 总 机：010-83470000　　　　　　　　　　邮　　　购：010-62786544
　　　　　投稿与读者服务：010-62776969，c-service@tup.tsinghua.edu.cn
　　　　　质 量 反 馈：010-62772015，zhiliang@tup.tsinghua.edu.cn
印 装 者：三河市东方印刷有限公司
经　　　销：全国新华书店
开　　　本：170mm×240mm　　　印　　　张：19.75　　　字　　　数：320 千字
版　　　次：2023 年 2 月第 1 版　　　印　　　次：2023 年 2 月第 1 次印刷
定　　　价：79.00 元

产品编号：091528-01

中文版前言

　　虽然组织管理学是诸多学科中的后起之秀，但这门因工业革命才诞生的学科，在过去的三十年中变得越来越热门。在美国的大学里有五分之一的本科生选修商科，有四分之一的研究生在商学院就读。虽然，目前中国大学生和研究生学工科的人数比例最大，达到总人数的三分之一，但我预测未来学习商科的学生人数会逐年上升。从这个角度来看，管理学这门学科的发展对于未来商业人才的培养，以及全球经济形态从工业时代顺利过渡到信息时代，都有相当重要的意义。

　　促进管理学科发展的最重要的力量是管理学院的学者、教授。全球的管理学教授接近两万名，分布在一百一十五个国家和地区。虽然大家都在不同程度上为学科发展做出贡献，但做出突出贡献的人数却没那么多。本书中的学者是为大家所公认的突出贡献者。他们怀着对组织管理的满腔热忱，敏锐观察和捕捉一切与组织管理有关的现象，不管是公司治理、绩效反馈、组织拟人化、创新创业、社会运动、产业变迁，还是组织公正、文化智商、职场中的阴暗行为、人际关系乃至情绪传染，他们都饶有兴味地进行深度调研，从而提炼出独到的见解和理论。他们的研究成果不仅丰富了管理学的知识宝库，也为管理实践者提供了解决问题的思路和工具。因此，我把他们的研究成果称为"有影响力的学问"。

　　邀请这些学者讲述自己的成长故事，一方面是出于我自己的好奇心，想了解他们的轨迹是否能印证我的经历；另一方面也是更重要的原因，则是为了启迪年轻一代的学者，让他们能够少走弯路，把时间和能量用在对学科进步最有意义的研究项目上，而不只是发表大量无足轻重的论文，造成人力、物力、财力的巨大损失。

本书的每个章节都精彩绝伦。我在阅读的时候常常边读边叫好，觉得每个人都说出了我的心里话，而且比我说得更生动、更得要领。让我感触最深的就是，我发现通向成功的道路可以如此之多，完全不需要"一条道走到黑"！

在酝酿本书的时候，我心里就一直记挂着中文读者。所以英文书稿一到位，我就立即联系中国的出版社。感谢清华大学出版社的张立红女士，她一眼就看到这本书的价值，欣然应允。我也要感谢本书各章节的翻译者：贺伟、蒋旭婷、罗文豪、杨惠雯、魏昕、周是今、张姝、朱春玲、任晗、颜示硼、高中华、魏一帆、钟锐、肖婷。他们的出色翻译使本书的中文版读起来原汁原味且妙趣横生。

陈晓萍

2021 年 12 月于美国西雅图

序言

为什么要做有影响力的管理研究？

陈晓萍（Xiao-Ping Chen） 凯文·斯廷斯马（H. Kevin Steensma）
翻译：陈晓萍

在 2005 年，马里兰大学的肯·史密斯（Ken G. Smith）教授和得克萨斯农工大学的迈克尔·希特（Miclael A. Hitt）教授曾合编了一本名为《管理学中的伟大思想：经典理论的开发历程》的著作，成为每个管理学者和博士生的必读书。他们在该书中介绍了管理学作为一门独立学科刚刚起步时，研究者是如何开发出经典管理理论的。在此书中，他们邀请了许多提出这些经典理论的学者，如阿尔伯特·班杜拉（Albert Bandura）、亨利·明茨伯格（Henry Mintzberg）、杰夫·费弗（Jeff Feiffer）、卡尔·维克（Karl Weick）、杰·巴尼（Jay Barney）等，回顾自己开发理论的历程，这些学者提出的许多管理学理论在当时都具有开疆辟土的意义，其影响源远流长。

但是，在过去的十七年中，随着全球化的加剧和科学技术的日新月异，组织形态和管理的范式开始转变，这引起了新一代管理学者的注意。他们用已经开发出来的经典理论去观照组织管理实践，发现并不能解释穷尽。于是，他们提出了自己的新理论、新视角、新框架和新见解，为管理学理论注入了新鲜血液。因此，我们觉得现在是时候让这些有影响力的管理学者来分享他们的故事和体会了。

有影响力的管理研究常常基于对组织现象的敏锐观察和思考，并伴随着对新理论和新假设进行跨时空求证的严谨的调查研究过程。我们以为，当前顶尖管理学期刊上发表的所谓"理论驱动"型研究论文其实只为我们理解组织现象做出了一点的贡献，因为这些论文常常脱离实践现象本身（Barkema，Chen，George，Luo，&Tsui，2015）。不论是新冠肺炎疫情，还是正愈演愈烈的零工经济抑或是科技的飞速发展，特别是人工智能、区块链、物联网在组织中的应用，都对组织管理提出了前所未有的挑战。只有关注和研究这些现象，并提出更新颖的理论去解释和预测这些现象，才可能保持管理学的活力，使其与时俱进。

有影响力的管理研究通常包含若干使用不同方法论的实证研究，去呈现一种重要的组织现象，并揭示此现象背后的原因和机理，同时指出可能放大或限制该现象的客观条件。这类研究既不精专，也不狭窄，但它可以引起大众的兴趣并潜在影响那些不研究这类现象的学者们的思考。

有影响力的管理研究和我们所说的负责任的管理研究异曲同工。负责任的管理研究是指那些不仅对学术文献有贡献而且能促进管理实践对社会福祉做出贡献的研究。换言之，研究的影响力不应局限于学术或组织本身，而应扩展到所有的利益相关方，包括顾客、员工、供应商、社区、社会、股东、生态环境等。

大多数管理学者都期望自己能在组织研究的某个领域建立名声（身份），但只有极少数人真正做到了这一点。这些学者的名字几乎成为某个研究领域的代名词。为了确定这些学者，我们针对美国顶尖商学院组织管理系的一百二十名助理教授做了一个调研，要求他们列出对自己的研究领域产生最重要影响的理论框架，并列出提出这些理论框架的学者姓名。有一个限定条件是这些学者必须是在 1990 年之后进入管理学界的。根据这个调研结果，我们邀请了十二位有影响力的学者参与本书的写作，让他们讲述自己的学术生涯故事。

为了防止他们天马行空，我们给出了下面几条写作建议。

1. 描述研究想法产生和发展背后的故事，如为什么选择某一个独特的研究领域，在发表论文过程中所遇到的挑战、所犯过的错误以及应对挑战和改正错误的经历。

2. 描述自己在研究中如何保持方法论的严谨，包括使用了什么不同的研究方法去交叉求证研究结果的有效性和普适性。

3. 分享自己如何与他人合作，如何应对同行评审和论文发表过程以及如何把自己的研究结果向外界传播的体会。

4.反思一下为什么自己做研究的路径对自己职业生涯的发展起到了重要作用。

因此我们有了手中的这一卷书，包含十二位学者娓娓道来各自的独特研究历程。每一个故事都与众不同、多姿多彩，展现出殊途同归、"条条大路通罗马"的古老智慧。在这十二位管理学者中，有六位在组织战略或创业领域，六位在组织行为或人力资源管理领域；六位女士，六位男士。他们的写作风格和侧重点不一样，有的着重于谈其研究项目的起源及演化，有的把重点放在从研究得到的体会之上，也有的把自己的故事、研究和反思巧妙地糅合在一起。为了使大家阅读起来感觉错落有致，我们按如下顺序安排章节。

第一章

我们把布莱克·阿什福思（Blake E. Ashforth）的文章放在第一章，不仅因为其"标新立异"的题目和生动的讲故事风格，而且因为此文与我们所鼓励的"现象驱动式"创新理论的主题（Chen，Friedman，& McAllister，2017）有着天然的契合。阿什福思以其在诸多领域的开创性理论的构建而闻名，如组织社会化过程和工作适应、组织身份和认同、尊敬和尊严、底层工作以及组织的拟人化等。很显然，他在职业生涯的不同时期关注了不同的组织现象，而非数十年只研究一种现象。在这个意义上，他是多个学术领域的拓荒者，而非追随者。这一章文字活泼、幽默、充满灵感和能量，而且他给读者提供了很多有助于成为学术拓荒者的忠告和实用工具。正如他所言："与其只做那些容易做的研究，为什么不跳起来去做那些让自己激动的研究呢？"

第二章

洪洵（Soon Ang）自身的跨文化经历和她在新加坡对外派经理人和国际学生的敏锐观察激起了她对如何在跨文化情境中有效工作和学习这个问题的极大兴趣。她因此开始深度探索并构建了"文化智商"（CQ）这个概念，开发了可靠的测量工具，并做了无数实证研究去检验文化智商对于外派人员在跨文化问题解决、决策、文化适应和创造力方面的影响，在跨文化管理领域引起了大众对文化智商的极大关注。更重要的是，除了学术研究，她也努力把自己的研究结果应用到实践中，通过培训的方式让人们在实际工作中提高文化智商。她所用的"双钵颂音"的比喻表达的就是科学和实践并举的思想，与本书的主题和谐共鸣。

第三章

詹姆斯·韦斯特法尔（James D. Westphal）做研究的动因来自读博之前他在一个咨询公司做烦琐的数据分析工作的日子。当他从公司治理的角度去观察那些数据的时候，发现了一些相当有趣的规律。这些发现不仅勾起了他读博的强烈兴趣，还促使他从不同学科（社会学、心理学、经济学）中汲取知识去解释这些发现。这在当时分科鲜明的管理学研究中还是相当罕见的。在他孜孜不倦的努力下，用跨学科的方法研究公司治理，终于在管理学界取得了合法性，此后遍地开花。韦斯特法尔仅在《行政科学季刊》（*Administrative Science Quarterly*，ASQ）上就发表了二十多篇论文，对公司治理研究领域的贡献可谓卓著。

第四章

有意思的是，西加尔·巴塞德（Sigal Barsade）也是读博之前的工作经历诱发她产生了深度研究情绪在工作场所中的作用的想法，而在当时，情绪还是一个在组织行为研究中几乎不被涉猎的领域。在本章中，西加尔回溯那段历程，特别提出在开发新课题时她所遵循的两大原则："大理论"和"大方法"。另外值得一提的是，虽然她的论文研究的都是工作场所中的情绪，但没有一个研究只是对前一个研究的重复和微薄拓展。相反，她使用的是"高风险／高回报"策略，每一个研究都另辟蹊径，不断探索情绪的不同方面在个体、团队和组织层面的结果。她因此成为情绪研究专家，成为包括"工作场所的情绪传染""团队情绪""情绪多样性"以及"孤独""爱""下意识情绪"等重要概念的提出者。

第五章

亨里奇·格雷夫（Henrich R. Greve）采用精心设计的系统方法来做学术研究。在本章中，他回顾了自己对组织绩效反馈研究领域（他诸多研究领域中的一个）的杰出贡献，通过分析组织实际绩效与理想绩效之间的差距，解释公司为实现不同目标所应该做出的选择和改变。格雷夫起初先用数据来检验一个广为人知的理论，结果发现其解释力度有限，因此他提出了自己的新理论框架。新理论框架此后受到了广大学者的追捧，一发不可收，从而造就了该领域研究的蓬勃发展。格雷夫分享自己的学术智慧，就如同和老朋友在咖啡厅聊天一般，却又语惊四座。比如："好理论必须用完美的数据来验证""反复验证旧理论比开创新理论更有意思""如果一本书里只有一个深刻的理论，但有许多未经证实的新想法的话，那么这本书就将成为滋生新研究领域的温床"。

第六章

奥拉夫·索伦森（Olav Sorenson）以其对"就地创业"现象的研究而出名，该现象发生背后的原因则是社会关系对于创业者的重要性。多年来，索伦森观察到许多创业者是从他们的居住地开始创业的，而不是到那些所谓创业效率最高的地方去创业。他同时也看到，就地创业的公司的创业成功率要高于那些搬到新地方去创业的公司的创业成功率。他因此心生好奇，开始了探索"为什么"的旅程。在坚持不懈的努力下，他发表了一系列论文来解释这个创业主场效应。他在本章中分享了精彩又实用的建议，那就是：首先，若要变成有影响力的学者，你先应该去发现值得研究的重要现象，而不是"填沟"；其次，找到志同道合的合作者，而不是"傍学术大款"；最后，反复练笔，以提升自己的写作能力。

第七章

贾森·科尔基特（Jason A. Colquitt）在本章中展现了自己对正义这个课题长期以来孜孜不倦的兴趣。他在大四写毕业论文时第一次与这个题目相遇，一见钟情，从此结下不解之缘。经过多年的勤奋工作，他终于成为组织正义研究领域的重要贡献者，先后发表了三十多篇论文。他不仅开发了测量组织正义的量表，首个对该领域的文献做了元分析研究，还把其他三个研究领域——团队、性格和信任——整合到正义研究之中。在回顾自己的研究历程时，科尔基特用心理赋能的理论框架（Spritzer，1995）中的几个要素进行解读，那就是内在兴趣、对诸多研究方法的熟练掌握以及看重正义研究结果对改进企业文化的意义。

第八章

哈吉·拉奥（Huggy Rao）在本章中采用不同的形式来回顾自己的研究历程。他既没历数自己已经发表的五十多篇论文，也没谈论自己在组织内集体行动研究领域的学术贡献，而是详尽地描述了他在学术生涯中与诸多管理学大家的邂逅：大家一起喝酒、聊天，一起工作、发表论文。他的每一段学术路程都伴随着很多的偶然性，峰回路转、出其不意、精彩绝伦。文中描述的小故事，个个呈现了他在探索研究社会运动和集体行动中所体验到的乐趣。同时，他字里行间流露出来的谦逊和对同事友谊的珍视更是令人感动。

第九章

周京（Jing Zhou）在过去的二十五年里潜心研究员工的创造力，发表了二十多篇论文和四本著作。在本章中，她回忆自己在读博期间如何对创造力这个题目产生了兴趣，而在当时，几乎没有管理学者研究这个论题。自从确定这个研究方向之后，她便精心设计了研究计划，挑选自己的博士论文导师以及合作者，并有策略地打造系统的研究项目：先研究创造力的前因变量，再研究对创造力造成负面影响的条件，最后研究创造力的结果。她特别强调挑战既有假设和系统研究一个论题对于知识积累和深度了解组织现象的重要性。

第十章

拉吉西丽·阿加瓦尔（Rajshree Agarwal）从进化论的视角来审视自己的职

业旅程，她认为自己是一个终身学习者。她对人们在知识上、心理上和经济上不断追求上升的现象充满了研究激情。她至今在这三个领域发表了六十多篇论文，使我们得以窥见她自身从经济学者向战略管理学者蜕变的过程。阿加瓦尔整合经济学、心理学和社会学的理论来解释创业个体、创业型组织和创业型经济体的前因后果，是一个采用交叉学科方法研究组织现象的典范。用她自己的话说，"研究的想法不知其学科出处"，所以我们必须"挣脱"用理论驱动的演绎法研究范式的"桎梏"，而采用"基于问题"出发的归纳法研究范式。

第十一章

桑德拉·鲁宾逊（Sandra Robinson）以研究组织行为的"阴暗面"而著称，被认为是管理学界最早关注工作场所负面行为的学者。她关于心理合同毁约、工作破坏行为和领地行为等方面的研究曾多次获奖。在本章中，她亲近地分享自己的故事，讲述职业生涯中的起起伏伏和在此过程中习得的十条经验教训，始终贯穿这十条经验教训的共同特征，就是求质量而不求数量。她希望自己的准则能给那些正在学术生涯中挣扎的学者带来灵感和希望。

第十二章

安妮塔·麦加恩（Anita M. McGahan）站在年长学者的角度来回顾自己的职业生涯，并给年轻的管理学者提出忠告，就如何选择既重要又有意义的课题进行研究。麦加恩自己的研究历程曾经拐了好几个弯，从用传统的方法研究行业结构和变革，演化到今天对为公共利益进行的私人创业的研究充满热情。尽管只有少数学者有能力做交叉学科的研究，但麦加恩的论文发表在许多不同领域的期刊上，包括全球公共健康、人权、医学和精神病学等领域的期刊。更难能可贵的是，麦加恩不仅把自己看成学者和教育工作者，而且认为自己是世界公民，有责任帮助组织实现最大的潜力，以便解决我们这个时代面临的巨大挑战，包括气候变暖、全球健康、移民问题和消除贫困等。

最后，我们总结这十二位学者经历中的共性和特性，并构建出一个如何做有影响力学问的过程模型。

　　我们热切期望本书贡献者的反思和洞见可以激发新一代管理学者对组织研究的热情，并帮助他们认识到其研究成果是可以直接指导组织去取得成功的。

鸣谢

　　特别感谢我们的同事吉赛尔·安托万（Giselle Antoine）、伊丽莎白·坎贝尔（Elizabeth Campbell）、克里斯托·攀（Crystal Farh）、安娜·冯（Anna Fung）、阿比纳夫·古普塔（Abhinav Gupta）、安德鲁·哈芬布拉克（Andrew Hafenbrack）、拉尔夫·海德尔（Ralph Heidl）、米歇尔·李（Michelle Lee）、斯蒂芬·李（Stephen Lee）、刘知（Zhi Liu）、陆冠楠（Jackson Lu）、马吉德·马祖比（Majid Majzoubi）、任·莱默（Jen Rhymer）、基拉·沙布拉姆（Kira Schabram）和申若瑟（Joseph Shin）在本书编辑过程中提供的帮助。他们仔细阅读了每一章的初稿，并提出了具有建设性的意见和建议。书中若有任何疏漏，欢迎读者朋友们指正，再版或重印时我们会给予改正。

参考文献

（1）Barkema，H.，Chen，X. P.，George，G.，Luo，Y. D.，&Tsui，A. S.（2015）. West meets East: New theories and concepts. Academy of Management Journal，58（2），460—479.

（2）Chen，C. C.，Friedman，R.，&McAllister，D.（2017）. Seeing and studying China: Leveraging phenomenon-based research in china for theory advancement. Organizational Behavior and Human Decision Processes，143，1—7.

（3）Smith，K. G.，&Hitt，M. A.（2005）. Great minds in management：The process of theory development. Oxford：Oxford University Press.

本书贡献者

拉吉西丽·阿加瓦尔（Rajshree Agarwal）：马里兰大学史密斯商学院战略创业领域的鲁道夫·拉蒙（*Rudolph Lamone*）的讲席教授，也是埃德·斯奈德（*Ed Snider*）创业和市场中心的主任。从经济学背景出发，阿加瓦尔现在采用多学科的视角研究创新和创业在个体职业生涯、公司、行业和经济体演化中的作用。

洪洵（Soon Ang）：新加坡南洋理工大学的杰出教授。洪洵于明尼苏达大学获得博士学位，是南洋理工大学商学院领导力和文化智商中心以及文化科学研究所的创始人。她在诸多学科的期刊上发表论文，是全球在文化智商、领导力和外包领域的领军学者。她出版了好几本著作，并创建了全球第一个使用多媒体情景判断的方式来测验文化智商的工具。洪洵强调科学—实践并举的原则，不仅获得了许多学术大奖，而且从新加坡总理办公室和国防科委得到了几百万元的研究资金。她获得的奖项包括明尼苏达大学杰出校友领袖奖、美国创造力领导中心的杰出弗里茨·瓦尔特（Walter F. Ulmer，Jr）大奖、南洋理工大学的首个研究创新大奖，以及由新加坡总统颁发的奖励杰出教育和研究的公共管理银牌奖。

布莱克·阿什福思（Blake E. Ashforth）：亚利桑那州立大学凯瑞商学院的讲席教授。他于多伦多大学获得博士学位，他的研究主要关注个体与组织之间不断变化的关系，主要的研究课题包括社会化和工作适应、组织身份和认同、尊敬和尊严以及其他连接个体、团队和组织的有趣现象等内容。他最新的研究主要聚焦在底层工作、矛盾心态和组织拟人化上。阿什福思是美国管理学会的院士，曾获得该学会组织行为学分会的终身成就奖以及该学会组织认知分会的杰出学者奖。

西加尔·巴塞德（Sigal Barsade）：宾夕法尼亚大学沃顿商学院的讲席教授兼管理系组织行为学领域的协调人。她的研究聚焦于组织中的情绪和企业文化，研究课题涉猎群体情绪模型、情绪传染、情绪文化、情商、情绪与绩效和情绪多元性。她的论文发表在管理学和心理学的顶尖期刊，如《管理学会杂志》（*Academy of Management Journal*，AMJ）、《行政科学季刊》《应用心理学杂志》（*Journal of Applied Psychology*，JAP）、《人格与社会心理学杂志》（*Journal of Personality and social psychology*，JPSP）、《组织行为与人类决策过程》（*Organizational Behavior and Human Decision Processes*，OBHDP）等。她也曾担任美国管理学会组织行为学分会的会长。

陈晓萍（Xiao-Ping Chen）：美国华盛顿大学福斯特商学院组织管理学菲利普·康迪特（*Philip M. Condit*）讲席教授，美国管理学会与心理学会院士。她曾任福斯特商学院副院长（2016~2020 年）和组织管理系主任（2009~2015年）。她曾担任专业英文期刊《组织行为与人类决策过程》的主编（2010~2016年），同时也是中英文双语杂志《管理视野》（*Management Insights*）的创刊主编和现任主编，并将担任《组织管理研究》（*Management and Organization Review*）的主编。她于伊利诺伊大学获得心理学博士学位。陈晓萍教授的主要研究课题包括跨文化管理、个体和群体决策、领导学、商业谈判、创业者激情以及和中国人的关系等。她的学术论文发表于全球顶尖的管理学和心理学期刊，如《管理学会杂志》《管理学会评论》（*Academy of Management Review*，AMR）、《应用心理学杂志》《组织行为与人类决策过程》《人格与社会心理学杂志》《实践社会心理学杂志》（*Journal of Experimental Social Psychology*，JESP）、《国际商业研究杂志》（*Journal of International Business Studies*，JIBS）等。她曾多次获得教学和科研大奖，包括 2019 年《管理学报》（*Journal of Management*）的学术论文影响力奖、2018 年的中国管理理论的最佳论文奖、2017 年福斯特商学院的杰出领导力奖以及 2016 年中国管理研究国际学会（International Association for chinese Management Research，IACMR）的杰出学术贡献奖等。

贾森·科尔基特（Jason A. Colquitt）：圣母大学门多萨商学院组织管理学讲席教授。他于密歇根州立大学获得博士学位。他的研究兴趣主要集中在组织正义、信任和个体性格。他曾在《管理学会杂志》《管理学会评论》《应用心理学杂志》《组织行为与人类决策过程》和《人事心理学》（*PPsych*）上发表四十余篇论文。他曾担任《管理学会杂志》的主编和副主编，荣获美国工业组织心理学会早期职业杰出贡献奖和美国管理学会组织行为学分会卡明斯（*Cummings*）学者大奖。

亨里奇·格雷夫（Henrich R. Greve）：法国欧洲工商管理学院商学院创业学鲁道夫和瓦莱里娅·马格（*Rudolf and Valeria Maag*）讲席教授。他于斯坦福大学获得博士学位。他的研究主要聚焦于组织学习、组织间的知识渗透和社会网络。后来他开始研究体育运动行业的社区评价、不良行为和决策。他的研究论文主要发表在管理学的四个顶尖期刊上，即《管理学会杂志》《行政科学季刊》《战略管理杂志》和《组织科学》（*Organization Science*），也发表在社会学和经济学期刊上。他目前是《行政科学季刊》的主编和《组织科学》的资深编辑，也是美国管理学会的院士。

安妮塔·麦加恩（Anita M. McGahan）：多伦多大学教授和组织社会学乔治·康奈尔（*George E. Connell*）讲席教授。她同时任职于管理系、全球事务和公共政策系、医学院和公共卫生学院，是哈佛大学战略竞争力研究院的资深研究员、麻省综合性医院全球健康创新分部的首席经济师和美国管理学会的前任主席。在 2014~2019 年，她曾在艾伦·麦克阿瑟基金会透明治理研究网络项目中任职。她于哈佛大学获得博士学位，曾在麦肯锡和摩根士丹利公司任职数年。她的研究主要聚焦在服务于公共利益的私人创业。

哈吉·拉奥（Huggy Rao）：斯坦福大学商学院组织行为学阿索尔·麦克比恩（*Atholl McBean*）讲席教授兼社会学教授。他研究组织内和市场中的集体行动。他的研究和教学基本都围绕着如何使组织中的创新增加，人员的流动变得更容易，人才变得更密集。他曾担任《行政科学季刊》的主编，也是美国管理学会院士、社会学学会院士和行为科学高级研究中心的研究员。他在 2014 年与鲍勃·萨顿（Bob Sutton）合写的著作《加码卓越》被《华尔街日报》《金融时报》《福布斯》《华盛顿邮报》等评为最佳商业读本。

桑德拉·鲁宾逊（Sandra Robinson）：加拿大不列颠哥伦比亚大学教授兼杰出大学学者。她于西北大学获得博士学位。她的研究主要聚焦于工作场所中的破坏性行为，比如不守规矩、背叛信任和职场排斥等。她的论文发表在诸多期刊上，如《应用心理学杂志》《行政科学季刊》和《哈佛商业评论》，并获得了很多大奖，包括美国管理学会组织行为学分会的卡明斯学者奖、西部管理学会的新人奖和《管理询问期刊》的杰出学者奖。她曾担任《管理学会发现》（*Academy of Management Discoveries*）的副主编和西部管理学会的地区代表，并将担任组织心理学分会会长。她土生土长于温哥华，为自己能和家人在这片土地上工作和生活深感幸运。

奥拉夫·索伦森（Olav Sorenson）：加利福尼亚大学洛杉矶分校安德森管理学院创业研究约瑟夫·雅各布斯（*Joseph Jacobs*）讲席教授，也是该学院创业创新中心的研究主任。在回加州大学洛杉矶分校之前，他在耶鲁大学管理学院任管理学弗雷德里克·弗兰克 54 和玛丽·坦纳（*Frederick Frank'54 and Mary C. Tanner*）讲席教授。他也曾兼任芝加哥大学、伦敦商学院、多伦多大学的教授。他于哈佛大学获得学士学位，于斯坦福大学获得硕士和博士学位。2018 年，他因为对创业创新领域做出的杰出贡献而获得全球创业研究大奖。

凯文·斯廷斯马（H. Kevin Steensma）：华盛顿大学福斯特商学院的迈克尔·福斯特（*Michael G. Foster*）讲席教授，曾任《管理学会杂志》副主编。他于印第安纳大学获得博士学位。他的研究兴趣主要包括跨公司合作、技术战略、知识产权和公司间的知识流动。他的论文发表在《管理学会杂志》《战略管理杂志》《应用心理学杂志》《国际商业研究杂志》和《组织科学》等顶尖期刊上。他还曾在印度商学院和法国的 *Grenoble* 管理学院做访问教授。

詹姆斯·韦斯特法尔（James D. Westphal）：密歇根大学罗斯商学院战略学哈维·弗鲁豪夫（*Harvey C. Fruehauf*）讲席教授。他的研究领域主要在战略管理和组织理论，聚焦于公司治理和战略决策中涉及的社会和心理过程。他的著作《符号式管理：治理、战略和体制》由牛津大学出版社出版。他曾获得诸多研究奖项，包括五次获得美国管理学会组织管理理论分会的优秀论文奖，两次获得密歇根大学年度研究者大奖、帕拉苏拉曼（Parasuraman）杰出出版奖和得克萨斯大学的卓越研究奖。他目前是美国管理学会院士、战略管理学会院士，曾担任管理学会战略管理分会的会长。他的研究成果被诸多媒体争相报道，包括《商业周刊》《经济学人》《金融时报》《纽约时报》《华尔街日报》《纽约客》等。

周京（Jing Zhou）：莱斯大学琼斯商学院的玛丽·吉布斯·琼斯（*Mary Gibbs Jones*）讲席教授，并兼任亚洲管理研究教育中心的主任和组织行为学领域的协调人。她的研究关注创造力和创新，如创造力的成因及其对组织创新和有效性的影响。她是美国心理学会、管理学会、工业组织心理学会和心理科学学会的院士。她曾任《应用心理学杂志》的副主编，并参与编著《组织创造力手册》《创造力、创新、创业的牛津手册》《创造力和创新手册》。她曾两次获得《金属杂志》（JOM）的最佳论文奖，她也是剑桥大学的荣誉研究员。

目录

第一章

怎么会发生此等怪事？构建理论的炼金术

亚利桑那州立大学　布莱克·阿什福斯（Blake E. Ashforth）

南京大学　贺伟　蒋旭婷　翻译

　　管理学者的本职工作在于探索如何在改善商业组织与人类社会福祉的过程中尽情释放个人的好奇心。因此，"为什么"和"怎么办"成为学术研究中最关键的两个词语。学术研究主要就是探索我们所处的这个奇妙世界中的事物规律，并用这些规律去助推商业组织的发展。简单来说，学术近似等同于理论，也即理论构建。但是，正如希尔曼所言："如果研究方法是一种科学，那么理论就是一门艺术。"（Hillman，2011：607）换言之，理论构建是学术研究中最像炼金术的一个环节——将不同的观察发现与思考（铅元素）转化成一个关于事物发生规律（"为什么"和"怎么办"）的系统性解释（金）的过程。那我们到底如何实现这一过程呢？

　　鉴于我个人职业生涯的成功主要得益于理论构建，所以我把大部分精力放在揭秘炼金术的过程上，也就是我们如何构建理论。我会将我本人跌宕起伏的职业生涯故事作为一个舞台来演绎理论构建的过程。与此同时，我还会分享一些关于学术合作的思考、论文评审过程中的感悟，以及向那些（我热切期盼的）决定追求和探索伟大思想的学者提供一些职业发展方面的建议。

部分背景信息

　　浏览我的简历，你很难辨识出一个共同的理论研究脉络。但借用简·达顿（Jane Dutton）教授一次在专业发展工作坊上提出的一个恰当说法，我的总体研究激情始终是在试图更好地理解系统是如何影响个体的，当然有些时候也包括个体是如何影响系统的。作为一个不折不扣的漫画迷，我深知一个引人入胜的原创故事的重要价值。虽然我小时候从来没有使用过宝洁公司含有致癌物的产品，也没有经历过任何一夜成名的高光时刻，但有一件事情对我而言至关重要。在高中阶段，我曾偶然在图书馆里发现了《纽约时报》刊登的一篇描述著名心理学家津巴多教授写的关于斯坦福监狱研究的文章（《思想是一个可怕的狱卒》，1973 年）。我当时被震惊了！为什么那些普普通通的善良的大学生会在短短几天时间内蜕变成一群具有施虐暴力倾向的狱警和一群委曲求全的囚犯？作为一个书呆子，我对此非常着迷，以至于后来写了一篇冗长的关于监狱对囚犯影响的期末论文（我甚至在假期中亲自去了一所监狱，但我当时因为害怕没敢向工作人员问任何问题，我想津巴多教授应该会理解我的胆怯）。

　　该研究点燃了我对工作身份角色／认同（人们如何通过组织与工作来定义自己）、社会化（组织如何塑造新员工）和组织阴暗面（我们的机构设置如何滋生腐败、暴力、倦怠等消极产出）的持续研究激情。激情之美令人流连忘返——有什么组织行为的研究会不涉及"系统是如何影响个体"的呢？——确实有太多酷炫的问题可以思考！类似下水道工人和说客这样的群体是如何从事这些苦累的工作，又是如何看待自己的工作和自己本人的？他们会感到骄傲还是难为情？一个组织、群体或个人的身份角色如何塑造其他层次上的身份认知？腐败如何在组织内部蔓延，以至于当组织中最初的一拨"坏苹果"（从事不道德行为的人）离开后，组织腐败仍在继续？相反，为什么组织中一些所谓的"圣人"会觉得做一些违规或不道德的事情是没什么大不了的？比如会表现出自私自利的行为以及对同事的不宽容。一些强烈的和具有潜在破坏性的情绪，例如士兵在面对杀戮场景时的厌恶感，是如何在组织中得以合理化，以使个体和组织都能继续正常运转下去的？

找到正确的工具

　　我在学术生涯初期接受的是实证调研与分析的研究方法训练。这些训练成为我看待问题的三棱镜，也成为禁锢我思想的牢笼。如果我无法通过实证调研来测量一个现象，那我就不会去探索这一现象，就像我们选择吃什么样的蔬菜以及在过马路时需要关注双向车流。我们都知道应该根据我们选择的研究问题来选择合适的研究方法。但事实上，我们常常颠倒了这一逻辑：我们仅研究那些使用我们熟悉的研究方法能够快速解决的科学问题。这样的做法有相当大的局限性！

一段时间以后，我对实证研究方法不再抱有任何幻想，不是因为实证研究方法没有效果，相反，实证方法非常有效！我的这一决定与我个人极度傲慢的想法有关："为什么要浪费时间向别人证明一些我早已解决出来的问题？"我想要提出问题，而不是证明问题。当然，老实说，研究方法和统计分析从来都不是我的强项；虽然我擅长这些技巧，但我个人的学术标准与追求更高。所以，放弃一个摇摇欲坠的小船去追逐一个更为坚固的大船不算一个艰难的决定。

于是我开始探索性地尝试质性研究和定性研究，尤其是访谈研究。定性研究的独特魅力在于学习和探索的过程，而非去验证。每一次访谈和每个小时的观察都能给予我新的发现，而将这些碎片信息和发现编织成一个有意义的理论框架虽然极富挑战，却是我最无法抗拒的体验。我对拼图游戏一直都缺乏耐心，但理解定性数据的过程就像完成一幅拼图，只是这里有一个特别大的区别——分析定性数据的背后并不存在一个预先设定的完整图案。（如果有的话，那会变成一种非常好的信仰，却是非常糟糕的科学。）

人们终究还是喜爱有趣的故事。访谈研究是邀请人们围绕一系列相关问题来讲述自己的故事。一旦受访者意识到你是真的想知道他们看待事物的观点而非去评价他们的时候，故事会就开始了，而且通常他们的坦诚还会让你毛骨悚然。访谈是我们这些充满好奇心的学者的终极研究方法，因为这是一种被社会接纳的合理"窃听"方式。我曾经访谈过一位殡葬师，并且与我的合作者——卡罗尔·库利克（Carol Kulik）教授一起编码和处理访谈文本信息。库利克教授很震惊我询问这位殡葬师是否会亲自处理自己亲属的遗体这件事。我耸了耸肩，回了句："为什么不能问呢？"我在访谈过程中与受访者建起了良好的关系和信任，并且这个问题与我们关于员工与其服务角色之间关系的研究问题直接相关。如果我在社区的烧烤聚会上遇到他，我还会问这个问题吗？我相信不会。这其实就是我想说的：访谈研究可以带你到任何具有挑战的地方，而礼节性的谈话通常无法做到。

你为什么想要创建一个理论？

讲故事的这一说法让我想到了理论构建，这是一种特殊的讲故事的形式，也是整个学术的基石（Shepherd & Suddaby，2017）。正如菲斯克（Fiske）所表达的："好的理论能阐明因果逻辑关系且具有整体性，也是一段好的叙述，它追求简约，能被检验，有预测力和能解决问题。"（Fiske，2004：132）我们用理论来指引数据收集，同时我们还用理论来理解数据发现，从而更好地理解现象和解决重要问题，或者至少让我们逼近一个更好的理论。[①] 理论就是我们用来讨论是什么、怎么样和为什么，以及关于哪些人、什么地方和什么时候的边界条件（Whetten，1989）。

"好东西太多了吗？"

在我们的研究花园里似乎粗鲁地坐着一只 800 磅重的黑猩猩。[②] 在我们的领域，围绕是否已经有太多的理论这个问题，人们争论已久（e.g.，Pfeffer，2014；Suddaby，2014）。理论是一种公平的知识资源，我们所有人都享有使用它来解释组织运作规律的同等机会。鉴于我们所处的世界充满了复杂性、动态性和争议性，我难以想象我们竟然已经开始为资源太多而感到困扰了，就像很难想象我们会因为呼吸到太多的新鲜空气而苦恼。但正如有些人指出的那样，真正的问题是我们有太多完全没有被检验过或仅仅是被肤浅验证过的理论；而更为不幸的是，顶级期刊却非常排斥发表那些我们迫切需要的、建设性的重复验证类实证研究论文（e.g.，Hambrick，2007；McKinley，2010），从而造成了现在的错觉：我们的研究花园里充斥着太多概念性的杂草。

客观来讲，即便是一个未经检验过的理论，或那些直觉上合理（但在现实中难以论证）的观点，其自身的启发性价值也能够帮助我们重塑对组织的看法。我认为，欧文·戈夫曼（Erving Goffman）、约翰·万·曼南（John Van

---

① 我有一次询问我的一位导师鲍勃·豪斯（Bob House）教授，为什么他要将自己撰写的一个章节命名为"魅力型领导的 1976 版理论"（*A 1976 theory of charismatic leadership*）。他告诉我说，因为他希望让人们明白，每一个理论在本质上都是一项尚未完成的工作，目的是推动未来学者去不断完善他的理论。现在来看，那就是学者中的学者！

② 来自汉布里克（Hambrick，2007：1346）文章的副标题。

Maanen）、卡尔·韦克等人的著作对我自己的研究颇具启发性。尽管他们的很多观点都很难被实证检验，可这正是因为他们深邃的思考已经超越了数据所能展示的狭隘范畴。归根结底，一棵所谓的杂草只是"错误地点上的一株植物"——此处不留爷，自有留爷处。因此，我对理论数量多少这一争议的观点是，如果大家信任园丁（我们领域的学者和实践者），就让这些植物自由生长吧，让它们找到最适合自己的归宿。

究竟什么是一个值得研究的问题？

通过我之前的背景介绍不难发现，我通常喜欢聚焦一个棘手却充满挑战的问题来撰写理论性的文章（或开启一项定性研究来探索一个新的理论）。[1] 问题越宏大且越具有系统性，我就越感到兴趣盎然。

这也就引出一个问题：什么样的问题值得研究？有学者对此已经进行过非常深入的探讨（e.g., Corley & Gioia，2011；Davis，1971；Mathieu，2016；Shepherd & Suddaby，2017），所以我只稍作简述。你在寻找有趣的东西，并且，如果你足够幸运，你会发现它们很酷炫，甚至令人惊叹，因为它们代表一种研究困境和一个（可能）重要的现象或问题。重要的是问题。因此要找到那个问题，可以关注有意义的理论空白（一定是有意义的）、突发现象、领域中的矛盾、违反直觉的发现和事件、令人不安的趋势，以及管理者和员工正在努力解决的难题。你能从同行学者那里听到的最棒的赞美之一就是："朋友，我怎么没有想到这个呀？"而来自管理实践工作者最为悦耳的赞美就是："哇，知道这点对我帮助很大！"

关于什么是一个有趣的研究问题，我还想补充一点。我喜欢以一个挑战常识且内涵丰富的话题或现象开启一篇理论文章，这个话题或现象可能长期存在于组织生活中的一部分，但至少在组织情境中仍未得到充分探索。以我和我的合著者关注过的现象为例，其中包括组织的拟人化，精神和宗教观念在组织

---

[1] 当我使用"我"的时候，请大家注意到我其实很少独立工作。我发现与合作者一起研究是极其愉悦的一种社交体验，包括体验彼此之间多样化、高质量思想火花的碰撞。我已经和超过 60 位学者合作过，这些合作经历当中仅有少数几次让我感叹过"下不为例"的不悦。我想说我是一个比较挑剔合作伙伴的人，但我认为更重要的是去体验合作过程中的吸引力。因此，这里使用的"我"仅仅是代表我的个人倾向，与谁是我的合作者无关。

中的角色，组织中个体的角色转变、情绪、防御行为、贴标签行为甚至无意识状态。在每个现象中，我们都想知道其核心观点如何帮助我们更好地理解组织动态。以情绪为例，组织领域的学者跟随心理学的研究趋势，以行为主义视角和认知视角为主导——鉴于组织的功利性和目标导向性，这两个视角的确有其意义。但对行为和认知的过分关注让我内心充满矛盾，当然，我想，可能情绪也在其中扮演着重要的作用？对情绪研究的起源就是如此简单。但也正如研究中经常发生的那样，对于情感这样的基本话题或现象研究，我和我的合著者罗恩·汉弗莱（Ron Humphrey）很快意识到我们需要在一个更窄的应用范围进行打磨（关于这个过程，后文会进一步详述）。因此，我们把对情绪这一宏大话题的广泛兴趣写成两篇文章，一篇是有关情绪劳动的，另一篇则是关于组织生活如何充斥着丰富且相互关联的情绪的。

宏大理论的危险

我前面提到过，文献中的矛盾点往往潜藏着有趣的研究问题。也许是因为我对系统如何影响个体这一研究兴趣的痴迷，我习惯把不同的观点整合到一个包罗万象的、系统性的框架中。所以当我得知一个理论与另一个理论相悖时，我的第一反应不是去比较孰优孰劣，以便于我能够继续推进手头的论文写作（我想我们经常会在学术文章中这样处理），而是试着去调和它们。事实上，一个贯穿我整个职业生涯的梦想就是创立能够解释绝大多数组织负面功效的宏大理论。但后来我意识到，组织领域的研究之所以往往由中层理论而非宏大理论主导，背后自有其道理：我们需要同时具备关注现象的现实性和多样性的抽象思维，即在普适性和精准性之间达到一种动态平衡状态（Pinder & Moore，1980）。为了追求宏大的抽象而忽略现实常常会导致理论与现实脱节。（关于这一点我会在后文详细展开。）

那么，究竟如何才能切实做到将宏观层面的研究热情和一些中观层面的研究兴趣点灌注于有研究价值的问题中，继而通过理论构建来解决这一问题？我有幸做了很多客座演讲，也参加了不少论文发展工作坊，其中我被问到最多的问题就是"你是从哪里得到这个灵感的？"，我也希望自己能给出一个简明扼要的答案（类似于《农夫年鉴》那样的），但是实际上我能给出的最好的回答是相信过程。

构建理论的过程

你可能会问，你说的是什么过程？下面我要介绍一个适用于我自己的过程，同时也有两点需要注意的补充说明。第一，理论构建没有一个最好的方式，所以当你在寻找属于自己的最佳路径时，请将以下介绍视作可参考的建议。第二，我立志做出领域内突破式的研究（当然，只是小的突破），而非渐进式的研究（尽管我认为我的方法也有助于渐进类研究的发展）。需要明确的是，这两类研究我们都需要。突破式的研究即马奇所说的探索（March，1991），亦是阿什福德口中的全垒打（Ashford，2013）。这类研究有醍醐灌顶之效，能够激发读者从一个崭新的视角思考组织现象。相反，渐进式的研究则是利用和一垒打，有去冗存精之用，能够将已有的突破式研究凝练为严密时和经受实证检验的理论阐述。如果说探索是开山凿路，那利用就是铺路搭桥。利用式研究，比如开发测量工具，尝试变量的组合（预测、调节、中介和结果变量），放宽边界条件等，都是规范科学中的基础性工作，不可或缺。大量研究都属于利用式研究，比如在目标设定理论（Locke & Latham，2013）提出之后，在长达数十年的时间里，该理论不断孕育和启迪后继的利用式研究，也即渐进式研究。

但我为什么一直强调开山凿路而非铺路搭桥？首先，正如巴尼所说："如果一个人只提小问题，那么得到的也只是小答案。"（Barney，2005：283）我认为组织中面临的迫切挑战要求我们给出大答案，而只有提出大问题才能得到大答案。其次，从定义而言，利用式研究更加程式化，更容易被理解。最后，我曾参加过很多让我坐立难安的论文发展工作坊，善意的发言人会为大家提供有助于求职和获得终身聘用方面的建议，他们几乎无一例外地推崇利用式研究（关于这点我也会在后文详述），就好像这些路会自己蹦出来一样。与其安于现状，何不革故鼎新？

那么，如何开辟一条全新的道路呢？

洞悉领域全貌

在领域内的海量文献和生活中的日常点滴中自在畅游。我喜欢沉浸在阅读中，就像我首次拜访一座城市那样，不用地图（主流的模型和文献回顾，如果有的话），只是跟随自己的嗅觉，抓住当下任何看似有趣的点。不要害怕你的阅读会超出管理学的范畴。但我也牢记明茨伯格的告诫："图书馆是世界上最不能找到研究话题的地方。（Mintzberg，2005：365）"期刊文章往往会在已知的知识上重复工作，并且很有可能已经有人（最有可能的就是作者本人！）将"未来展望"中的建议落地了。相反，萨顿指出，不起眼的线索和发现通常能孕育出真知灼见。（Sutton，1997）这句话本身就是真知灼见！所以，你不必为翻阅娱乐八卦杂志或观看真人秀而愧疚自责（就我个人而言，我发现小说、调查报告、第一人称自述和民族志对我大有裨益；如果我有足够的耐心，其实诗歌也是个不错的灵感来源）。因此，从这个角度来说，伟大的思想常常只是源于一份敏锐，对日常生活的敏锐，在与人交谈的过程中对他人曲折经历的敏锐。我曾遇到一位出租车司机，他以前是一位赏金猎人。因为我对底层工作很感兴趣，所以在去机场的路上，这个可怜人被我追问了一路。阿什福德曾有此补充：那些与你个人密切相关的问题更有可能触动你去寻找其中更深层次的意义（Ashford，2013）（亦可见 Amabile & Hall，in press）。平淡无奇的问题只会引导出无所创见的答案。如果你觉得乏味，我敢保证你的读者和你有同样的感受。这一切的底层逻辑是，你畅游的天地越广，你的投入就会越深，你就越能发现更多有趣迷人的东西，而绝非旧有模型或文献回顾已经想到或将会思考的内容。

请牢记理论是由中心向外围构建的（起步于一个核心概念、问题或关系），就像一个正在发展中的村庄，我们创建起这些思想的集合，它们彼此间界限模糊，与其他理论和学科的联系往往也不够清晰。所以在建立你自己的村庄时，你需要去邻近村庄、城镇和都市的道路溜达一圈，你大可以将它们视作"允许思想渗透的活膜（Bedeian，1989：3）"。我个人的经验是，绝大多数重大的概念性突破都来自广度，而非深度。广度意味着你在跨越分析、理论、学科和背景的各个层次，将不同的事物并置。深度则仅仅意味着你在挖掘一个更深的洞穴，并不会有更多光亮照进深穴，而深穴其实就是渐进式理论创新的全部。或者，换一个比喻，如果深度像是谚语里那个手里拿着锤子，看什么都像是钉子的男孩，那么广度就像是个万事通，随身带着百宝箱，到哪都能吃得香（Epstein，2019）。你是想用锤子还是百宝箱来解决一个新颖的问题呢？

勾勒道路：探索想法

开始，你为了能尽情畅游而把地图放在一边，很快你就会感到迷失，质问自己这是在搞什么鬼。这如同发现你自己身处一个幽深黑暗的森林，却没有发现任何通往出口的道路。请忍耐这充满禅意的时刻，毕竟"不先迷失，何来顿悟（Gioia，2004：103）"。当森林越深越暗，你越有可能探及其本质。

如何找到走出森林的道路？你必须思考开辟。在阅读过程中迅速记下你的想法和有趣的发现（如果你从事定性研究，这一步就相当于写开放式编码和记备忘录）。到这一步，你实际上正在尝试辨认你身处何地、（最终）要去往何处。但此时你尚且不必过分关注理论构建，因为你还不知道你要去往哪个方向，或者你将遭遇何种阻碍。你迷路了。

在定量研究中，异常值常被视作敌人，因为它们破坏了数学之美。但在理论构建中，就和在定性研究中一样，异常值往往被视作朋友，因为它们意味着不同寻常和意料之外，这引发你去思考它们为什么存在（Gibbert，Nair，Weiss，& Hoegl，2021；Whetten，2002）。整个理论都可以从有悖于传统的事物中诞生。我对底层工作的研究兴趣，起初是源于自尊领域的理论和真实的"苦累工作者"的民族志研究之间存在差异：前者表明从事底层工作的人应该不太喜欢自己，但是后者显示出与前者背道而驰的观点。所以当你进行广泛阅读、交谈和体验时，要对反直觉的发现保持敏锐，并叙述轶事、矛盾和新奇的事件。同时，时常逼自己尝试逆向思维，进行反事实思考（比如，"如何能将这个积极的关系变为消极的关系呢？""可能互为因果吗？"，参见 Johns，2021）。理论开拓者的典范阿尔伯特·爱因斯坦（Albert Einstein）的任何伟大发现往往都开始于一个简单的思考游戏，比如"想象一下……"或者"如果……会怎么样呢？"（Isaacson，2008）。

当想法和发现不断累积时，你将开始能够为一篇论文找到逻辑关联、关键主题和可能的核心（这一步则类似于主轴式编码）。你的选择方向也开始变得清晰。但其实，我没有特意去寻找关联、主题和想法；我发现在全身心沉浸的过程中，它们就自然而然地浮现了。这样的小惊喜有很多。虽然最终很多研究都没有成功，但每一个都是我进一步深入思考的助推器。

毋庸置疑，如果你正在与合作者一起进行这个过程（大多数情况下，合作是不错的选择），你会想定期互相比对笔记，讨论你们的感想和灵光乍现的成果。我常常惊叹，一个简短的对话会碰撞出如此大的火花，这是你无论独自埋头多久都无法取得的突破。

清扫道路：执行想法

当关联、主题和想法浮现时，把它们写下来。不必追求语句的完整或优美，因为你只是在灵感的道路上即兴发挥。无论你得到的是一个珍贵的核心思想还是一整页杂乱无章的想法，都是可以的。有人曾说过，书写即是思考；书写能帮助你推演整理。在我看来，如果你只在得出全面的想法和详细的计划之后才开始写作，实在是大错特错。这只会让你过早地终止思考，最终得到一篇浅薄的论文。借用韦克的一句话："不写成白纸黑字，你从何得知自己的想法？（Weick，1979）"

在整个过程中，尤其是当灵感涌现时，不妨自由地使用图表（Whetten，2002）。都说一图抵千言，请尝试将你的无边思绪浓缩进图表中，它能帮助你直指问题核心，思考可能发生的偶然情况，发现空白和有希望的方向。这些图表——正如沿途的诸多惊喜——有可能无疾而终，但都是极为有用的基石。我在攻读博士生阶段给我的论文导师休·阿诺德（Hugh Arnold）提交过一个粗糙的研究计划。他被这一团乱麻惹烦了，说："给我画一张图。"事实证明，尝试把洋洋洒洒的长篇大论浓缩为一个模型图这个行为，成为我理论构建过程中的转折点。对于实证研究来说，一个理想的模型图有四到六个变量，包括被调节的中介和（或）连续中介[此处感谢约翰·布什（John Bush）提供背景知识]；而对于理论研究而言，维度则远多于此，因为作者并不是在检验这个模型，所以可以纳入任何他们想要的东西。对于表格，最佳的体量大概是 2×2 或者 2×3 矩阵，这样可以详尽展现每一个矩阵框内的核心思想。其他数据的呈现方式可参考迈尔斯、胡伯曼和萨尔达尼亚的文章（Miles，Huberman，& Saldana，2014）。

图表也有助于你灵活运用演绎、归纳和溯因推理的研究方法。演绎是根据一般原则推理出具体假设。比如，以开山凿路为例，当一位领导开辟新道路时，即路径目标理论①会对其行为产生何种预测。归纳则是从具体实例中抽象出更为一般的原理，即你所观察到的某些领导行为会如何完善路径目标理论？溯因推理则是跳跃式推理（实为放飞），从一个数据点、数据集或相关层面推理一个似乎遥远或无关的话题。如果这个想法与路径目标理论契合，那么与变革型领导理论也契合吗？我想说的是，在三种过程之间不停切换会得到更为丰富的理论：理论需要拔高、落地和跨越。如果你无法想到一个合理的例子（即便是假设的例子），那么你的一般性理论也许就与现实——理论的最终裁决者——脱节了；如果你不能想出如何将你丰富的发现运用到其他情境，那么你得到的不过是轶事碎片，而不是一个理论；如果你的思考受困于深井，那么其产生的影响可能也不过井口大小。

请注意，你观点的新颖度也存在一个最佳点（McKinley，Mone，& Moon，1999）。读者会根据他们已知的和重视的知识来理解你所写的内容：观点新颖度过低会让读者感到乏味（包括守门人、那些期刊评审者），而过高则会让读者难以理解。因此，新颖度的最佳点就在于既能让人兴味盎然，又不觉得艰深晦涩。同样，对于观点发表的时机亦有一个最佳点：在点子的"生命周期"过早呈现，读者无法理解；而过晚的话，别人早已有了自己更为丰富的思考成果。

当你的思考开始凝结成形时，你就要开始聚焦阅读。我常常告诉我的博士生们，"宽起窄收（Ashforth，2016：369）"。你需要阅读大量文献，这远超于你最终的论文所能或所应承载的体量。你不需要对一个话题"无所不知"（谁又可以做到呢？），但是你需要了解主要的理论以及对它们的批评、近期发展和趋势、新涌现的有关现象和学者建议的未来研究方向等。简言之，你需要成为一个专家。你要有信心：尽管不可能阅读尽所有的相关文献，但随着阅读量的增加，边际收益会递减。（显然，在一个相对新的、研究尚缺的领域，成为一个专家要容易得多——但是这并不意味着所有发展成熟的领域都再无创新的可能。我甚至可以预见到2032年的期刊会呼吁"目标设定的新航向"，因为句号从未被画下。）

边读边写会让你进入一个良性循环。你会得到一团杂糅的思想，其中一些思想经过雕琢，另一些思想却仍是璞玉。如果你阅读了一篇处于这个阶段的我

① 这是对我在多伦多大学博士就读期间极为重要的两位导师——马丁·埃文斯（Martin Evans）和前文提及的鲍勃·豪斯（Bob House）——的诚挚致意。

的文章，你很可能会怀疑我神志不清："读了这么多，写了这么多，最后就得到这些潦草凌乱的笔记？"是的，你没看错。但正是从这里开始，这些乱麻开始凝结为更深刻的主题和绝妙的论点（这一步类似于选择性编码），就像在一个化学反应中一样。这会将主题凝练为核心研究问题，将论点进化为理论观点，提出调节和中介，识别结果和反馈环，提供具体案例以支持抽象论点，指出未解问题（以供未来研究）和实践启示。

理论研究常被忽视的两方面：边界条件和实践启示。边界条件指一个理论所适用的情境或受到的限制（Busse，Kach，& Wagner，2017），如前文所述，典型的边界条件包括有什么人、在哪里和在何时（Whetten，1989）。换言之，它们是一个理论成立的必要条件。也许你的论点主要适用于女性（什么人），或亚洲国家（在哪里），或就业的第一年（在何时）。当你发现实证的例外情况，以及思索如何将论点应用于不同情境时，边界条件往往就随之出现了（顺便补充一下，一个调节本质上就是一个边界条件，只适用于一个模型有限的部分）。如果论文中不及早划定边界条件，那评审就会开始怀疑："这应用到男性（或其他什么人）身上会有什么不同吗？"阐明你的边界条件就能消除这个难缠的问题。就我的个人经历来看，评审很少会质疑我的边界条件，因为它们出现得很早——在评审理解这篇论文的主旨大意之前，我已经搭好舞台，只等理论登场。在讨论的部分，你可以放宽边界条件，简要推测这些条件会如何影响你的论点，或者简单地将整个问题推向"未来研究启示"。

遗憾的是，实践启示往往是些"中听不中用"的陈词滥调，作者为实践者往往敲下让人眼花缭乱的粗浅的词句，这显得草率而不假思索（比如，"管理者应该支持员工"）。任何有名有姓的（中观）理论理应都能为实践者提供具体且可以付诸实践的观点。你不要像我们中的许多人一样，将实践启示视作多余的补充观点，要真正去思考你的理论将会如何帮助改进组织世界。毕竟，正是这个问题，才使我们的领域变得如此重要。

描绘道路：写下你的想法

一篇文章读下去要给人一气呵成的感觉。从摘要、前言、精挑细选的文献回顾、核心论点一直到讨论部分，观点都应该清晰、连贯、有逻辑。整个阅读过程优雅而流畅，系统而精简。但奇怪的是，在阐述理论的过程中，粗糙和曲折却成了常态，而且并非例外。我写作的时候会在文章中自由穿梭，这里阐述一个中介，那里说明一个局限，引言部分又写上一个闪现的核心观点，如此往复，才终于能使文章逐渐合理连贯（我写作时最后写的三个部分依次是讨论、引言和摘要）。此时，研究空白也就能被识别出来了（服务于后续的焦点阅读和写作），章节得以重新排布，无关的材料得以删减，粗略的笔记得以细化。我猜测那些一开始就试图写出优美而流畅的文稿的作者，尤其可能会自我设限：他们会因自己期望过高而退缩。

理论写作本质上是讲故事，请牢记成功的故事所具备的要素：一个令人浮想联翩的标题 [例如 "在跷跷板上露营"，而非 "社会和科技变革、学习及组织架构"（Hedberg，Nystrom，& Starbuck，1976）]、一段有趣的情节（研究问题），一个有趣的人物（以往的研究发现和理论、现象和变量）、一种既指出矛盾又解决矛盾的具有争议性的叙述方式（精心设计的论点）和一个令人满意的结论（对理论、研究和实践的启示）。而且，使用主动语态和第一人称会让故事更具吸引力（"我们认为……" 相比于 "本文的观点……" 或 "作者认为……" 更引人入胜）。戴恩也说过："我的直觉是，在写作中展现几分才华、少许出格和一点幽默实际上会让论文在同行评议中更受青睐（尽管在过程中也会受到挑剔的批评）。"（Dane，2011：335）但需要注意这里很重要的修饰语：几分、少许和一点。

正如图里什所言："我们中有许多人似乎都觉得有必要使理论更加复杂，以彰显我们的聪慧。"（Tourish，2020：101 或参见 Grey & Sinclair，2006）请克制住这种冲动。在精炼观点时，我们应该保持对清晰、精确和简洁的追求（Ragins，2012）。费解难懂的文字反映的是复杂混乱的思维。如果你不能用清晰的文字表达你的观点，那么你很可能还没有完全理解它。不妨借助 "妈妈测试"：如果你的母亲可以很容易地理解你的理论论点，那你就在研究的正确的道路上。正如爱因斯坦的一句广为人知的名言："简洁的一面（与复杂相对）是简单，简洁的另一面实则需要真正思考。"

根据我的个人经验，很多理论文章被拒不是因为核心观点有误，而是因为呈现方式不充分。简言之，细节决定成败。这也是为什么——可能听起来有点言过其实，但事实确实如此——如果我是第一作者，在终稿里，即便是一个逗号的改动都绝不可能逃过我的眼睛。为什么？因为想要完美地呈现内容——要想把一团乱麻梳理成优美流畅的论述——你必须打磨，打磨，再打磨。格兰特和波洛克回答过一个问题："《管理学会杂志》最佳论文奖获得者平均重写引言多少次？（Grant & Pollock，2011：873）"答案是 10 次，这是一个让人倒吸一口凉气的答案。打磨需要反复通读文章（但通常不是一口气读完全文），就像一个木匠一丝不苟地打磨一块粗糙的木板，你也要持续不断地为了一个更为平滑顺畅（即更清晰明确、更言简意赅）的表达方式而研精致思、上下求索。我敢说，即便是莎翁，也会为他的初稿而感到羞愧难当。[①]

在打磨论文过程中一个不错的途径就是寻求同行的"友好"评阅："友好"是指你主动选择他们（他们并非你实际的期刊评审人），而不是指他们只会给你一些友好反馈。如果你只是想要得到友好的反馈，那你可以把你的文章呈给令堂翻阅。友好的同事也会顾及你的感受，所以你要让同事用他们一贯的批判性的眼光审视你的文章，该怎么评审就怎么评审。尤其是那些你不太有把握的痛点，你要多征求他们的意见。我的首选"友好"评审人是加里·约翰斯（Gary Johns），他总是单刀直入、一针见血（是妈妈们不会喜欢的类型）地指出我文章中的问题，但随后他会帮我一起找出解决问题的方法。我再也找不到比他更好的评审人了。

最后，当你为你精雕细琢、严密打磨的文稿沾沾自喜时，把它放到一边，晾上一两周。这段时间会净化你的精神味蕾，于是当你对这篇文章进行最后的通读时——最好是和你的合著者一起——你会从全新的视角审视它。你会惊讶，在这个阶段定稿，竟也要做出如此多的改动（尽管大多都是小修小补）。

独木不成林

学者是一个孤独的职业。我们阅读，我们思考，我们书写——如果我们愿意，所有这些活动都可以独自进行。学者的生活会吸引很多内向者和一些怪人。

[①] 我最近大致浏览了我 1986 年的论文。我还记得我当时的想法：这简直是海明威之后最伟大的作品（好吧，我的确有点夸张了，但只是有点）。但当我用我 2019 年的眼光审视这篇文章时，我简直面红耳赤。术语堆砌，言辞矫饰，过渡生硬，这样的作品，竟然出自我？成为一个好的学术写作者没有捷径，需要大量的练习和许多不留情面的诚实反馈。

我们都知道，人们对学者有这样一种刻板印象：他们顶着一头乱糟糟的头发，在实验室或书房埋头苦干，旁若无人地自言自语、神神道道。

但那只是一种形象。另一种形象是我极为热衷的——积极持久的合作。随着组织生活日益复杂、动态化和矛盾化，随着我们的理论和方法越发精致深奥，合作的好处也就更为明显。我在一篇文章提到了我对一个会议的感受："我从一周的集会中所学到的远甚于我闭门造车一个月的收获。（Ashforth，1998：272）"那次会议是由戴维·惠顿（Dave Whetten）和保罗·戈弗雷（Paul Godfrey）组织的，极大地激发了学者对组织中身份认同的兴趣。和一群见识深远、洞若观火的人在一起短短待几天，围绕某个话题畅谈，竟然能让我们所有人都倍感充实、精神焕发。我和克里斯蒂·罗杰斯（Kristie Rogers）一起合作写了一篇关于尊重的论文。我们在两个不同的学校工作，所以我们常用 Skype 开视频会议或者发电子邮件沟通。克里斯蒂不满意我们的进展，提议来亚利桑那州立大学拜访我一周。我起初并不赞成，当时我还没有意识到面对面交流相较于用 Skype 沟通的优势。结果证明，我简直大错特错！我们见面那一周完成的工作量比之前分隔两地时一个月完成的工作量还要多。面对面交流的"某些化学反应"把我们的产量和质量都提升了一个档次。合作带来的协同作用能让一篇论文的质量远远优于合著者孤军奋战的结果。

我前文提到过，我非常幸运，我与其他学者的合作都回报丰厚。关于选择与谁合作的问题，我建议你考虑对方以下几个品质。

私交

是的，我们都是专业人士，即便是和不太合拍的同事也可以合作。但是，私交融洽会拥有喜欢和信任的感觉，有助于观点和建设性反馈的自由交换。而且，跟好友合作是一种非常有趣的体验。

互补的知识、技术和能力

因为相似所以喜欢，因为喜欢所以靠近，我们往往与和自己能力相似的同事一起合作。但如果你的项目需要各种不同的能力（近年来，大部分科研项目也的确如此），这种合作方式可能就很不合适。非常幸运，在我职业生涯的早期，我能与李雷（Ray Lee）和艾伦·萨克斯（Alan Saks）共事，他们定量研究数据处理的能力远甚于我。也就是说，合作人员的优势技能至少需要一些互补，让你们得以共享知识、技术和能力。组织生活和组织研究都具有复杂性，因此如果能和同样了解领域、方法和背景等知识的人一起研讨，往往就会开花结果。

工作风格

这一点并没有那么重要，所有的合作者都是有时共同工作，有时各自推进，我们可以允许这种工作风格的多样性。但是，如果一位喜欢拖延，另一位追求效率；一位写作毫无章法，一位秩序井然……合作就会不太顺利。但这一点与上面两点不同，不到真正合作时是很难辨别每个人的工作风格的。学术研究中有太多需要多线程处理的工作，合作者至少要能够在任务交付的期限上达成一致。

这部分的标题是"独木不成林"，所以我要在这里感谢我职业生涯中所有合作过的人——学生、同事和导师，事实上，当我在想感谢对象时，这三类合作者同时出现在了每一段合作中！归根结底，我们都是学生，而我们的学生也是我们最好的老师。

那评审过程又是怎样的？

现在你已经把你精心打磨的文章投稿到一个顶级期刊，等待评审意见。顶刊的拒稿率一般在 90% 以上，因此这会让作者和编辑都非常谨慎：作者害怕文章发表的机会渺茫；编辑害怕犯第一类错误，即接收了品质不够好的文章，让他们和期刊的名声受损。双方共有的担忧造成了一个奇怪的互动：一篇非常有前景的文章不会收到溢美之辞；相反，反馈可能非常苛刻谨慎，以至于新手作者往往会将好消息（我收到修改了！）解读为坏消息（天，他们一定很讨厌我的文章！）。作为一个审稿人和期刊编辑，当我们邀请作者修改他们很有潜力的文章而他们却放弃时，我们总会感到沮丧：我们把他们吓跑了。

但你信吗？审稿人和编辑并不是虐待狂——只是看上去那样而已，审稿人和编辑不是另一类物种，他们正是你和我。同时扮演这三个角色的一群人，追求的是一样的目标：让非常优秀的文章变成伟大的文章（尽管有些审稿人和编辑很不应该地采用了冒犯或轻蔑的语气）。

编辑们都会提一个非常尖锐的问题：你能否在下一轮重大修改中实质性地解决评审团队的疑虑？这篇文章也许会经历很多轮评审，但这个问题始终存在。

这就是为什么我的警句"打磨，打磨，再打磨"如此重要；你要让评审小组感受到你醒着的每一刻都在打磨你的作品。

林多娃总结过作者在修改论文时最常犯的错误，这包括把一些意见归咎于审稿人或编辑不能慧眼识珠、虚有其表的修改（给猪涂上口红），以及不分优先级地处理编辑的意见（Rindova，2008）。但是我想展开讨论的一个错误是"全盘接受"。这个似乎不是一个错误；你让审稿人高兴了，不是吗？但，事实可能并非如此。有句俗语说得好："把一匹马交给一个委员会设计，出来的成果可能是一匹骆驼。"换言之，你要保持对这篇文章和设计的独特见解，这一点至关重要，就像林多娃所说的："审稿人和编辑并不是想看到一匹骆驼，他们想要看到一匹更好的马。（Rindova，2008：302）"

所以，直面现实吧，不是每一条意见都值得你关注。

我们不妨借鉴阿什福斯的 50/30/20 定律。

- 50% 的意见是有效的。
- 30% 的意见是某位审稿人会在意的特殊点，也就是说其他审稿人可能不会提这些意见或者根本不认为这些点对这篇文章来说是重要的（甚至有关的）。也许因为这位审稿人看到了一些与本文不相干的探索方向，或者想要一个没什么价值的二次分析，或者想要你在参考文献中增加"约翰·史密斯"的伟大作品（猜猜哪位审稿人经常这样做？）。一般而言，这种古怪的意见都是无关痛痒的。
- 20% 的意见是完全错误甚至愚蠢的。也许这位审稿人不了解现存的理论、方法或分析，或者他仅仅是粗略一看就草草写完评审意见，然后让你像个占卜师一样，揣测其中深意。有时候审稿人会希望你写出他们喜欢的文章，通过压着你的文章不发表让你这样做。

这三个数字的比例可以调整。但我想说的是，身为作者，你的工作就是要有选择性地处理意见。一个好的责任编辑会帮助你梳理意见，强调那 50% 的意见，剩下的意见则是轻描淡写或礼貌否定。但是编辑往往并不能足够了解一个领域，或者他害怕让审稿人不满，又或者是（我不太喜欢的做法）写一篇格式化的决定信，叮嘱你好好回复审稿人的意见。

我的建议是把你的注意力集中在那 50% 上，以它们为基础修改论文。至于那 30% 的建议，如果它们无损于你文章的完整性（我意识到这是一个灰色地带），但改无妨。简言之，这里的格言就是"输一次战役，赢整场战争"（即得到发表）。但不要处理那 20% 的建议。归根结底，文章上出现的是你的署名，如果你认为审稿人的意见是错的，那就勇敢坚持自己的判断。但是，永远不要无视每一条意见；相反，要礼貌清晰地给出你的说明。

两篇文章的例子

下面，我以两个截然相反的例子（遵照和没有遵照上述建议）做进一步说明。细节部分我就略过了，因为我并不想冒犯任何人。我们曾向一个顶级期刊投稿过一篇理论文章，并且得到了修改机会。但是，那位编辑希望我们能舍弃主要观点，转向一个非常不同的方向。虽然我们认为那是错误的指引，但我们又想在该期刊上发表——而且"一鸟在手胜过双鸟在林"，于是我们忍气吞声，尽最大努力回复评审意见，尽量贴合编辑所给建议的核心来修改文章。结果是，我们改出了一个能用的文稿，但也是从一开始就注定劣质的文稿。而且你猜怎么样？审稿人也同样不满意。在编辑扣动扳机之前，我们又苟延残喘地进行了两轮修改。我们能感觉到自己注定要失败，而尘埃落定后，我们只能埋怨自己当初没有坚定信念的勇气。

第二个例子，我们同样投稿了一篇理论文章，也同样得到了修改机会。历史总是惊人的相似，那位编辑也希望我们能够舍弃主要观点转向一个非常不同的方向。当然，你没猜错，我们同样认为那条意见是古怪的，但并非错误。更严重的是，这次这条意见也是编辑的主要关注点。我们再次如坐针毡，但这次我们决定要抵制它。我们仔细地解释了为什么我们认为文章原来的方向更为合适，并且在其他评审意见的指导下，提交了我们认为比第一稿好得多的第二稿。但这么做无疑给我们自己设了一颗定时炸弹：我们对编辑的主要建议说了"不"字！我们到底在想什么？但这次，那位编辑非常宽仁地接受了我们的解释，而且对我们的回复很满意。又经过几轮修改后，文章被接收了。这一次是我经历过的一次最棒的评审体验，我永远都对那位编辑的开放和包容心怀感激。[1]

---

[1] 我明白大家都有好奇心，所以我特意补充一下，第一篇文章也有一个美满的结局。我们重新回到原始版本，根据一些我们欣赏的评审意见做了修改，最终非常幸运地发表在了另一个期刊上。

职业选择：开山凿路还是铺路搭桥？

在我刚当上教授时，我对待晋升和终身聘用的态度有点天真和任性。我对开山凿路的兴趣远胜于铺路搭桥，完全没想过那样做会给我的简历、晋升和终身聘用带来怎样的后果。我觉得如果我做的是有趣的研究，那么就会产生好的结果，所以我不急于保持在某些期刊上的发表频率。这种放松的心态让我得以追寻各种各样的话题和问题，哪怕面对每一个新挑战都需要付出巨大的代价。这也让我得以变成像喜鹊一样追求任何在当下吸引我的闪光物体 [阿尔韦森和桑德伯格 "思维游牧"（Alvesson & Sandberg，2014：978）的说法也许更妙]。确实，在我整个职业生涯中，我有意不去做长期的研究规划。我以前在安大略政府和一家加拿大银行的工作经历让我对官僚主义产生了一种其实不太好的蔑视（我仍然把那些经历视作组织运行的反面教材）。对我来说，长期的规划总有点官僚主义的味道。我害怕我的规划会成为我的牢笼，我对做研究的使命感会开始变成一种将研究视其为工作的负担感。而且，更理性地说，我担心长期规划会挤走短期的机会，而我本可以非常灵活地选择我要解决的问题。例如意外被邀请写一个章节、一次收集数据的机会，接受一位我敬重的同事发来的合作邀请。我想要自由地做决定，所以我从不让一个固定的游戏计划凌驾于我的兴趣之上。（但有些兴趣和做出的承诺会让我一次投入好几年的时间。）

我会把这种曲折散漫的道路推荐给今天的博士生和处于准聘期的教授吗？会，也不会。先说为什么不会。在研究导向的大学中，教职竞聘非常激烈。所以学校都想看到一个清晰而有前景的研究规划，以显示你能够施展才能并做出高质量的研究。简言之，他们想看到你有明确的研究身份，以及至少是中期的研究项目计划。不幸的是，这类规划虽好，却只能指引你铺路搭桥，即利用式研究而非探索式研究（除非你将一篇开创性的论文与职业生涯早期的开发性规划结合起来）。而且，许多研究导向的大学普遍都有很高的标准，为了获得终身聘用，你需要产出相当多的高质量的研究论文。即便在最理想的情况下，做到这些都是非常困难的，所以我的建议是施展才能，以获得终身聘用。

这也正是为什么，我上文提到的，论文发展工作坊一般都会帮助提高利用式研究的技术。这些技术可以被总结为科学研究中的"锦上添花法"。我十几岁的时候不知道应该给我妹妹买什么生日礼物和圣诞节礼物。感谢我的母亲，她给妹妹送了一副没有任何装饰物的手镯，我的问题一下子迎刃而解了：我只需要一年给妹妹买两次新的手镯装饰品就可以了！从事利用式研究工作的学者就像是已经有了一只空镯子，他们可以添改自变量、调节、中介和因变量。他们可以探索边界条件，把现有模型延展到新的情境，使用新颖深奥的分析方法。我也听说在那些大同小异的工作坊里，要巩固你利用式研究者的名头的方法就是去修改或者开发一个新的量表、做元分析，以及在你所研究的领域中至少发表三篇文章，这样其他学者就会觉得有必要给你点面子，从而引用你的文章。

平心而论，这些通常都是不错的建议——如果利用式研究的确是你的热情所在，否则，这些就是肤浅愚蠢的功利想法、过分死板的条条框框和理所当然的灵魂杀手。显然，我漂泊不定、蜿蜒曲折的职业道路与利用式研究和上述那些技术可谓背道而驰，因此也就有很大的风险性。[①] 所以，许多学者尽管心之所向在于开创性研究，但仍旧选择走上利用式研究的道路，以规避风险，也就不足为奇了。

接下来说说为什么会出现上述的现象。我担心当我们无意中以牺牲开创性研究为代价而过分鼓励利用式研究时，对于整个领域而言，损失会是巨大的。这个领域本身就是起源于极具潜力的突破。不妨试想一下，如果杰伊·巴尼、简·达顿、埃德·弗里曼（Ed Freeman）或亨利·明茨伯格只想打安全牌，而把他们颠覆性的想法束之高阁，现在这个领域又会是怎样一番景象？而且，学者个人——他们立志要解决重大的议题（我想我们中的许多人，即便不是绝大多数，一定是为此而选择进入这个领域的）——也不得不屈服于现实，告别自己理想中最好的样子，沦为平庸。谁不曾真的有过一个很酷的想法？可他们不得不说服自己放弃，因为在他们职业道路的现阶段，这个想法似乎并不可行。职业限制让我们变得胆小，让我们不惜将自己的内在动机变成外在动机。如果你"身在曹营，心在汉"，追求一个渐进主义的研究规划无疑会让你倦怠。但你也许会问，那么，获得终身聘用，挣脱束缚，能够随心所欲地开展研究时，再去开山凿路，如何呢？倦怠的害处就在于，它会消磨尝试新事物的热情，毕竟改变的成本令人生畏。所以，结果会是，你对着自己的浪漫幻想发出一声长叹，转而又埋头于下一步渐进式研究中（Ashforth，2005）。一个骇

---

① 我发现很多学者虽然一开始没能拿到终身教职，但是最终都能另谋高就，且收获颇丰。但我担心过早地给自己强加这么高的标准会耗费巨大的个人和社会成本，毕竟这个职业有很长的路要走。

人听闻的事实是，获得终身聘用后，我们的研究成果常常断崖式下降。[①] 这是多么可惜的浪费啊！

我也认为，一条重广度而非深度的蜿蜒道路能够很好地对冲承诺升级和思维过时的风险。正如金融顾问总是提醒你要把鸡蛋放在不同的篮子里。如果你拥有一箩筐的研究兴趣，即便在一个兴趣点上失利，也不会有损你的名声。我再举两个对比案例。我曾经与人合写一篇评论性的文章来指出某位学者所提出的理论的主要问题，该理论是这位学者的成名作。他听说了这件事后，邀请我们给他负责编辑的一个特刊投稿。我们当时还在想："哇，他真的很开放包容呀。这正是学者该有的样子啊。"可是事实真的如此吗？当我们投稿过去后，这位"一本通"博士为了一些鸡毛蒜皮的点追着我们不放，并无情地删掉了文章中对他的理论的最严厉的批评。在我们忍痛提交最终修改版的论文后，他又删去了一部分批评，并用我们的口吻插入了这段话："不幸的是，出于种种原因，作者在此处无法检验（"一本通"博士的）模型。"对于这种卑鄙的请君入瓮的招数，我认为"一本通"博士对他的理论投入巨大，而且，根本不允许任何人批评它。我在某一次美国管理学会年度会议上汇报一篇论文时，一位与会者指出我的观点明显有误，依据是一篇阿什福斯的文章！我是这么回答的："用我的观点来反驳我吗？天哪，那我想无论我说什么都错不了！"我不是想"凡尔赛"（尽管，这确实感觉很赞），只是如果我们要兼收并蓄，那就没有必要做一个观点的占有者和卫道士。不妨让学术的思想碎片自由降落！

如果你是一位对解决重大议题抱有使命感的学者，那我并不想在这里为你将要吃的苦裹上糖衣，追求突破显然是一个高风险和高回报的提议。有名的本垒打选手也常常三振出局。但或许我们也可以获得启示——主流的观点是"不推荐"（开创性研究）（Podsakoff, Mishra, & Escue, 2018：509）。

在管理学领域发表影响深远文章的作者中，超过半数（53%）是在他们职业生涯的前七年做到的（获得终身聘用之前），而14%的人是在读博士期间。而且，这些出名甚早的学者，大概有一半是作为独立作者或主要贡献者完成文章的。

---

① 我认为一部分原因是其他的职业机会出现了，比如行政工作、高层管理者培训、管理咨询、编写案例和教材。但我担心的是，对很多人而言，得到终身聘用的艰辛旅程已然浇灭了他们曾经的研究激情。

肥沃的中间地带？

也许存在一片肥沃的中间地带，既能够让你做出有潜力的突破，同时不会对你的职业造成太大威胁？是的！我回顾我的职业生涯（因为当年的我显然是缺乏远见的！），发现我的蜿蜒道路并不是随机的。我说过，我的研究兴趣和问题都是在一个大的研究热情框架下，即理解系统是如何影响个人的。因此我不拘一格的调查和对某个问题的思考往往会无意间启发我在另一个问题上的思路，或者提出一个新的不同的问题，成为我后续研究的方向 [我常常把这样的想法写下来并把它们放入一个"点子抽屉"里（是的，我这样称呼它），当我寻找灵感的时候就会浏览它们]。对我来说，溯因推理并不局限于特定的文章，它是一种思维习惯。以我对组织的社会化过程之兴趣为例，当我思考组织如何影响新员工时，我突然想到这个过程能够解释我另一个兴趣点，即组织的阴暗面。于是也就有了我和维卡斯·阿南德（Vikas Anand）一起写的一篇关于组织腐败规范化的文章。

我想说的是，一个人通过不同兴趣之间的协同作用是很有可能同时在广度和深度上都有所收获的（Alvesson & Sandberg，2014）。这个协同作用能让你有能力追求不同的突破（广度），同时产生足够多的相关的研究问题（深度）来施展你的才能。如果你现在正在思考一个很酷的点子，但是害怕可能产生的挑战，那就不要纠结于你不应该推进的理由，而去找找应该做的原因。最重要的是，要不忘初心，成为你最开始希望成为的那类学者会让你感到振奋鼓舞。

结语

在一般人的想象中，"理论"似乎不是什么好词，它代表着那些自鸣得意、高居"象牙塔"的学者印在压花纸上的不切实际而毫无用处的言论。而且，实话实说，理论确实可能是那样的，但它也有可能不止于此，远远不止。一个好的理论可以帮助我们解决令人困惑的六个问题中的任何一个：是什么，为什么，怎么样，在何地，什么人，在何时。理论不仅能够识别问题，而且能够解释事实并预测未来，帮我们厘清复杂、动态和矛盾的世界。简言之，理论可以移山填海。

而正是你，自豪的理论家，让这一切成为可能。那么，你的山海会是什么呢？

致谢

我诚挚地感谢陈晓萍、黛布·萨拉克（Deb Salac）、凯文·斯廷斯马，以及一位匿名审稿人，他们对早期的文稿提供了非常有帮助的建议。同时，我也要感谢克里斯蒂·罗杰斯和贝丝·希诺夫（Beth Schinoff），正是他们获得 MOC 杰出学者奖的采访启发了我对本章话题的一些思考。

参考文献

（1）Alvesson，M.，& Sandberg，J.（2014）. Habitat and habitus: Boxed-in versus box-breaking research. Organization Studies，35，967–987.

（2）Amabile，T. M.，& Hall，D. T. In press. The undervalued power of self-relevant research: The case of researching retirement while retiring. Academy of Management Perspectives.

（3）Ashford，S. J.（2013）. Having scholarly impact: The art of hitting academic home runs. Academy of Management Learning & Education，12，623–633.

（4）Ashforth，B. E.（1998）. Epilogue: What have we learned，and where do we go from here? In D. A. Whetten & P. C. Godfrey（Eds.），Identity in organizations: Building theory through conversations. Thousand Oaks，CA: Sage，268–272.

（5）Ashforth，B. E.（2005）. Becoming vanilla pudding: How we undermine our passion for research. Journal of Management Inquiry，14，400–403.

（6）Ashforth，B. E.（2016）. Exploring identity and identification in organizations: Time for some course corrections. Journal of Leadership & Organizational Studies，23，361–373.

（7）Barney，J. B.（2005）. Where does inequality come from? The personal and intellectual roots of resource-based theory. In K. G. Smith &M. A. Hitt（Eds.），Great minds in management: The process of theory development（pp. 280–303）. Oxford，UK: Oxford University Press.

（8）Bedeian，A. G.（1989）. Totems and taboos: Undercurrents in the management discipline. The Academy of Management News，19（4），2–6.

（9）Busse，C.，Kach，A. P.，& Wagner，S. M.（2017）. Boundary conditions: What are they，how to explore them，why we need them，and when to consider them. Organizational Research Methods，20，574–609.

（10）Corley，K. G.，& Gioia，D. A.（2011）. Building theory about theory building: What constitutes a theoretical contribution? Academy of Management Review，36，12–32.

（11）Dane，E.（2011）. Changing the tune of academic writing: Muting cognitive entrenchment. Journal of Management Inquiry，20，332–336.

（12）Davis，M. S.（1971）. That's interesting! Towards a phenomenology of sociology and a sociology of phenomenology. Philosophy of the Social Sciences，1，309–344.

（13）Epstein，D. J.（2019）. Range: Why generalists triumph in a specialized world. New York: Riverhead Books.

（14）Fiske，S. T.（2004）. Mind the gap: In praise of informal sources of formal theory. Personality and Social Psychology Review，8，132–137.

（15）Gibbert，M.，Nair，L. B.，Weiss，M.，&Hoegl，M.（2021）. Using outliers for theory building. Organizational Research Methods，24，172–181.

（16）Gioia，D. A.（2004）. A renaissance self: Prompting personal and professional revitalization. In R. E. Stablein &P. J. Frost（Eds.），Renewing research practice. Stanford，CA：Stanford University Press，97–114.

（17）Grant，A. M.，& Pollock，T. G.（2011）. From the editors: Publishing in AMJ—Part 3：Setting the hook. Academy of Management Journal，54，873–879.

（18）Grey，C.，& Sinclair，A.（2006）. Writing differently. Organization，13，443–453.

（19）Hambrick，D. C.（2007）. The field of management's devotion to theory: Too much of a good thing? Academy of Management Journal，50，1346–1352.

（20）Hedberg，B. L. T.，Nystrom，P. C.，& Starbuck，W. H.（1976）. Camping on seesaws: Prescriptions for a self-designing organization. Administrative Science Quarterly，21，41–65.

（21）Hillman，A.（2011）. Editor's comments: What is the future of theory? Academy of Management Review，36，606–608.

（22）House，R. J.（1977）. A 1976 theory of charismatic leadership. In J. G. Hunt & L. L. Larson（Eds.），Leadership: The cutting edge. Carbondale，IL: Southern Illinois University Press，189–207.

（23）Isaacson，W.（2008）. Einstein: His life and universe. New York: Simon & Schuster.

（24）Johns，G. 2021. Departures from conventional wisdom: Where's the next opposite effect? Academy of Management Discoveries，7，10–14.

（25）Locke，E. A.，& Latham，G. P.（Eds.）.（2013）. New developments in goal setting and task performance. New York: Routledge.

（26）March，J. G.（1991）. Exploration and exploitation in organizational learning. Organization Science，2，71–87.

（27）Mathieu，J. E.（2016）. The problem with（in）management theory. Journal of Organizational Behavior，37，1132–1141.

（28）McKinley，W.（2010）. Organizational theory development: Displacement of ends? Organization Studies，31，47–68.

（29）McKinley，W.，Mone，M. A.，& Moon，G.（1999）. Determinants and development of schools in organization theory. Academy of Management Review，24，634–648.

（30）Miles，M. B.，Huberman，A. M.，& Saldaña，J.（2014）. Qualitative data analysis: A methods sourcebook，3rd ed. Thousand Oaks，CA: Sage.

（31）Mintzberg，H.（2005）. Developing theory about the development of theory. In K. G. Smith & M. A. Hitt（Eds.），Great minds in management: The process of theory development. Oxford，UK: Oxford University Press，355–372.

（32）Pfeffer，J.（2014）. The management theory morass: Some modest proposals. In J. A. Miles（Ed.），New directions in management and organization theory. Newcastle upon Tyne，UK: Cambridge Scholars，457–468.

（33）Pinder，C. C.，& Moore，L. F.（Eds.）.（1980）. Middle range theory and the study of organizations. Boston，MA: Martinus Nijhoff.

（34）Podsakoff，P. M.，Podsakoff，N. P.，Mishra，P.，& Escue，C.（2018）. Can early-career scholars conduct impactful research? Playing "small ball" versus "swinging for the fences." Academy of Management Learning & Education，17，496–531.

（35）Ragins，B. R.（2012）. Editor's comments: Reflections on the craft of clear writing. Academy of Management Review，37，493–501.

（36）Rindova，V.（2008）. Editor's comments: Publishing theory when you are new to the game. Academy of Management Review，33，300–303.

（37）Shepherd，D. A.，& Suddaby，R.（2017）. Theory building: A review and integration. Journal of Management，43，59–86.

（38）Suddaby，R.（2014）. Editor's comments: Why theory? Academy of Management Review，39，407–411.

（39）Sutton，R. I.（1997）. The virtues of closet qualitative research. Organization Science，8，97–106.

（40）The mind is a formidable jailer.（1973，April 8）. The New York Times. https：//www.nytimes.com/1973/04/08/archives/a-pirandellian-prison-the-mind-is-a-formidable-jailer.html.

（41）Tourish，D. 2020. The triumph of nonsense in management studies. Academy of Management Learning & Education，19，99–109.

（42）Weick，K. E.（1979）. The social psychology of organizing，2nd ed. Reading，MA: Addison-Wesley.

（43）Whetten，D. A.（1989）. What constitutes a theoretical contribution? Academy of Management Review，14，490–495.

（44）Whetten，D. A.（2002）. Modelling-as-theorizing: A systematic methodology for theory development. In D. Partington（Ed.），Essential skills for management research. London：Sage，45–71.

有影响力的学问是怎么炼成的

第二章

文化智商——双钵颂音：学术与实务的共鸣

新加坡南洋理工大学　洪洵（Soon Ang）

台湾师范大学　杨惠雯　翻译

文化智商（Culture Intelligence，CQ）是指个人和组织在文化多样性的情境中有效运作的能力（Ang & Van Dyne，2008；Earley& Ang，2003）。CQ 在世纪交替之际有了较大的发展，为学术拓展了新的研究方向，并为组织提供了新的解决方案。在研究方面，目前已出现在二十多种学科领域（包括管理学、社会科学、经济与金融学、艺术和人文、决策科学、工程学和医学等）的期刊、研讨会论文集与书本章节中。有关 CQ 的博士论文，也出现在数个跨学科领域之中。

除了在学术界，CQ，尤其是 CQ 的测量工具，也影响着各行各业全球人力资源的政策与实践（Ang，Van Dyne，Koh，Ng，Templer，Tay，& Chandrasekar，2007；Van Dyne，Ang，Ng，Rockstuhl，Tan，& Koh，2012）。在航空、顾问服务、咨商与心理健康、教育、金融、高科技、食品、石油和天然气等产业，以及政府组织和非营利部门（如军队、教育、司法法院、公共服务和宗教性的任务等）中被广泛使用。截至目前，第一套经过验证的 CQ 测量工具——文化智商测验（CQS）（Ang，Van Dyne，Koh，Ng，Templer，Tay，& Chandrasekar，2007）以及后来发展出来的 E-CQS（Van Dyne，Ang，Ng，Rockstuhl，Tan，& Koh，2012），都已被使用于一百六十一个国家，使用人数超过十万人。

鉴于在研究上的严谨性及影响力，我荣获了一些具有代表性的奖项。其中包括四个因我的学术领导力和成就而获得的享有盛誉的奖项：（1）明尼苏达大学国际校友杰出领导奖；（2）美国创意领导中心 Walter F. Ulmer，Jr. 应用研究奖；

（3）首届南洋社会科学研究与创新奖——这是对大学杰出教职员工的最高认可，也是第一个授予社会科学家的奖项；（4）2019 年 9 月，获得南洋理工大学杰出大学讲座教授的殊荣，该荣誉表彰学者在多个研究学科中取得的非凡学术成就和全球认可的表现，迄今为止仅授予南洋理工大学的五名教职员工。此外，我也获得了美国管理学会、美国心理学会和美国计算机机械协会等机构所颁发的奖项。

"双钵颂音"（Two bowls singing）象征在 CQ 领域上进行学术研究的学者（第一个钵）与进行实际运作的实务者（第二个钵）之间所产生的共鸣。当用木槌敲击时，颂钵（图 2.1）会振动并产生持久的共鸣声音（即共振）。共振是一种物理现象，在施力频率几乎等于系统中的自然频率时产生。与其他频率相比，这样的频率使系统产生更大的共振现象。同理，让科学家与实践者两个群体能够产生共振，敲出和谐的旋律是很重要的。科学家关注现象中"是什么"及"为什么"的问题，而实务者则着重在"如何做"上，以解决他们在组织中面临的问题。

图2.1　一对西藏颂钵[①]

重要的是，当两个振动体具有相似的调波特性，其中一方对另一方施以外部振动时，后者会有所反应而形成"交感共振"，彼此相互增强和影响对方。在这种情况下，"学术之钵"会通过提供循证实践（遵循研究证据来进行实践）发展个体与组织的 CQ 而引发"实务之钵"的兴趣。相反地，"实务之钵"通过循践实证（基于实践做法来进行证明，以获得证据）为"学术之钵"注入活

① 图片来源：ShutterStock（标准版授权）。
见视频链接 https://www.youtube.com/watch?v=hm5Fa9x3GaM

力，为学者彰显出有意义的现象和问题，为 CQ 注入新的科学探索和科学证据（Rousseau & Gunia，2016）。因此，我以两个钵所发出的声音和产生的共振现象来强调学术与实务两者之间的共鸣关系。

为了让两个钵能同时"唱"出来，需要靠坚固的底座来支撑。这种稳固的支撑来自科研机构的建立及社群营造，以超越独立研究者的方式来支持研究。所建立的科研机构，像是南洋商学院中的领导与文化智商中心全球第一家研究 CQ 的机构以及文化科学研究所等，能够吸引许多资源，如经费、教职员、在文化科学领域有深厚专业知识的博士后研究员、对文化研究感兴趣的博士生，以及与组织进行研究合作的机会等。建立对 CQ 感兴趣的科学家与实务者之间的共同社群，能够铺设学术与实务之间的桥梁，使两个钵一起"唱"得更和谐。因此，两个钵不可或缺的稳固底座（即科研机构和社群营造），是加速推动 CQ 发展的关键影响因素，发展的速度与成果甚至超出独立研究者或少数学者所能达到的部分之总和。

本章回顾我研究 CQ 缘起的旅程，并提出启动与维持 CQ 共鸣的方式。本章分为四个部分：首先描述 CQ 的起源，接着分别描述如何敲打"学术之钵"和"实务之钵"，然后分享两个钵的木制底座——学术机构和社群营造的重要性，最后以我对 CQ 在学术与实务上的未来期许作为总结。

CQ 的缘起

2000 年以前：Y2K 千年虫问题

我的职业生涯始于 20 世纪 90 年代初期。那时我是一个 IT 专业人员，由于科技的迅速发展，经常会因为自己的专业能力无法与时俱进而倍感苦恼。此外，在组织中，IT 人员需要和有各种利害关系的人共事，一同解决各式各样的相关问题，因此 IT 专业不只是一个技术专业，也是一种助人专业。这些因素加在一起，给 IT 人员及其组织带来了严重的绩效问题。

1993 年，我萌发了关于研究 CQ 的想法。那时，我正在参与研究航空业、金融业及一系列相关产业如何对付千年虫（千禧虫，Y2K）的问题。当时许多组织的 IT 系统或相关计算机程序数据库，只要涉及年份相关的数据格式，都只保留了最后的两位数，例如，1990 年显示为"90"，1993 年显示为"93"，许多组织正在修改他们的 IT 系统以避免千年虫问题（他们担心 2000 年显示"00"会被系统误解为 1900 年）。

从认知能力到实用智力。我与这些组织合作，帮助他们选择有效的程序员（程序设计师）。除了检视这些 IT 人员的技术技能和认知能力以外，我还检测了他们的"实用智力"，包括四种能力：自我管理、任务管理、职业管理及他人管理的能力（Sternberg，Forsythe，Hedlund，Horvath，Wagner，Williams，Snook，& Grigorenko，2000）。以 IT 人员的背景来看，管理"他人"包括六种不同的利害关系人：（1）出资人；（2）当事人；（3）终端用户；（4）主管；（5）同事；（6）部属。

从实用智力到文化智商。在检测 IT 人员的实用智力时，我发现了他们面临的新挑战。虽然程序员拥有良好的专业技能，但他们不会总是与来自同样文化背景的人一起工作。例如，有个与我合作的组织聘请了来自澳大利亚、中国、印度、马来西亚、菲律宾、越南和其他国家的许多 IT 程序员来为千年虫问题除虫（debug）并更新其软件应用程序；来自不同文化的工作人员的工作规范和工作习惯所造成的差异造成当地管理层与程序员之间的剧烈冲突。这种由文化而引起的问题强大且无形，使我印象十分深刻——人们因文化背景的差异而产生截然不同的工作规范和工作习惯，那他们如何才能有效地合作呢？这些观察使我意识到，可能需要一种完全不同类型的智力来解决上述问题。于是我开始一头钻入文化和智力的研究。

文化

文化是指一群人的共同价值观、规范和实践。已故的跨文化心理学之父哈里·特里安迪斯（Harry Triandis）曾多次访问南洋理工大学，对我在文化研究上的起步产生了关键作用。他的研究侧重于跨文化比较，为人们理解跨文化挑战奠定了重要的基础。例如，在他有关主观文化的专书中，提出了一个整合模型来解释远程因素（如物理环境和历史事件）如何影响更接近的宏观因素（如经济活动和劳动力结构），这些宏观因素反过来又塑造了泛文化的心理历程，而这些泛文化心理历程则创造了主观文化。

智力

有关智力的历史可以追溯到 20 世纪，从法国心理学家艾尔弗雷德·比内（Alfred Binet）和西奥多·西蒙（Theodore Simon）发展的第一个智商测验开始。从那之后，学者对于智力的本质一直争论不休。斯滕伯格指出："智商测验已经持续了一个世纪，被公认为一种认知能力的标准。"当代的智商研究范围已涵盖了更广泛的观点，超越了单一的一般智商因素（简称 g 因素），且延伸到学术环境之外（Sternberg，2019：23）。当代早期有关智商的观点包括多元智商（Gardner，1993）、情绪智商（又称情商，Mayer & Salovey，1993）和实用智力（Sternberg 等人，2000）。

尽管智商学者持有多元的观点，但几乎所有对智商的定义都认同一件事——智商与人适应环境的能力紧密相连（Sternberg，2019：23），不同形式的智商能影响个体去适应不同环境的需求。例如，智商更影响人在学术环境中的表现，情商影响人在情绪环境中的反应，而实用智力则影响人在现实世界中解决实际问题的有效性。

此外，斯滕伯格的多元智商框架还指出，若要在任何环境中都能如鱼得水，不仅需要心理能力，还需要行动能力（Sternberg，1986）。心理能力包括后设认知（metacognition，或称元认知，用于获取和理解知识的过程）、认知（cognition，知识结构）以及动机（motivation，在特定任务上引导和维持能量的过程）。行动能力是指有效完成任务所需的外在表现或外显行动。

文化智商——一个新构念的诞生

我对文化智商的研究整合了两个研究主体——文化和智商，并将现有的智力模型（例如情商、实用智力、多元智商）扩展到跨文化领域。

文化智商的研究主要讨论：为什么有些个体和组织在跨文化情景中比其他人（或组织）更有效能（具适应性）？他们是如何变得有效能的（产生适应性）？这两个问题的提出转移了跨文化心理学与管理研究的研究重心，让研究重心从比较文化差异的导向转变为能力导向。而定义这项能力的内涵，以帮助个体和组织去连接文化之间的差异，就是我在 CQ 研究上的主要贡献。

在 Y2K 之后的学术休假，让我得空来探索与整合文化和智商这两个概念的研究。我和另一位跨文化研究的知名学者克里斯托弗·厄利（Christopher Earley）一起与斯坦福大学出版社签约，撰写和出版两本书来阐述 CQ 这个新构念。这两本书针对两个不同的读者群：第一本面向人文科学家，第二本面向实务工作者。这也给予我同时去敲击两个钵的挑战。

有人问我："为什么你的研究是从写书开始，而不是从在期刊上发表一篇概念性文章开始的呢？"我的回答是，写书能够让我摆脱期刊对页数和字数的限制，也让我能更深入广泛地发表对 CQ 的想法。我从众多学科专业，如智力、智商、文化、文化人类学、跨文化心理学和跨文化沟通等方面来构建 CQ 的本体。对我来说，写书是为了探索，而不只是把自己知道的事写出来。写作的过程让我感到振奋、愉悦，并且能激励我更深入地研究 CQ 的现象。

第一钵：学术之钵

科学家专注于对构念或现象进行学术探究的严谨性，这些构念或现象的问题以"是什么"和"为什么"为中心。与任何对新构念的研究一样，我首先定义了 CQ 这个基本构念（什么是 CQ？它与其他构念的相似或相异之处有哪些？）及构念的逻辑关系网络；然后我开发了一套有效的 CQ 衡量标准，以检测 CQ 理论并进行实证研究。

我将以上过程用三个主要原则进行阐述，并将其分别描述为学术之钵的三下"敲击"：（1）定义 CQ 的概念；（2）测量 CQ；（3）建立 CQ 的逻辑关系网络。

第一敲：定义 CQ

虽然现在已有大量研究提供了广泛的框架和测量方式来帮助评估跨文化胜任力（Leung，Ang，& Tan，2014），但我发现，学者对跨文化构念的分类可以说是莫衷一是、模糊不清。某些具有相同含义的构念被归为不同的分类，而某些具有不同含义的构念则被归为相似的分类（Gelfand，Imai，& Fehr，2008）。

我在提出 CQ 这个构念的定义时，没有采用现有文献中流行的归纳法（Matsumoto & Hwang，2013），而是使用了理论演绎法。首先，我将 CQ 定义为个体、团队或组织的一种综合能力，这种能力使他们可以在不同文化情境中有效运作。因此，CQ 指的是一种独立于特定文化环境的一般性文化构念（Ng & Earley，2006）。此外，与注重文化知识和技能的传统文化能力概念不同（即表现出的行为），CQ 特别强调通过两种附加能力——元认知和动机——来实现在全新多元环境中对信息处理的动态性及主动性（Ang，Ng，&Rockstuhl，2020a）。

其次，我和林·万·戴恩教授（Linn Van Dyne）根据多元智力的理论框架（Sternberg，1986），提出了四个不同的 CQ 的子构念：（1）元认知的 CQ，即获取和理解文化知识的能力；（2）认知的 CQ，即已经具有的关于不同文化的知识；（3）动机的 CQ，即能够持续专注并保有精力、不断学习新文化知识的驱动力；（4）行为的 CQ，即在跨文化互动中表现出改变自己的语言和非语言行为的程度（也请参考语码转换，Molinsky，2007）。

在个体 CQ 构念基础上，我和同事安德鲁·英克彭（Andrew Inkpen）进一步构建了企业 CQ 的概念（Ang & Inkpen，2008）。我们的问题很简单，就是"为什么有些企业的国际商务比其他公司更有效率、更多效能？"我们根据企业的资源基础理论，提出了企业 CQ 的三个元素：（1）管理的 CQ（高管团队的 CQ）；（2）竞争的 CQ（企业识别、纠偏及管理跨国竞争的能力）；（3）结构的 CQ（制定组织内部与组织间例行常规与规范，以及管理组织内部与组织间界限的程度）。

第二敲：测量 CQ

随着 CQ 构念定义的确定，我开发了有效的 CQ 测量工具来进行实证研究，并倡导以研究证据为基础的实际行动。在此我将详细描述我们研究团队如何用严谨的方法来开发多种 CQ 测量方式的过程。

原创 20 题文化智商测验（CQS）。这是我和林·万·戴恩教授基于四因子模型开发的第一个用于评估 CQ 的心理测量工具（Ang et al.，2007）。在量表开发和验证的过程中，我们采用了三角验证法去进行严谨的测量。

首先，我们全面查阅相关文献，并访谈了八位全球高管来对 CQ 的四个因子分别制定操作定义。然后，我们将 CQ 的心理测量条目加以细化，在题库（条目池）中初步列出 53 个条目。接下来，我们请来一组科学家和企业高管对上述条目，在清晰度、可读性和精确度方面进行排序。最后，我们将每个CQ因子分别保留了10个最佳条目，形成了40个条目的初始版量表。我们接着做了六个研究来完善并验证该量表。

在研究一中，我们与来自新加坡的参与者一起使用验证性因子分析（confirmatory factor analyses，CFA）来评估量表的因子结构。在删除了残差高、因子负荷量低、标准差或极端平均值过小以及与总相关性过低的项目后，量表缩减至20个条目，并证明了四个因子具有区别效度和高信度（范围从0.71到0.85）。

在研究二中，我们使用来自新加坡的不同样本重复地检测了这个量表的20个条目。

在接下来的三项研究中，我们分别使用了跨时间（研究三）、国家（研究四）和方法（研究五）来验证20题量表的可推论性。

在研究三中，我们使用CFA来分析四个月的CQS数据，包括因素负荷量、截距以及平均值等数值，以检视量表的纵向测量衡等性。结果表明，CQ具有因素和截距衡等性，表明该量表具有较高的再测信度。同时，我们发现CQ的潜在平均值会随着时间的推移而改变，这个结果说明CQ是一个可被发展的延展性构念。

在研究四中，我们采用模型等值的序列检验来评估新加坡和美国跨国样本的恒等性，结果显示，两个样本中的四因子构念都得到了强有力的支持。

在研究五中，我们使用多特质多方法（multitrait, multimethod, MTMM）和CFA来测试CQS自陈式报告的可推论性。在美国高管的样本中，我们获得了他们的CQ和人际交往适应性量表的自陈式报告与观察者报告。为了使CQS具有推论性，能够更广泛或更普遍适用于跨方法的测量，自陈式报告和观察者报告的测量结果需要相似。结果证明CQS具有收敛效度和区别效度：例如，四个因子的自我评分与观察者评分显著相关（$r = 0.41$ 至 $r = 0.54$），表示具有收敛效度。此外，这些相关性数值大于效度对角线，表示具有区别效度。CFA和MTMM分析的结果进一步表明，特质解释了总变异量的43%，而方法仅解释了22%，证实了在自评和观察者评分之间的可推论性。除了信度和因子结构之外，在研究五中，我们还测试了CQS的效标效度。结果表明，自评CQS可预测观察者评分的人际交往适应性；同样地，观察者评分的CQS也预测了个人在人际交往适应性上的自我评分。这些结果为 CQS 的预测效度提供了强有力的证据。

在研究六中，我们在控制个体智商和情商的前提下，测试了 CQS 的增益预测效度。我们测量了三个结果变量：文化判断与决策（CJDM）、人际交往适应性和心理幸福感。结果表明：（1）四个因子的结果具有区别效度；（2）元认知 CQ 和认知 CQ 可预测文化判断与决策；（3）动机 CQ 和行为 CQ 可预测人际交往适应性和幸福感。

37 题 CQS 扩展量表（E-CQS）。在 20 题的 CQS 之后，我和同事又开发了一个拓展版本来测量四个 CQ 因子的次构念（Van Dyne et al.，2012）。E-CQS 包含十一个次构念。具体来说，元认知 CQ 包括计划、觉察和确认；认知 CQ 包括一般文化知识和特定文化知识；动机 CQ 区分内在喜好、外在喜好和跨文化接触中的自我效能感；行为 CQ 则包括言语行为、非言语行为和人际互动表达方式中的弹性。

从四因子的 CQ 拓展出更丰富的次构念有几个好处。第一，令理论更完善，特别对于解释 CQ 作用的过程而言。第二，能更精确地找到 CQ 的前因与后果的适配。第三，更能确定培养 CQ 的具体方法。比如，认知 CQ 中的文化普适知识和特定文化知识之间的区别，就能使 CQ 被赋予情境化的用途。文化普适知识是指以客位角度对文化的共通要素的理解，如同原始 CQS 中所衡量的内容。相对而言，特定文化知识是以主位角度对于特定领域规范和特定人群期望的了解。这里的领域可以是一个国家（例如，在日本，人们如何拒绝别人的请求），也可以是职业（例如企业管理者、教师和外交官等），甚至是人口学背景（例如年龄和性别等）等特定次文化。结合特定情境的知识，提供"随插可用"的资源，以期在不同情境中能更加精确预测。

我们搜集了来自三十多个国家的二百八十六人的数据，并做了 CFA，以检视每个 CQ 因子内次构念的区别效度。结果显示，这些数据很好地拟合了每个因子的假设模型，即四因子 CQ 底下包含 11 个次构念。

以绩效为基础的 CQ 量表。CQS 和 E-CQS 两个量表主要以自我报告为基础。为了响应盖尔芬德教授等人对方法多样性的呼吁（Gelfand，2008），我和同事开始开发情境判断测验（situational judgment tests，SJTs），用来比较客观地评价一个人的 CQ，即把 CQ 作为一种绩效来测量（Rockstuhl，Ang，Ng，

Lievens，& Van Dyne，2015）。我们之所以选择用多媒体的 SJTs，而非较常见的文本式 SJTs，是为了让被测者置身于更真切的文化情境中。此外，"人生不是选择题"，我们因此采用了建构式反应（开放题）的形式，而非选择式反应测验（封闭式的限定题），以提高被测者反应的精准性。具体而言，我们让参与者观看工作场所中跨文化冲突的短视频场景，然后请他们描述自己将如何解决冲突。

我们的研究显示了 SJTs 良好的预测效度。我们对在多元文化团队中工作的学生和专业人士进行了三项研究后，发现参与者在 SJTs 上的表现预测了他们的任务绩效和企业公民行为（Rockstuhl et al.，2015）。

另一个基于绩效的衡量标准是评估中心法。我们与来中心访问的乔治·索顿（George Thornton）共同开发了 CQ 评估中心法，其中特别评估了被测者的行为 CQ（参与者改变行为以适应文化背景的能力）。在这个评估中心法的练习中，参与者扮演领导者的角色，必须向两个下属提供反馈，其中一个下属来自西方文化，使用直接沟通方式；另一个下属来自亚洲文化，使用间接沟通方式。我们聘请并培训了专业的白人和亚洲演员，根据指定的文化特征来扮演下属的角色。然后，我们观看参与者与两个下属的互动录像，并在两种互动片段中，对参与者的表达方式、言语和非言语行为方面的变化进行编码。

第三敲：建立 CQ 的逻辑关系网络

了解 CQ 如何与其他构念的关系是建立其建构效度的关键。我和林·万·戴恩教授在《文化智商手册》（*Handbook of Cultural Intelligence*）一书中，提出了 CQ（理论或构念的）逻辑关系网络（Ang & Van Dyne，2008）。2018 年，拉克斯塔尔与林·万·戴恩发表了一篇关于 CQ 研究的元分析论文，其中涉及 167 项实证研究和 199 个独立样本（N = 44，155）。结果表明，CQ 与多个构念具有意义上的关联性（Rockstuhl & Van Dyne，2018）。我将在这里简要地回顾 CQ 逻辑关系网络的实证证据（Ang，Ng，& Rockstuhl，2020b；Van Dyne，Ang，& Tan，2019）。

前因 / 前置变数（Antecedents）。研究表明，性格特质和个体的跨国工作和生活经历可以预测 CQ（Ang，Van Dyne，& Koh，2006；Rockstuhl & Van Dyne，2018），但这些关系的强度取决于几个边界条件。比如，研究者发现个体的学习风格会调节其跨国经历和 CQ 之间的关系，那些具有发散式学习风格的人更有可能将他们的跨国经历转化为更高的 CQ（Li，Mobley，& Kelly，2013）。还有的研究者认为，内隐文化信念会影响个体在执行跨国任务期间通过文化适应去发展他们的 CQ 的方式（Chao，Takeuchi，& Farh，2017）。

相关变数（Correlates）。研究表明，CQ 与其他形式的智商（如情商）不同，但有相关性（Ang et al.，2007；Rockstuhl & Van Dyne，2018）。此外，CQ 还与个体的全球身份认同感（Erez，Lisak，Harush，Glikson，Nouri，& Shokef，2013），以及对全球小区与所在地小区的归属感和沟通语境（Adair，Buchan，Chen，& Liu，2016），以及个人在沟通过程中对情境线索的关注，有显著的相关性。

后果 / 结果变数（Outcomes）。研究表明，CQ 可以预测许多结果，其中包括：（1）社会文化适应（Ang et al.，2007；Chen，Kirkman，Kim，Farh，& Tangirala，2010；Firth，Chen，Kirkman，& Kim，2014；Volpone，Marquardt，Casper，& Avery，2018）；（2）文化判断与决策（Ang et al.，2007）；（3）工作或任务绩效（Chen，Liu，& Portnoy，2012）和情境绩效（Ng，Van Dyne，& Ang，2019）；（4）领导绩效（Groves & Feyerherm，2011；Rockstuhl，Seiler，Ang，Van Dyne，& Annen，2011）；（5）谈判效能（Imai & Gelfand，2010）；（6）创造力（Chua & Ng，2017；Xu & Chen，2017）；（7）文化学习（Morris，Savani，& Fincher，2019）。

托马斯·罗克斯图尔（Thomas Rockstuhl）和林·万·戴恩教授的元分析结构方程模型显示，四因子 CQ 模型和一般潜在 CQ 模型都会通过两个中介变量预测观察者评分的任务绩效：（1）调整自己的知识、心态和行为去适应当地的社会文化；（2）文化判断和决策。元分析的结果也发现，CQ 的双因子模型能够提供全面且独特的信息。

学术之钵的共鸣

现在我来讨论学术之钵的三个敲击，即定义 CQ 的概念化、测量 CQ 和建立 CQ 的逻辑关系网络是如何与学界产生共鸣并做出贡献的。

定义 CQ。在《应用心理学杂志》对百年文化研究的回顾内容中，研究者呼吁学者将研究重点从跨文化差异转向跨文化互动，建议研究人员更密切地去接触与文化智力、多元化管理相关的文献，以发展能捕捉跨文化互动过程及成果的理论（Gelfand，Aycan，Erez，& Leung，2017：523）。因此，二十年前由 CQ 带动的从跨文化差异转变到跨文化互动的范式转移，至今仍持续引起科学家的共鸣。

盖尔芬德教授等人也强调了 CQ 对学界做出的三个明显贡献（Gelfand，2008）。首先，CQ 将文化和智力相结合而开创了新的领域。CQ 借由探讨多元文化环境的需求，进而拓展了现有与智力相关的文献。其次，CQ 构念提供了理论的简约性、整合性及融贯性，因为它能捕捉到许多其他文化能力框架所没有的不同的能力基础（认知、元认知、动机和行为）。最后，CQ 提供了理论精确性，清理了现有文献众口不一的现象。

测量。这一连串 CQ 测量的研究对相关领域做出了三个贡献。首先，20 题 CQS 为科学家提供了经过实证的 CQ 衡量标准，从而使 CQ 实证研究的数量呈指数级增长。一篇发表完整量表的文章（Ang et al.，2007）可以让其他研究者将 CQ 纳入他们的研究问题，并使他们更容易地进行研究设计，从而使我们能够积累和增加对 CQ 的知识。

其次，CQS 为研究人员提供了评估 CQ 的有效测量方法。研究者认为，在人员外派的研究领域，CQ 的框架和 CQS 促成了近期被高度引用的实证研究（Kraimer，Bolino，& Mead，2016：90）。在对现有文化能力衡量标准的全面审查中得出以下结论：CQS 是该领域中能衡量文化能力的最具潜力的三个衡量标准之一（Matsumoto & Hwang，2013）。本文综述相关文献后，发现在不同国家进行的研究结果是一致的，证实了 CQ 的四因子构念，并证明了量表中因子的高信度（高于 r = 0.70）。

最后，不同的 CQ 探索方式（基于调查报告和绩效的测量）让研究者可以针对结果进行三角测量，并且可依照所感兴趣的结果进行选择。我建议研究人员可根据他们的研究问题、设计以及评估的可行性来选择他们将使用的 CQ 测量方式。

逻辑关系网络。建立 CQ 构念的逻辑关系网络，尤其是 CQ 如何预测结果，如何为量表提供重要的建构效度证据。研究者在对十个文化能力量表的比较研究中指出："对来自多文化的样本，有大量证据表明了 CQ 的共存与预测生态效度。"(Matsumoto & Hwang，2013：856）CQ 关系网络的呈现，也联结了跨学科的研究，通过为不同学科的研究人员提供相同的 CQ 框架以及有效的 CQ 测量工具，为学术的进步做出了贡献，甚至在管理领域内也有助于整合大量的相关的研究主题（Gelfand et al.，2008：377）。

挑战

敲击"科学家的钵"并非没有挑战。CQ 的构念如同"学科领域中的新生者"，引起了审稿者对其本质的许多质疑。在这里，我分享我遇到的两个重要问题。

智力/智商的命名。著名经济学家凯恩斯曾说过一句名言："真正困难的并非发展新思想，而是从旧思想中跳脱出来。"旧思想能对欣赏新想法产生多大的限制？我曾有过体会上述问题的经历。如同心理学家之间对于智力一词的含义具有各种争论一样，审稿者和编辑对我们使用智力这个词亦表示担忧。这场争论源于智商测验所公认的传统，仅将智力作为一般认知能力的研究（Sternberg，2019）。拥护这种狭隘智力观点的支持者质疑 CQ 并非构成智商形式的认知能力。斯滕伯格指出："尽管智商的定义是适应力，但该术语的一般用法与适应力几乎没有关系。一个多世纪以来，'智商'一直被用来指代一系列标准化的认知能力。（Sternberg，2019：24）"

要解决审稿者对 CQ 本质的担忧，就需要深入了解大量关于智商的研究，包括其历史背景以及来自不同学科的研究者是如何定义和测量智力或智商的。近年来对智力不同观点的回顾和整合以两种方式为 CQ 的概念化提供了强有力的理论基础（Sternberg，2019）。首先，我们将 CQ 定义为在多元文化环境中有效运作的能力（Earley & Ang，2003），这与智商本身定义为个体对特定环境的适应性是一致的（Sternberg，2019）。斯滕伯格认为"智商是一种涉及环境适应的关键能力"，而且"智商总是体现在具体文化中，因而被文化情境中介"。（Sternberg，2019：23，24）

其次，斯滕伯格的个体智商多元理论框架（包括元认知、认知和动机）及行为也为定义 CQ 四因子（元认知、认知、动机和行动 CQ）提供了有利的理论基础（Sternberg，1986）。

新构念的区别效度。第二个常见的评审意见涉及判别 CQ 的区别效度。审稿者经常询问 CQ 与其他形式的智商（如情商）甚至性格及跨文化胜任力之间的区别，这反映出"年轻"构念常见的"成长的烦恼"。

为了回应审稿者的要求，我们挖掘了大量庞杂的跨文化文献，并把 CQ 与其他跨文化胜任力的模型架构和测量工具（Ang et al.，2007；Ang et al.，2020a；Leung et al.，2014）进行了比较。我们还尽可能地设计了一连串研究来测量其他相关的构念（例如 IQ、EQ、性格和其他跨文化胜任力等），以证明 CQ 与它们的区别效度和增加预测效度。

我将 CQ 研究之旅的最终突破归功于我们在回应审稿者问题和要求过程中的坚持和韧性。作为一名编辑和审稿者，我知道审稿者付出了巨大的努力来帮助作者强化他们的研究。因此，作为一个作者，我会认真地尊重和对待每一位审稿者的观点和建议；即使审稿者的建议不可行，我也会找到解决潜在问题的替代方法，以确保修订后的文稿解决了之前的弱点而更棒。

第二钵：实务之钵

实务者主要关注 CQ 能如何帮助他们解决问题。为了让 CQ 研究与实务者产生共鸣，我主要采用了两种方法：（1）在组织中持续地进行调查和观察；（2）使用研究证据（循证）来设计干预方案。

第一敲：在组织中持续地进行调查和观察

入世学术（engaged scholarship）需要与组织进行密切合作来了解复杂现象，并使用科学探索来帮助他们解决复杂的问题（Van de Ven，2007）。在此我讨论两种与组织合作的策略：翻译学术研究成果和慎选合作关系。

翻译学术研究成果。接触组织需要使用不同的语言，因此要把学术语言"翻译"成俗语。实务者和科学家之间的显著差别，就是实务者更喜欢深入的个案研究，而非进行实验。实务者通常喜欢个案研究，因为它们具有更丰富的情境脉络和细节，这使他们能够自己决定个案中遭遇的情况是否与自己的情况类似，从而决定什么样的研究结果——如何解决问题——适合他们使用。

在我们与斯坦福大学出版社签订出版的第二本书（Earley, Ang, & Tan,

2006）中，我们就更多地使用实际跨文化挑战的案例和个案研究来阐明我们的观点，而不是靠统计结果。第二本书甚至没有阐述 CQ 的概念，而是把重点放到应用 CQ 来解决管理上发生的问题。比如，如何在全球外派工作中取得成功，如何建立高绩效的多元文化团队，以及如何领导来自各种不同文化的人等。后来，我将自己撰写实务导向文章的思路转向去寻找可以将 CQ 研究改写为商业书籍的合作者。戴维·利弗摩尔（David Livermore）是一位重要的合作伙伴，他成功地将 CQ 研究内容改写成更加平易近人的商业书，将书籍内容的范围延伸至实务社群（Livermore，2015）。

我们还通过研讨会向实务社群分享我们的研究，例如我们筹办了针对上海从业者的第一次 CQ 会议。随着中国在全球贸易中呈指数级增长，其对 CQ 的需求也在增长；筹办这次 CQ 会议本身就是一次跨文化的冒险，因为它是用普通话进行的（我们也需要使用翻译）。会议吸引了四百多名从业者，并引起了当地媒体的关注，在会议结束不久后，我们收到了大量索求中文版 CQ 量表的信息。但由于中文版量表尚未完成大规模的检验，所以我们的实务推广这个部分只能暂时搁置。

慎选合作关系。在我们关于文化智商的第一本书出版后，CQ 引起了许多大型跨国组织的注意。我因此收到了许多组织的邀请，它们要求我为高管进行演讲或举办研讨会，因为他们有兴趣应用 CQ 研究的成果。但是我没有三头六臂，回应所有邀请既不可行也没效率，所以我就优先考虑与产业界合作。我选择与有计划认真培养长期产学合作伙伴关系的早期导入者合作，而不是那些希望一次性介入的组织。这些优先考虑的长期合作伙伴关系，使我能够更深入地探索组织将会面临的问题和发生的现象，从而设计干预方法并收集数据，以评估其影响程度，提出情境化的解决方案，应对组织真正面临的挑战。

多年来，我与许多当地和国际组织合作，如当地组织，包括新加坡武装部队和总理公署公共服务部。通过和这些大型组织合作，我和同事吴国仪（Kok Yee Ng）教授开发了一系列有理论和实证支撑的干预方案来帮助这些组织提升领导力。除了新加坡，我们和位于中国上海的 SAP 实验室的全球团队也有合作；同时也和国际航空运输协会合作，共同设计其全球领导发展和绩效管理系统。我们与瑞士国际标准化组织合作，帮助它们制定全球标准，并与日本电信电话公社合作，开发关于 CQ 的在线电子学习平台。

我还扩大了与教育工作者的合作范围，因为新加坡教育部已将CQ（全球意识和跨文化技能）指定为21世纪学生必备的关键能力。我和中小学校长和教师合作，将CQ融入他们的课程。这让我们得以先培养教师、教授们的CQ，并将我们的研究成果融入适合各年龄层的概念和材料，以引起中小学生的共鸣。新加坡的学生现在可以在不同学科领域（如第二语言、文学、社会研究等）、出入境交流计划以及服务学习之旅中接触并认识CQ。

第二敲：使用研究证据（循证）来设计干预方案

组织和学校虽然认识到CQ对于应对21世纪带来的挑战的重要性，但其缺乏系统性的方法来帮助员工和学生发展CQ。许多人天真地认为，只要提供跨文化的经历和体验，不管是通过外派还是组建跨文化工作团队，管理者或者学生的CQ就自然培养出来了。

为了揭穿这个神话，我和同事在《管理学习和教育》（*Academy of Management Learning and Education*）期刊上发表了一篇文章，专门解释为什么经历和体验不等于经验式学习（Ng，Van Dyne，& Ang，2009）。我们认为，一个人必须能够在具体经验、反思性观察、抽象概念化和主动实验四个要素上都有反复实践，才可能让经历和体验变成增强CQ的养料。此外，我们也向组织提出该如何借由跨国任务分配的政策与实践，将领导者的跨文化经历转变为经验式学习的建议。

这些思考和阐述让我们对CQ发展的干预方案产生了新的想法（另见Ng，Tan，& Ang，2011；Ng et al.，2009）。我们知道，情境学习（Lave & Wenger，1991）和经验式学习理论（Kolb，2015）都强调实际经历对于发展个体复杂能力（如CQ）的重要性。情境学习理论认为，知道与实际去做是密不可分的，在真实或现实的任务中（情境化）工作有助于学习（Lave & Wenger，1991）。经验式学习理论为个体如何从跨文化经历和体验中发展CQ提供了一个解释。该理论认为学习会发生在以下循环之中：（1）具体的经历和体验；（2）对经历和体验进行批判、反思；（3）将这些反思抽象为一般理论，以指导未来的行为；（4）做实验，尝试不同的新行为，以评估其有效性。

根据这些理论，我们设计的干预方案重在强调知识、体验和反馈的结合。例如，在我们与国际航空运输协会（代表并领导全球航空业的行业协会）的长期合作中，就把 CQ 注入了其跨文化领导参与及发展计划——培养高潜力领导者的强化领导力计划。我和吴教授一起开发了一个多媒体个案研究，描述了如何把协会转化成为具有高文化智商组织的背景、流程和成果（Ng & Ang，2012）。

评估基于理论和实证设计的干预方案的有效性对于增强我们与组织的合作伙伴关系至关重要。我们采用了准实验设计法，例如循环制周期设计（Campbell & Stanley，1963），在周期性基础上进行干预研究实验（如年度计划）。在干预前后，我们收集了不同分组的自我评分及观察者的 CQ 评分。我们先评估不同组别数据的测量对等性，之后，比较一组干预后得分与下一组干预前得分（作为比较组），以评估干预方案的影响。除了准实验设计法以外，我们还采用了基于个人的分析来识别不同分组参与者个体的差异化成长。这种方法不仅提供了更精细的观察结果，以了解不同分组参与者如何从 CQ 的干预方案中获益，还能对促进不同增长模式的因素予以洞见。

我们的干预方案现在已不局限于职业培训和发展，而是延伸到甄选。比如，我们与一家全球性组织合作，该组织正在进行全球组织重组，使得许多当地办事处不得不停止营运，将一组员工重新分配到区域办事处。鉴于区域办事处比当地办事处具有更加多样的文化，该组织想知道 CQ 是否可以预测谁会在区域办事处中表现得更好。为了解决这个问题，我们与该组织一起设计了一项研究，使用多媒体 SJTs 来测量员工的 CQ。在员工被重新划分到区域办事处三个月后，再搜集这些员工的绩效数据。结果显示，在多媒体 SJTs 中表现较好的员工在区域办事处工作三个月后也会获得更高的绩效评分，从而证明了 CQ 的多媒体 SJTs 对于甄选员工的价值。

实务之钵的共鸣

在我研究 CQ 旅程的前期，从产业界得到的好评说明了 CQ 的理念与实务之间所产生的共鸣。CQ 以不同的方式推动跨国公司中全球人力资源的政策与实践。例如，国际航空运输协会在其绩效评估系统中采用 CQ 作为关键绩效指标。我们通过与密歇根文化智商中心的合作，让许多知名国际组织如可口可乐、谷歌、IBM、麦当劳和联合利华等企业，将 CQ 纳入其人才管理计划。目前，已有一百六十一个国家，超过十万人完成通过 CQS 或 E-CQS 测验。此外，多达四百所大学也在校园中开授 CQ 课程，其中包括海外留学和 MBA 课程。

挑战

正如我们在学术之钵上所遭遇的挑战那样，我们在敲击实务之钵时也面临着挑战。实务者看重实际执行的速度，而科学家则看重研究的严谨性。组织希望能迅速解决问题，这对努力同时达成研究上的严谨性与循证实践的科学家构成了挑战。作为一名科学家兼实务者，我需要尊重组织的时间表，但也不能屈服于压力而拿出尚未完全成熟的工具或干预方案。同样重要的是，我也教育我的合作实务者在设计干预方案时必须基于科学研究的原则。

另一个挑战来自长期计划项目高层领导交接的过渡期。CEO 的任期通常为三到五年，而我负责的一些项目会超过十年。当计划最原始的发起人离开组织时，研究团队需要能够适应组织的新领导。那时我意识到，需要开发一套严谨的衡量系统，只有我们能够提供投资回报等关键证明，才能再次获得新任领导的支持。

木制底座：建立科研机构与社群营造

提供一个稳定的底座来支撑两个钵是至关重要的。建立科研机构与社群营造不仅可以吸引许多宝贵的资源和机会，而且能够为 CQ 研究的分享、成长和永续创造更大的生态系统。2004 年，我和吴教授在南洋理工大学商学院成立了领导与文化智商中心。在商学院创建研究中心的任务中，能同时敲响学术之钵和实务之钵是当务之急。该中心的使命是引领 CQ 知识积累、测量工具开发、干预方案设计，以培养具有高 CQ 的领导者和组织，这反映了我们对于科学家—实务者的定位以及对应用研究的聚焦。

在中心成立后不久，时任南洋理工大学校长的徐冠林教授就意识到 CQ 研究的潜在影响，因此给予我们研究中心一笔很大的经费。这笔经费使我能够通过 CQ 研讨会和设置提案比赛奖项来建立一个科学家社群。我们组织 CQ 研讨会，聚集领域的文化学者，以拓展 CQ 研究的范围。我们设立了比赛奖项以推广 CQ 的研究，并且让获奖者发表他们的研究提案。这些策略促成了 CQ 在研究议题的严谨性和创造性。例如，关于外派员工 CQ 的得奖提案在 2009 年美国管理学会研讨会上获得了最佳论文奖，并随后发表在《美国管理学会学报》上（Chen et al.，2010）。

发展和持续研究任何研究项目都需要与科学家和实务者建立密切的合作关系。在选择密切合作伙伴上，我有两个指导原则，因为他们将会成为在 CQ 的朝圣之旅中与我同行的人。首先，寻找互补的契合者——将新的研究视角或问题、新学科或新内容引入 CQ 现有研究的人。其次，寻找在学术或实务中具有强烈动机去追求卓越并且具备坚实能力的人。多年来，我与来自北美、欧洲、亚洲、澳大利亚、新西兰和中东等二十多个国家的科学家和实务者建立了密切的合作关系。

2009 年，我和前同事赵志裕教授（C. Y. Chiu）和康萤仪教授（Ying-Yi Hong）创办了另一个科研机构——文化科学研究所，由当时的南洋理工大学的校长伯蒂尔·安德森（Bertil Andersson）教授鼎力资助。领导和文化力中心侧重于应用研究，而文化科学研究所侧重于文化的基础研究，包含四个层面：（1）文化和大脑（神经科学）；（2）文化和心智（认知）；（3）文化和行为；（4）文化和社会。这两个科研机构所处理的研究问题范围是互补的；在推广文化研究领域时，两个机构共同努力吸引南洋商学院更多的文化学者从事相关研究，因此学校支持了许多文化科学领域的先锋学者，包括认知科学家，如克里希纳·萨瓦尼（Krishna Savani）、周习（Xi Zhou），以及神经科学家，如乔治·克里斯多普洛斯（George Christopoulos）。

迄今为止，这两个科研机构还吸引了来自世界各地的多位博士后和博士生，如中国、法国、德国、印度、日本、菲律宾、葡萄牙、韩国和美国等国家。他们带来了多元的研究观点，并提升了我们在 CQ 研究中突破新界限的能力。

CQ 的未来

当我进入 CQ 旅程的第三个十年时，因学术之钵和实务之钵的新共鸣，让我产生了两个新的想法，这使我感到非常兴奋。

学术之钵：CQ2.0

迄今为止，CQ 研究主要通过水平差异化视角来检视人与人之间的跨文化互动。也就是说，这些研究关注跨文化差异，侧重人们在不同文化环境成长后所形成的思考、感受和行为。由于跨文化互动过程中彼此不熟悉，所以水平差异化的视角强调的是如何降低焦虑感和不确定性（Gudykunst，1993）。

如果我们关注社会不公以及地位和权力的差距，那么垂直差异化观点就提供了一个不同且日益重要的视角（Bunderson & Van der Vegt，2018）。地位特性理论和地位组织过程指出，人们对他人的评价往往会导致不平等的人际互动。一些个体属性如国籍、种族和性别等会引发不平等和权力失衡，因为历史社会事件（殖民化、种族压迫、边缘化）造成了这些属性所代表的刻板印象。在垂直差异化的人际互动中，优势团体和弱势团体所关注的重点十分不同。因此，我计划同时站在优势团体和弱势团体两个视角来拓展 CQ 这个构念，展示纵向分化的动态过程。

实务之钵：高 CQ 虚拟人

信息和通信技术的进步彻底改变了 CQ 的训练方式，创造了令人兴奋的教育机会。例如，我们可以利用人工智能和虚拟现实等沉浸式技术来开发文化适应性的媒介——互动式数字媒介，并可以根据不同的文化规范调整训练言语行为和非言语行为。

使用具有高 CQ 的虚拟人来训练和开发真人的 CQ 有以下几个优势。首先，能够减少对真人教练的需求，让目前的劳动密集型的训练更具扩展性，符合成本效益。其次，通过身临其境的体验，这种高度仿真的训练会让受训者仿佛身临其境，从而做出更真实的反应。最后，虚拟人可以记录和储存互动数据，包括追踪受训者的注意力和情绪变化过程，并在线即时反馈给受训者，进而增强他们的自我觉察力和学习能力。

结语

我从 2000 年开始 CQ 的研究，走过了二十多年漫长的学术旅程。回顾这段历程，有三项贡献让我感到满足。首先，我通过结合文化研究和智力研究两个学科领域，促成了跨文化研究的范式转移，把研究跨文化差异转移到研究跨文化能力。通过将研究锚定在智力或智商的多元理论中，我提出了一套既全面又简洁的构念来定义 CQ 的认知、元认知、动机和行为的基础。这种范式转移在不同学科中的广泛采用证明了 CQ 构念与科学家产生了共鸣。

其次，我开发了多种 CQ 的测量工具，包括基于测验报告的方式（即 20 题的 CQS 与 37 题的 E'CQS）和基于绩效的测量方式（即多媒体跨文化 SJTs、评鉴中心法和社会尺标评估诚实性）。这些多样的测量方式让研究结果能够进行三角测量，并使研究人员能够根据研究目的和背景选择适当的测量类型。

最后，CQ 不仅在公私营单位发挥作用，也在从小学到大专、本科的各级教育单位中发挥重要的作用。通过对组织的深入研究，我的工作直接或间接地引导了相关领域的政策与实践，并帮助领导者变得更有效能。

为了描述这段旅程，我选择用"双钵颂音"的比喻来象征 CQ 研究在学术和实务两方面所得到的共鸣。两个钵的共鸣也凸显了学术与实务的良性循环。好的学术之钵让实务之钵一同"唱"了起来。重要的问题和来自实践的深入观察使学术之钵也发出了声响。当两个钵同时发出声响时，会产生一种深沉的"嗡嗡"的共鸣声，并能持续很长时间，对听众产生深远的影响。

致谢

如果要让两个钵持续产生共鸣，需要花心力去建立科研机构并营造科学家和实务者的社群。感谢南洋理工大学对我在学术工作中的支持和认可，也感谢我的合作伙伴吴国仪教授、林·万·戴恩、托马斯·罗克斯图尔、戴维·利弗摩尔、陈美玲（Mei-Ling Tan）、瓦妮莎·布达劳（Vanessa Barros）和李益田（Yih-Tin Lee）等人。来自他们的友谊让我深感幸福，他们在这段旅程中成为我的"同伙"，让我感到欣慰。

此外，感谢吴国仪教授、辛西娅·比思（Cynthia Beath）、托马斯·罗克斯图尔、陈晓萍和两位匿名审稿委员对本章初稿提出的具有建设性及真知灼见的评论与建议。

参考文献

（1）Adair，W. L.，Buchan，N. R.，Chen，X. P.，& Liu，D. 2016. A model of communication context and measure of context dependence. Academy of Management Discoveries，2：198–217.

（2）Adair，W. L.，Hideg，I.，& Spence，J. R. 2013. The culturally intelligent team: The impact of team cultural intelligence and cultural heterogeneity on team shared values. Journal of Cross-Cultural Psychology，44：941–962.

（3）Ang，S.，& Inkpen，A. C. 2008. Cultural intelligence and offshore outsourcing success: A framework of firm‐level intercultural capability. Decision Sciences，39：337–358.

（4）Ang，S.，Ng，K. Y.，&Rockstuhl，T. 2020a（forthcoming）. Cultural competence. The Oxford Research Encyclopedia of Psychology. New York: Oxford University Press.

（5）Ang，S.，Ng，K. Y.，&Rockstuhl，T. 2020b（forthcoming）. Cultural intelligence. In R. J. Sternberg & S. B. Kaufman（Eds.），The Cambridge handbook of intelligence（2nd ed.）. New York: Cambridge University Press.

（6）Ang，S.，& Van Dyne，L. 2008（Eds）. Handbook of cultural intelligence. New York: M.E. Sharpe.

（7）Ang，S.，Van Dyne，L.，& Koh，C. 2006. Personality correlates of the four-factor model of cultural intelligence. Group & Organization Management，31：100–123.

（8）Ang，S.，Van Dyne，L.，Koh，C.，Ng，K.Y.，Templer，K. J.，Tay，C.，& Chandrasekar，N.A. 2007. Cultural intelligence: Its measurement and effects on cultural judgment and decision making，cultural adaptation and task performance. Management and Organization Review，3：335–371.

（9）Bunderson，J. S.，& Van der Vegt，G. S. 2018. Diversity and inequality in management teams: A review and integration of research on vertical and horizontal member differences. Annual Review of Organizational Psychology and Organizational Behavior，5：47–73.

（10）Campbell，D. T.，& Stanley，J. C. 1963. Experimental and quasi-experimental designs for research. Palo Alto，CA: Houghton Mifflin Company.

（11）Chao，M. M.，Takeuchi，R.，& Farh，J. L. 2017. Enhancing cultural intelligence: The roles of implicit culture beliefs and adjustment. Personnel Psychology，70：257–292.

（12）Chen，G.，Kirkman，B. L.，Kim，K.，Farh，C. I.，& Tangirala，S. 2010. When does intercultural motivation enhance expatriate effectiveness? A multilevel investigation of the moderating roles of subsidiary support and cultural distance. Academy of Management Journal，53：1110–1130.

（13）Chen，M. L.，& Lin，C. P. 2013. Assessing the effects of cultural intelligence on team knowledge sharing from a socio‐cognitive perspective. Human Resource Management，52：675–695.

（14）Chen，X. P.，Liu，D.，& Portnoy，R. 2012. A multilevel investigation of motivational cultural intelligence，organizational diversity climate，and cultural sales: Evidence from U.S. real estate firms. Journal of Applied Psychology，97: 93–106.

（15）Chua，R. Y. J.，Morris，M. W.，&Mor，S. 2012. Collaborating across cultures: Cultural metacognition and affect-based trust in creative collaboration. Organizational Behavior and Human Decision Processes，118: 116–131.

（16）Chua，R. Y.，& Ng，K. Y. 2017. Not just how much you know: Interactional effect of cultural knowledge and metacognition on creativity in a global context. Management and Organization Review，13: 281–300.

（17）Crotty，S. K.，& Brett，J. M. 2012. Fusing creativity: Cultural metacognition and teamwork in multicultural teams. Negotiation and Conflict Management Research，5: 210–234.

（18）Earley，P. C.，& Ang，S. 2003. Cultural intelligence: Individual interactions across cultures. Palo Alto，CA: Stanford University Press.

（19）Earley，P. C.，Ang，S.，& Tan，J. S. 2006. CQ: Developing cultural intelligence at work. Palo Alto，CA: Stanford University Press.

（20）Erez，M.，Lisak，A.，Harush，R.，Glikson，E.，Nouri，R.，&Shokef，E. 2013. Going global: Developing management students' cultural intelligence and global identity in culturally diverse virtual teams. Academy of Management Learning & Education，12: 330–355.

（21）Firth，B. M.，Chen，G.，Kirkman，B. L.，& Kim，K. 2014. Newcomers abroad: Expatriate adaptation during early phases of international assignments. Academy of Management Journal，57: 280–300.

（22）Gardner，H. 1993. Multiple intelligences: The theory into practice. New York: Basic Books.

（23）Gelfand，M. J.，Aycan，Z.，Erez，M.，& Leung，K. 2017. Cross-cultural industrial organizational psychology and organizational behavior: A hundred-year journey. Journal of Applied Psychology，102: 514–529.

（24）Gelfand，M. J.，Imai，L.，& Fehr，R. 2008. Thinking intelligently about cultural intelligence. In S. Ang，& L. Van Dyne（Eds.），Handbook of cultural intelligence: 375–388. New York: M.E. Sharpe.

（25）Groves，K. S.，& Feyerherm，A. E. 2011. Leader cultural intelligence in context: Testing the moderating effects of team cultural diversity on leader and team performance. Group & Organization Management，36: 535–566.

（26）Gudykunst，W. B. 1993. Toward a theory of effective interpersonal and intergroup communication: An anxiety/uncertainty management（AUM）perspective. In R. L. Wiseman & J. Koester（Eds.），International and intercultural communication annual，Vol. 17，1993. Intercultural communication competence: 33–71. Thousand Oaks，CA: Sage Publications.

（27）Imai，L.，& Gelfand，M. J. 2010. The culturally intelligent negotiator：The impact of cultural intelligence（CQ）on negotiation sequences and outcomes. Organizational Behavior and Human Decision Processes，112：83–98.

（28）Kolb，D. A. 2015. Experiential learning：Experience as the source of learning & development（2nd ed.）. NJ：Pearson Education.

（29）Korzilius，H.，Bücker，J. J.，&Beerlage，S. 2017. Multiculturalism and innovative work behavior：The mediating role of cultural intelligence. International Journal of Intercultural Relations，56，13–24.

（30）Kraimer，M.，Bolino，M.，& Mead，B. 2016. Themes in expatriate and repatriate research over four decades：What do we know and what do we still need to learn? Annual Review of Organizational Psychology and Organizational Behavior，3：83–109.

（31）Lave，J.，& Wenger，E. 1991. Situated learning：Legitimate peripheral participation. Cambridge：Cambridge University Press.

（32）Leung，K.，Ang，S.，& Tan，M. L. 2014. Intercultural competence. Annual Review of Organizational Psychology and Organizational Behavior，1：489–519.

（33）Li，M.，Mobley，W. H.，& Kelly，A. 2013. When do global leaders learn best to develop cultural intelligence? An investigation of the moderating role of experiential learning style. Academy of Management Learning & Education，12：32–50.

（34）Livermore，D. A. 2015. Leading with cultural intelligence：The real secret to success. NY：AMACOM.

（35）Matsumoto，D.，& Hwang，H. C. 2013. Assessing cross-cultural competence：A review of available tests. Journal of Cross-Cultural Psychology，44：849–873.

（36）Mayer，J. D.，& Salovey，P. 1993. The intelligence of emotional intelligence. Intelligence，17：433–442.

（37）Molinsky，A. 2007. Cross-cultural code-switching：The psychological challenges of adapting behavior in foreign cultural interactions. Academy of Management Review，32：622–640.

（38）Morris，M. W.，Savani，K.，& Fincher，K. 2019. Metacognition fosters cultural learning：Evidence from individual differences and situational prompts. Journal of Personality and Social Psychology，116：46–68.

（39）Ng，K. Y.，& Ang，S.（2012）. Leading change globally with cultural intelligence. Singapore：Center for Innovation Research in and Cultural Intelligence and Leadership.

（40）Ng，K. Y.，&Earley，P. C. 2006. Culture + intelligence：Old constructs，new frontiers. Group and Organization Management，31：4–19.

（41）Ng，K. Y.，Tan，M. L.，& Ang，S. 2011. Global culture capital and cosmopolitan human capital：The effects of global mindset and organizational routines on cultural intelligence and international experience. In A. Burton，& J. C. Spender（Eds.），The Oxford Handbook of Human Capital：96-119. New York，NY：Oxford University Press.

（42）Ng，K. Y.，Van Dyne，L.，& Ang，S. 2009. From experience to experiential learning：Cultural intelligence as a learning capability for global leader development. Academy of Management Learning & Education，8：511–526.

（43）Ng，K. Y.，Van Dyne，A.，& Ang，S. 2019. Speaking out and speaking up in multicultural settings：A two-study examination of cultural intelligence and voice behaviors. Organizational Behavior and Human Decision Processes，151：150–159.

（44）Rockstuhl，T.，Ang，S.，Ng，K. Y.，Lievens，F.，& Van Dyne，L. 2015. Putting judging situations into situational judgment tests：Evidence from intercultural multimedia SJTs. Journal of Applied Psychology，100：464–480.

（45）Rockstuhl，T.，Seiler，S.，Ang，S.，Van Dyne，L.，& Annen，H. 2011. Beyond general intelligence（IQ）and emotional intelligence（EQ）：The role of cultural intelligence（CQ）on cross-border leadership effectiveness in a globalized world. Journal of Social Issues，67：825–840.

（46）Rockstuhl，T.，& Van Dyne，L. 2018. A bi-factor theory of the four-factor model of cultural intelligence：Meta-analysis and theoretical extensions. Organizational Behavior and Human Decision Processes，148：124–144.

（47）Rousseau，D. M.，& Gunia，B. C. 2016. Evidence-based practice：The psychology of EBP implementation. Annual Review of Psychology，67：667–692.

（48）Shtulman，A. 2017. Scienceblind：Why our intuitive theories about the world are so often wrong. NY：BasicBooks. Sternberg，R. J. 1986. A framework for understanding conceptions of intelligence. In R. J. Sternberg & D. K. Detterman（Eds.），What is intelligence? Contemporary viewpoints on its nature and definition：3–15. Norwood，NJ：Ablex.

（49）Sternberg，R. J.，Forsythe，G. B.，Hedlund，J.，Horvath，J. A.，Wagner，R. K.，Williams，W. M.，Snook，S. A.，& Grigorenko，E. L. 2000. Practical intelligence in everyday life. Cambridge，UK：Cambridge University Press.

（50）Sternberg，R. J. 2019. A theory of adaptive intelligence and its relation to general intelligence. Journal of Intelligence，7：23–39.

（51）Triandis，H. C. 1972. The analysis of subjective culture. New York：Wiley.

（52）Xu，X.-J.，& Chen，X.-P. 2017. Unlocking expatriates' job creativity：The role of cultural learning，and metacognitive and motivational cultural intelligence. Management and Organization Review，13：767–794.

（53）Van de Ven，A. H. 2007. Engaged scholarship：A guide for organizational and social research. Oxford，UK：Oxford University Press.

（54）Van Dyne，L.，Ang，S.，Ng，K. Y.，Rockstuhl，T.，Tan，M. L.，& Koh，C.

2012. Sub-dimensions of the four factor model of cultural intelligence: Expanding the conceptualization and measurement of cultural intelligence. Social and Personality Psychology Compass，6：295–313.

（55）Van Dyne，L.，Ang，S.，Tan，M. L.（2019）. Cultural intelligence. In R. Griffin（Ed.），Oxford bibliographies in management. New York: Oxford University Press.

（56）Volpone，S. D.，Marquardt，D. J.，Casper，W. J.，& Avery，D. R. 2018. Minimizing cross-cultural maladaptation: How minority status facilitates change in international acculturation. Journal of Applied Psychology，103：249–269.

第三章

貌似随机之行：通向学科交叉研究的路径与陷阱规避

密歇根大学　詹姆斯·韦斯特法尔（James D. Westphal）
北方工业大学　罗文豪　翻译

在本章，我将追溯自己开展公司治理研究的起源，并描述我在职业生涯早期所遇到的种种陷阱和挑战。我的研究基本上都是学科交叉的，即通过整合社会心理学、政治学、社会学、经济学来解释公司治理的前因后果。这些研究横跨多个分析层次，包括个体层面董事会成员的认知、企业层面公司治理政策以至社会层面的文化规范。本章的一个基本前提是，我当时在开展这些研究中所面对的诸多挑战都可以归因于在组织理论和战略管理领域几乎不存在任何跨层次、跨学科的研究。所以，我在此分享的经验教训也应该能够广泛应用于公司领导力和公司治理以外的其他领域。

我对公司行为和治理研究的兴趣其实起源于对自己早期工作经历的厌倦与失望。在获得经济学学位以后，我加入了旧金山一家大型管理咨询公司的高管薪酬分析部门。我曾经期望自己的工作是去设计创新性的薪酬政策，从而帮助那些硅谷的高科技公司实现自身的战略目标。然而，我发现自己只是不停地在阅读《财富》500强公司的代理声明和年报，并对其中的高管薪酬计划进行编码。还有什么工作能比仔细记录大型工业企业激励计划的信息更乏味的呢？答案是对这些公司过去十年的激励计划进行历史分析！这个单调乏味的工作促使我思考了两个问题。

第一，为何我没有听从本科导师的建议去攻读经济学博士学位，而是听从了室友"深思熟虑"的建议去"精明点，赚大钱"？

第二，为什么公司要令我苦闷，给我提供了远多于法律要求的高管薪酬信息（包括对激励计划的口头描述）？正如失败是成功之母，长时间的无聊也可以是发明之母，因为乏味使人们想拼命地寻求变化。因此，在对代理声明的分析持续数周乃至数月之后，我开始好奇：到底应该如何解释这些激励计划中的变化？它们是如何随着时间变化而变化的？为什么会有这些变化？

出于对上述问题的探索，再加上我得到的大量帮助、指导、支持以及一些好运气，我最终开展了有关公司行为治理的研究项目。我注意到，在公司代理声明中，长期激励计划常被用作保持高管薪酬与股东业绩一致的正当手段。之后，我认识到这些沟通信息其实是一种印象管理，是根据代理理论来构建的。我还注意到，企业有时候虽然采用了长期激励计划，但并没有真正地付诸实施（即没有根据计划发放奖金）。后来，我把这种做法命名为象征性的脱钩。

此外，我也开始怀疑自己作为薪酬分析师的价值。在对高管职位进行定价时，公司鼓励我使用已知定价中相对较高的数值。我们公司的专有调查中所选择的客户其大多数的薪酬都处于市场水平的 75% 分位（当然，这是经我们同意的）。我们的重点客户当然也会忠实地遵循同样的政策，逐步拉高薪酬的市场水平来使我们的其他客户获益。与之相反，在对低阶岗位进行定价时，咨询顾问们似乎更喜欢使用那些定价奇低的数值。后来我慢慢地意识到这是另一种形式的脱钩：薪酬咨询顾问们其实是在表面上应用他们的专长和科学的调查设计，制订出用于提升股东利益的薪酬计划来达到强化薪酬确立过程的合法性。但事实上，他们在上市公司的领导人之间发挥着协调作用，使高管薪酬和额外收入不断增加，同时降低低阶岗位的薪酬风险并加剧了组织中的不平等。

当时我只知道，我在管理咨询中从事和经历的一切都无法用我在本科时学习的有关薪酬和劳动力市场的经济学理论来解释。即使是 20 世纪 80 年代主导经济学实证研究的计量经济学方法，也不能充分地解释我所观察到的薪酬定价行为过程。于是，我查阅了周边商学院教授们的研究成果，包括杰弗瑞·菲佛（Jeffrey Pfeffer）、巴里·斯道（Barry Staw）、查尔斯·奥赖利（Charles O'Reilly）和理查德·斯科特（Richard Scott）等教授的论文，从而发现原来还有对组织进行研究的领域。我认识到：这些组织研究的成果中所揭示的理论和证据有助于解释我观察到的一些公司治理实践。当我向在大学四年中悉心栽培我的本科导师描述这些组织研究的成果，并宣布我计划去商学院攻读博士学位时，他的反应令我印象深刻——他叹声说道："哦，不！这（组织研究）听起来像是社会学，而且还是在商学院。难道你想成为一个伪社会科学家和一个叛徒吗？谁会给你写推荐信呢？"

然而，他并没有意识到我在求学期间就发出过一些"危险信号"。虽然我读的是经济学专业，但我也学过心理学、政治学和人类学的一些课程。这让我有机会开展学科交叉的"研究"和写作。例如，在一篇讨论湾区快速交通系统最初为什么失败的经济学论文中，我指出这是由于它忽视了湾区的文化异质性；我也曾为文化人类学课程撰写了一篇有关仪式的微观经济学论文。我的这些论文得到的都是一些不温不火的评论，这让我从正面接受到来自学科交叉理论的挑战。之后，我很幸运地进入凯洛格商学院攻读博士学位，这个项目不但是学科交叉的，而且它在学科交叉的创造力和基于学科的严谨性（也伴随着由恐惧引发的一种有益的动力）之间维持了一种富有成效的辩证关系。虽然我是系里为数不多的宏观方向学生之一，我的导师埃德·扎亚克（Ed Zajac）却深受微观方向老师们的尊敬。我安全地站在外面向内观望，这恰恰是我偏爱的社会结构位置。我见证了认知与社会心理学家、经济社会学家和战略管理学者之间的活跃交流。系里的这种精神促使我通过整合新制度理论、群体间关系、权力与政治研究、社会网络理论和经济学理论来解释公司治理现象。这是一个纵贯职业生涯的长期项目，但随着时间的推移，我越来越欣赏这些不同视角之间的互补性。例如，群体间关系理论就对一些版本的新制度理论有所补充，能够在不同的分析层次上解释对于经济效率的偏离，包括决策制定中群体内或群体外偏见、组织政策的脱钩以及金融市场中的配置低效。主流的经济理论如代理理论，可以被重新解读为一种制度逻辑，可以让强大的行动者在印象管理过程中进行利用，而这种"象征性管理"又能够使他们的行动合法化，并使他们的权力永存。同时，社会网络又可以实现并强化上述诸多过程。

若要通过凯洛格商学院的博士资格综合考试，必须对认知和社会心理学的当代研究有很好的了解，并且掌握实验方法的实用知识。作为一个缺乏实验研究一手经验的宏观方向的学生，我觉得自己有必要去阅读过去五年发表在心理学顶级期刊上的所有文章，并且定期参加心理学和组织行为学方面的学术研讨会。写博士论文时，我已经开始喜欢用具体的方式说明假设关系背后的微观机制了。由于综合考试的题目需要提出原创性假设，我形成了一种强迫性的习惯，即会思考所看到的任何心理学理论或机制与我在公司治理和战略制定方面的研究兴趣如何产生关联。其结果就是，我得到了一个包含数百个中观层次和跨层次假设的"思路文件"。其中大多数假设可能毫无价值，但也有一些为后续研究提供了原始素材。

凯洛格商学院兴起的学科交叉研究这一独特品牌，再加上经济学的研究背景，与战略管理研究之间颇为契合。无论在理论上还是方法上，认知心理学离微观经济学都只有一步之遥。心理偏差通过偏离理性的程度来衡量，实验室研究中的证据标准也与当代经济学中的方法有着一致的优先级。某些版本的新制度理论也有助于解释对理性决策和组织效率的偏离。简而言之，这种理论发展和检验的学科交叉方式为构建跨层次的公司战略的行为理论提供了基础，反过来也揭示出一种更具战略性和主体能动性的组织理论。"战略行为学"与传统组织理论的区别在于它注重解释效率偏差的社会机制。例如，象征性管理就是战略行为中的一种关键机制，它可以全面地、跨层次地解释企业管理者的战略行为如何以及何时导致组织效率的持续偏离。外部的经济与制度环境、管理者作为个体与群体的政治行为、组织政策和结构，都是象征性管理的组成部分（Westphal & Park，2020）。

与此同时，虽然战略行为理论与经济学在通过经济效率这一"基准"来衡量组织行为上是较为一致的，但它也颠覆了经济学。在象征性管理理论中，经济学的修辞对于企业领导者的印象管理来说不可或缺。这种印象管理一方面可以维持外部表现和内在实践之间的脱钩状态，另一方面也可以维持公司的声誉和效率。对于我们这些认为经济效率和绩效很重要，但发现经济学理论和方法有局限性（甚至有些专制）的人来说，这种研究战略管理和组织理论的方式尤为令人满意。但我的本科导师对此并不感兴趣，他阅读我的文章是这样的感受："如同千刀万剐。除此之外，它们很棒！"

这样一种跨层次和学科交叉的研究方式虽然在智慧层面上深深地吸引着我，但以其作为学术生涯的基础也给我带来了一系列的现实挑战和陷阱。在本章的余下部分，我将描述这些挑战和陷阱，以及我在此过程中发现的（或是偶然遇到的）部分解决方案。

战略与组织理论学科交叉研究中的挑战与陷阱
（以及一些部分性解决方案）

激怒经济学者。在我的学术生涯初期，我倾向于将行为理论放在与经济学理论对抗的位置上。我的一些早期论文或者其最初版本，都会以对公司治理的经济学视角（如代理理论）进行明确或含蓄的批评来开篇，之后再引入行为理论作为上述理论视角的更好的替代。这种做法带来了一系列的不良后果。首先，编辑们会更有可能邀请经济学者来进行评审。其次，只要读过三页论文，这些经济学者可能就会开始怀疑和恼火，甚至是愤怒。因此，他们更可能出于错误的原因（如为了守护经济学自身的学科和学术认同，或许是为了教诲少数派的观点）来进行评审，不可能以开放心态来看待文章中的理论与结果，并且更可能在整个评审过程中固执己见，始终不妥协。例如，一位经济学审稿人在评审我的一篇早期论文时，就声称象征性脱钩（例如，虽然宣称用长期激励计划来使高管薪酬与股东业绩挂钩，但实际上并未实施）在经济上是有效的，并且是完全符合代理理论的。为什么这么说？因为他认为一旦这项激励计划发布并得到投资者的积极回应，就没有任何必要再一直跟进实施计划了。公司领导人已经成功地表明了他们有效治理和保护股东利益的意愿，所以再按照激励计划发放奖励对股东来说就是不必要的成本，因此是低效率的。然而，我们在文中的理论和分析表明，拥有强势 CEO 和弱势董事会的公司更有可能出现脱钩，而象征性管理降低了治理改革和其他有利于股东利益的战略变革的可能性。尽管如此，这位审稿人仍毫不退缩。考虑到这项研究的最初框架（即先批评代理理论，再提出替代性的理论），合作者和我都发现这对我们不利。我们所能期望的最好结果就是编审们能够以 2：1 的投票结果接受论文。

与其将行为理论置于经济学的对立面，更有效的方式是承认我们的理论如何使用了经济学中的概念，以及我们的研究如何使用了经济学的方法。在评估企业治理和公司战略决策的后果时，战略行为研究便使用了组织和市场效率的经济概念，在理论检验时也在很大程度上仰赖于计量经济方法。最成功的理论往往能借鉴或颠覆竞争学科中的构念。资源基础观在描述可持续竞争优势的来源时，便从组织理论中借鉴了构念。巴尼尝试吸收组织理论而不是直接对其予以攻击。诸如魅力型领导、创始人印记和社会凝聚力等社会学构念被吸收到有关经济租金的模型中（Barney，1991）。如前所述，治理行为同样吸收了一些经济学构念，例如代理成本、激励一致、监管和组织效率。在几乎所有的专业性对话中，类似的原则都能用于处理学科间的差异，无论对话的主题是招聘、学校战略或是学术研究。包容策略几乎总是比反对策略更为可取。在甄选申请教职的候选人是"行为学的"还是"经济学的"的时候，我的同事理所当然地提醒我：经济学家也对行为感兴趣。

你属于哪一类？ 从有关类别的多学科研究文献中可知，虽然自我身份常常是多维度的，但社会评价会抵制类别上的复杂性：大多数人都难以评价那些属于多个看似不同类别的个体或者组织（Brewer & Brown，1998；Negro，Koçak，& Hsu，2010）。从本质上看，学科交叉研究不宜进行简单的归类。在组织理论和战略研究中，"横向"类别的不断扩展和不同的分析层次（"纵向"类别）加剧了难以分类这一问题的发生。你是研究组织理论、战略、创业学、组织经济学、经济社会学、管理学、企业社会责任、技术，还是国际化？你是微观的、中观的，还是宏观的？难以回答这些问题的研究者，或者工作横跨了这些不同的类别的研究者，会在学术生涯的早期处于不利地位。

在亲密的同事之间，研究类别的复杂性不是一个大问题。在凯洛格商学院，我的同学们和大多数教授对我的研究与学术取向都比较了解，社会分类因此也就变得没有必要了。但当我进入就业市场时，类别就成了一个限制因素。在美国管理学会属下的组织与管理理论分会召开的博士生论坛上，一位教授导师便问我究竟是属于组织理论还是战略方向。我自信地答道："二者兼有。"她马上就说："嗯，这可是个挑战。"当我在一次圆桌讨论中描述我的博士论文研究时，与会者便为我的研究主题究竟是微观的还是宏观的展开了争论。有人指出："或许它是中观的。"其他人看起来并不确定，这个问题也便悬而未决。事实上，类似的问题已经被搁置了二十五年。对于制度化、脱钩、个体与群体层次上的社会心理偏见，通过网络关系产生的社会影响、战略性决策和企业绩效等问题的研究，本身就很难予以分类。它们是组织理论、战略、心理学、社会学，还是微观的、宏观的、中观的等，我没能正视类别复杂性的问题，也没能应对好学科交叉研究的职业风险，这既反映了我对于精英的一种傲慢而天真的信念，也反映了我的内向。在我看来，将研究分成若干宽泛的门类，既简单又偏颇，正如我看待对于人群、政策、艺术和其他社会性、文化性与智力性产品的分类一样。但是，这种看法显然忽视了组织与市场过程的实际情况，而这对于一位组织理论学者（或者一位战略学者）来说恰恰是一个具有讽刺意味的盲点。工作岗位一定存在设定好的类别。相对于"纯粹的"战略方向候选人，横跨战略和其他学科（或子学科）的候选人在应聘战略类别的岗位时，总是会在招聘过程的每一个阶段处于劣势。我进入候选名单，得到面试机会，得到主持面试的教员们的关注的可能性更少。我惊讶地发现，当我参加战略方向教职的面试时，组织理论的学者经常不来听我的演讲；当我参加组织理论方向教职的面试时，战略学者也经常会缺席。

这种跨类别的劣势也会延伸到其他职业机会上。期刊主编经常会寻找符合特定类别的编委会成员，专业学术团体也倾向于寻找研究方向可以清晰分类的潜在会员、领导者和组织者。随着学者自身的研究在领域内变得更加知名，由类别模糊导致的劣势也会因时间的推移而显著减少。最终，那些在不同子领域交叉地占据独特位置的研究更可能被认为是新颖的、创新的，这会为从事学科交叉研究的学者在晋升阶段提供一种补偿性的优势。在此期间，学科交叉学者面对的挑战是自己会被遗漏。

对学科交叉的学者而言，为了在早期生涯弥补上述劣势，其重点在于要对自己的研究项目有一个简明扼要、引人注目的概要描述，以便来自不同学科领域的学者都能够非常容易地理解和欣赏。如果你不能依靠一些类别来简洁地描述你的研究工作，那你就需要一个特别精练且令人难忘的类似"电梯演讲"的方案来迈出与学界交流的第一步。通常，最好的方式是聚焦在一个具体的假设或是发现上。在描述自己的研究时，青年学者倾向于关注理论或数据，这是因为他们的学术训练重视通过理论来框定想法，并且他们经常沉浸于数据之中并为之兴奋。但是，只有指向特定的论点、预测和研究发现时，理论和数据才会有意义。在学术对话中，理论框架仅仅用于对研究进行分类。在攻读博士阶段，我在交流中曾倾向于通过指出"象征性管理、权力和治理"来引入我的研究，但这样就无法传递我的研究有何旨趣，又有何独特，也会让他人不确定如何对其进行分类。他人的反应就很可能是"我认为他是一个制度理论的学者或是一个公司治理的学者"。随着时间的推移，我学会了将理论框架控制在一句话以内，直截了当地指出假设和研究发现，最后再通过抽象出理论来加以总结。例如：

"我从事象征性管理和公司治理研究。例如，我们发现，CEO 有权掌控董事会的企业会更可能从官方层面采用激励计划，使 CEO 的薪酬看上去取决于企业绩效；但这些企业也更不太可能真正地实施上述激励计划。我们还发现，即使在激励计划是脱钩或者没有实施的情况下，企业也可以因为采用激励计划而获得股市的积极回应。我们认为这些研究发现表明了关于象征性管理的一种政治视角。"

通过从一个具体的发现，我能够让听众更好地理解我所做的研究，以及我的研究与更宽泛的一些类别（如象征性行动或公司治理）之间的联系。我也给他们留下了一些有趣的、具体的和难忘的内容印象。根据受众的不同，具体内容也可以加以调整，包括我选择报告的研究结果和最后我所提到的贡献领域。我或许也会简单地描述一下数据，当然这取决于受众的取向、数据的独特性以及数据对于研究贡献的重要性。

对于研究生和年轻教师来说，储备多种有关自身研究的简短描述是至关重要的，这能够用于他们去参加学术会议、面试或者有机会与外部的教师会面时高质量地展示自我。他们还应该练习根据对话者来匹配相应的研究描述的能力。除了进行 PPT 展示练习外，学生们还需要采用角色扮演的方式，模仿与教师进行非正式的研究对话方式。这些训练在读博期间开展得越早越好。这些训练也会带来一些额外的好处：因为学生们要学习如何根据不同的受众来框定自己的研究，所以他们进行更为聚焦、更有吸引力的研究展示的能力也会得以提升。对于像我这样内向的人来说，将这些对话纳入自己的学习日程尤为重要。作为一个博士生，我其实可以延续自己天生的社交拖延倾向，也可以奢侈地用独立、努力地投入自己所热爱的工作来替代专业上的交往，因为这种交往很可能给我带来负面的社会评价。可是一转眼四年时间就过去了，而我只做了几次的研究报告。当然，我用一种学者式的傲慢来将自己的问题合理化。我安慰自己："如果你想了解我的研究，就去读我的论文呗。"但我也认识到，要让那些内向的博士生们（在博士生中占比不低）快速地从博士生讲座转向面对一群资深教师进行 PPT 演讲似乎是不太现实的。非正式的角色扮演，或者是其他形式的结构化对话，能够为取得正式的报告研究成果打下基础。

贡献何在？ 学科交叉研究虽然有潜力在多个学科领域和文献中都做出广泛的贡献，同样但也有可能会被遗漏或影响甚微。贡献结果如何，很大程度上取决于研究的框定是否恰当。合理框定一项研究的第一步就是识别它的主要贡献。在组织理论和战略研究中，一项研究可以在对某个现象或情境的研究做出贡献的同时，也能做出更为广泛的理论贡献。每一类贡献针对的受众差别可能很大，当然在有些情况下也会有部分的重叠。因此，对于学科交叉学者而言，认识到自己对于不同文献和受众群体所做贡献的相对价值非常重要。在我自己的研究中，我常常纠结于到底一项单独的研究是更多地贡献于探讨某一现象或情境（如董事会、战略决策或高管等），还是更多地贡献于某种更为宽泛的理论机制（如制度化、象征性脱钩和社会歧视等）。要解决这一困境，关键在于学科交叉研究者要能够从不同的同事那里征求意见，并且愿意据此大幅地修改自己的研究框架。我们很多人都是经历了惨痛教训后才认识到这一点。我自己有时也依旧无法根据同事或审稿人的反馈来适当地修改论文中的框架。

从我的博士论文中衍生出来的第一篇论文就是一个很好的例子。在这项研究中，我研究了董事会相对于管理层的独立性增强将如何促使 CEO 对外部董事采取人际影响行为（如讨好和说服），这足以弥补由于独立性增强产生的对 CEO 薪酬和其他政策结果的影响（Westphal，1998）。这个结果对于董事会研究的贡献在于，它解释了为何董事会独立于管理层可能对公司治理政策产生反面效应，从而损害股东利益。但是，该结果也能够对权力研究做出贡献，它解释了结构性权力的丧失为何能以及如何促发人际影响的过程，从而弥补结构性的劣势。两相比较，我更喜欢对于权力研究的贡献。我认为从更宽泛的文献（如权力和影响力）来框定这篇论文，能够在求职市场上引起更多学者的兴趣。在进行演讲练习时，我没有关注言语反馈和非言语反馈（我只进行了一次练习，因为我真的不想获得反馈），而且我也没有对博士答辩委员们给出的建议加以重视，因为他们认为文章对于董事会和公司治理的研究贡献更加有吸引力。可以想象，我在求职市场上表现不佳，而且直到论文最终发表我也只是稍微修改了文章初稿的框架。其结果就是，这篇文章远未发挥出其潜在的影响力。

从我博士论文中衍生出的第二篇论文则是另一个不同的故事。这个研究对于公司治理的贡献，在于它揭示出 CEO 和董事会之间的友谊关系能够获取外部董事在战略议题上更加及时的建议和咨询，从而提升董事会的有效性和业绩表现。同时，这一研究也能够对社交网络和激励文献做出一些宽泛的理论贡献。这一次，我听从了同事们的建议，将文章框定聚焦在董事会与公司治理主题上。

其结果是，尽管这两项研究都出自我的博士论文，也都对公司行为治理研究作出了同样重要的贡献，但这篇论文的被引次数是上一篇论文的三倍多。

优秀的文章通常有着不止一个重要贡献，因此如何在不同贡献点之间进行选择来框定研究也很困难。在我的学术生涯早期，我会想办法说服自己：我不需要选择，我可以给不同的贡献以相同的权重，但这种方式很少能够在评审过程中存活下来。我的论文《董事会中的合作》在最初投稿时，颇为自豪地列出了文章对于董事会（有效性、独立性、CEO和董事会的关系以及董事会的战略参与）、管理层激励、管理层社会网络以及寻求反馈行为等研究主题做出的贡献（Westphal，1999）。审稿人对我的这种框定感到沮丧甚至恼火，他们说这样是"语无伦次""缺乏焦点""过度延伸"和"支持乏力"的。一开始看到这些意见时，我十分愤怒。我的每一个贡献都合理合法，站得住脚，能够对多个主题和领域做出贡献应该是我文章的优势，而非劣势。但是，我在得克萨斯大学的资深同事告诉我，我的文章缺乏一种身份。它到底主要在讨论什么？它主要面向的对象又是谁？我再一次地没有解决好分类的问题，也没有意识到，对诸如经济激励、董事会和社交网络这样多个完全不同的主题和领域做出贡献，要比仅仅对一个主题或与其密切相关的文献做出贡献需要数倍多的证据和支持。在收到同事们的严厉警告后，我由愤怒转为惧怕。我重新将文章的框定仅仅聚焦在最为安全稳妥的贡献上，即CEO和董事会的关系上。在下一轮的审稿中，其中一位审稿人和编辑都指出我有些反应过度了，"将婴儿和洗澡水都一块倒掉了"。于是在最后一轮修改中，我选择了一种折中的方式，即文章涵盖了一个主要贡献（即对董事会相对于管理层的独立性和CEO与董事会的关系提出了一个新的研究视角）和几个次要贡献，包括更好地理解管理层激励如何以及何时能够提升战略决策和公司业绩。

从此以后，这种框定研究贡献的一般方式就成为我写论文引言和讨论部分的默认起点，即在引言中就充分地描述和论证文章的主要贡献，同时简要地提及一个或多个次要贡献，并在后文的讨论部分更为充分地进行支持论证。这种方式能够为全文提供清晰的结构和连贯性，且不会过度简化贡献要点，同时还可以根据审稿过程的意见进行调整完善。如果审稿人对于某一个次要贡献特别感兴趣，我们就可以在引言或讨论部分给予它更多的权重，或许也有可能将其升格为主要贡献。这种灵活性在学科交叉研究的评审过程中尤为重要，因为审稿人的背景常常是多样化的，我们很难预测他们会对论文的贡献点产生何种反应。在引言中提及次要贡献也有助于增强这项研究的长期影响力，至少整体而言是这样的。通常，一项研究的直接读者是由文章的主要贡献决定的。而在论文开头部分指出文章更进一步的贡献，并在讨论部分予以展开，有助于随着阅读时间的推移扩大这项研究的读者。

构建并阐明一个连贯的理论框架。由于战略与组织的学科交叉理论常常是复杂而多维的，所以它们可能会显得支离破碎，缺乏连贯性。我早期论文最常见的批评是，研究假设之间"结合得不够好"或者"联系过多"，或许应该切分为两篇或三篇论文。有时候，我们可以通过阐明连接不同假设的底层的、元水平的机制来解决这一问题。然而，除非是在一个非常高的层次上（如社会心理偏见、权力或机构），否则学科交叉的理论往往难以总结为单一的机制或构念。更实际的解决方案通常是明确地阐述理论命题与假设背后的结构。在我早期的文章中，我经常将理论描述为"一种框架"，而并不阐明理论背后的结构。正如一位审稿人告诫我的那样："一堆假设并不是一个框架。"在大多数优秀的论文中，都会存在一个假设背后的潜在结构，但作者往往未能识别或描述出来。在诊断一个框架的结构时，一种有用的启发式方法是去寻找假设之中的对称性、互补性或自然进程。分析一个理论的结构，也能够帮助识别出进一步强化框架的方法。

有时候，理论框架的结构是理论所固有的，但有时候结构只有在先前研究的背景下才会凸显。第一种结构的例子是我和埃德·扎亚克对股票回购计划脱钩的研究（Westphal & Zajac，2001）。这篇文章考查了制度性脱钩非常不同的决定因素，包括 CEO 对董事会的权力、董事会与其他脱钩公司的连锁关系，以及焦点企业中之前的脱钩情形。更为复杂的是，我们还考查了以前与不同政策（CEO 长期激励计划）脱钩的经验。这篇文章最初的标题仅仅简单地列出这些决定因素，即"政策与实践的脱钩：CEO 权力、董事会连锁关系和先前脱钩经历"。不出所料，我们邀请的友好评审人指出这篇文章支离破碎，缺乏联结。我们的解决办法是找到理论背后的潜在结构，并明确予以阐述。CEO 对董事会的权力能够放大以下二者的效应：（1）先前有关脱钩的内部经历；（2）先前与董事会任命脱钩的外部经历。这两种经历都能够推及不同的政策领域（也就是说，与一种政策脱钩的经历增加了与另一种政策脱钩的可能性）。尽管这篇文章中每个自变量产生作用的微观机制各不相同，但是它们形成了一种层级式的对称结构。

这个框架中也存在着逻辑上的进展关系。每个决定因素都提高了分析的层次，从最微观的层次（CEO 对董事会的权力）到企业层次（焦点企业中先前脱钩的经历），再到最宏观层次（自我网络层面）。该理论也从针对特定政策的假设发展到跨越多种政策的预测。尽管我们的理论命题中涉及的内容和机制是多样化的，如社会影响、替代学习和惯例等，但通过识别出假设背后的潜在对称关系和逻辑进展，我们得以根据理论的结构对其进行连贯的描述。

分析理论的结构，同样有助于我们找出不需要牺牲连贯性就能增强贡献的机会，而这些机会甚至可以强化连贯性。最初，我们担心增加关于跨政策影响的假设（如之前对于某一政策的脱钩能够预测后续对于其他政策的脱钩）会让文章变得过于复杂，从而得到"我们想做的太多"这样熟悉的反馈。然而，一旦认识到理论框架中的潜在结构，我们便发现跨政策影响的假设契合了理论中的对称结构和逻辑进展，从而会强化我们理论的连贯性。

在某些情况下，一个框架的潜在结构最好是在先前研究的背景下予以理解。在关于逢迎的负面心理与声誉效应研究中（Keeves，Westphal，& McDonald，2017），我们考查了高管逢迎 CEO 的行为如何引发那些最终有损 CEO 声誉的情绪和行为。我们的理论是，无论是对于参与逢迎的高管，还是对于目睹了逢迎行为的其他高管成员，逢迎都会引发他们对于 CEO 的怨恨情绪，而这种情绪会激发他们在与记者沟通时对 CEO 进行贬损（social undermining，人际贬损，即破坏 CEO 的社会声誉）。我们还假设，当 CEO 是少数族裔或者女性时，高管逢迎对怨恨 CEO 情绪的影响会更大。这涉及另一个学科交叉的理论，包含社会影响、怨恨、归因偏差、内群体偏见和人际贬损等多种不同的构念和机制。仅仅是简单地列出假设和结果很难得到审稿人的赞同，他们很可能会质疑：为什么要专门考查这种行为（与记者沟通过程中的人际贬损）？为什么要专门关注这个调节变量（少数族裔和性别）？

对于这个研究，当我们将假设与已有理论放到一起来看时，其框架的潜在结构才变得明显。已有研究发现，逢迎能够带来有助于提升高管外部声誉的举荐和支持。例如，高管对 CEO 的奉承和意见顺从，能够增加该高管被 CEO 举荐去另一家企业担任董事会成员的可能性（Westphal & Stern，2006）。之所以如此，是因为得到逢迎的 CEO 自我感觉良好，以及会对逢迎者产生好感。当我们将理论框架和研究结果一并考虑时，一种反向的或是"镜像"的对称便跃然纸上。已有研究表明逢迎如何能通过增加逢迎对象对逢迎者的积极情感，进而带来有助于提升外部声誉的支持行为；然而，我们的研究则揭示出逢迎如何通过引发逢迎者对于逢迎对象的消极情感（即怨恨），进而导致破坏外部声誉的人际贬损。

此外，已有研究表明内部群体偏见能够降低女性和少数族裔从逢迎中得到的好处，我们的研究则表明类似的偏见将会加剧女性和少数族裔作为逢迎对象的声誉成本。正如我和扎亚克的研究一样，这些假设也经历了从非常微观的因素（引发怨恨的心理内部偏见）到社会心理因素（放大怨恨的群体间偏见），再到外部社会因素（破坏声誉的人际贬损）的逻辑演进。因此，尽管组成这一框架的构念和微观机制是高度多样化的，但通过强调其结构的对称性和逻辑演进，我们仍然能够以一种连贯的方式来描述我们的理论框架。

这样对理论的叙述既强化了我们的研究对于权力和影响力文献的主要贡献，也支持了对于多个不同研究领域的次要贡献，如社交网络、女性和少数族裔在公司中的领导力、领导力的社会心理学等。通过识别这一理论框架中的对称性结构，我们还发现了研究结论的另一个新贡献。我们注意到在社会网络文献中，少有研究会考查那些由对立的情绪或行为组成的非对称性网络关系的前因后果。我们的发现揭示出一种社会和心理机制，它可以解释这样一种非对称性关系是如何形成的。这一关系的特征在于一面是积极情感和人际支持，而另一面则是怨恨和人际贬损。

在学科交叉的理论建构中，一个根本性的挑战在于如何实现理论解释的连贯性与完整性之间的权衡，而描绘出理论框架的结构则是应对这一挑战的一种有效方案。这不仅是连贯性与完整性二者之间的妥协，也是寻求在不牺牲另一方的情况下增加一方的方法。同时，尽管复杂性的增加会降低一个理论的美感，但一些复杂形式的对称性（如反向或嵌套的对称）则能够提高理论的美感（Eisenman，1967；Weyl，1980）。如果这种结构能够以逻辑演进的形式呈现出来，则理论的美感会更强（White，1987）。

同行评审过程中的协商。对组织理论和战略行为学者来说，同行评审过程是一个特别的挑战。在这些学术领域内，审稿人的背景非常广泛，编辑和审稿人所采用的评价标准也非常多样化。我的文章遇到的审稿人有社会心理学家、经济社会学家、金融经济学家，以及来自管理和战略许多不同子学科的学者。其结果是，我的论文时常会碰上这些情形：三个审稿人会对于"理论贡献"的定义有所不同，会在评价贡献时参考不同的文献，会对于什么内容应该进行实证测量和验证有着不同的假设（例如，微观层次的社会与心理过程是否需要直接测量），以及使用不同的标准来评价方法严谨性（例如，普适性、测量的准确性和对内生性的控制等）。鉴于上述这些异质性，想要让三位评审人都完全满意常常是不可能的。

随着时间的推移，我处理这种困境的默认方式也有所变化。在早期，我会决定我同意哪一位审稿人的意见（如果有的话），然后尝试说服其他审稿人接受我们的观点。那时，我将评审过程看作一种辩论，类似于博士生研讨会上的你来我往。但是，审稿人与我的同学不一样，他们对我的观点并没有特别感兴趣。他们的评论反映出其自身强烈的和隐含的假设，而且不太可能在评审过程中发生改变。通过反复的试错和同事们的耐心指导，我逐渐意识到：比起让自己陷入与审稿人的辩论，更好的方式是去寻找自己与审稿人的共识。即使我不赞同某位审稿人的评论，我也经常可以在他给予的意见中找到一些可以借鉴的内容。但是，寻求与审稿人的共识往往是一个漫长的过程，需要大量的理论和实证调研，以及来自合作者与同事们的帮助。身为作者，我们对于审稿人负面评论的最初反应常常是防御性的、轻视的。我们试图抓住审稿人论点中的任何弱点，并寻找其他审稿人反应中的不同之处。要寻求与审稿人的共识，第一步就需要超越最初的防御心态，并更深层次地理解审稿人对我们研究的看法。如果审稿人看起来来自另一个（子）领域，那么向那一个领域的同事寻求建议可能会很有帮助。如我所述，碰到其他学科的审稿人在学科交叉研究中是常有之事。如果可能的话，作者可以在评审过程的两个重点上寻求其他学科同事的帮助：一是理解审稿人的关注点和可能的潜在假设，二是预测审稿人对于你的回复信的可能反应。

这一过程的结果通常是对于审稿人意见进行更为细致的评估，并确定一种可行的方法来应对审稿人提出的问题，以改进文章。在大多数情况下，审稿人会发现一个合理的问题，或者他们的评论会表明文章的某些部分需要澄清或进一步的发展。我可能不会完全同意审稿人对问题的描述、对问题严重性的评估，或推荐的解决方案，但多数情况下他们的评语确实能揭示出论文的弱点，这为我们寻找共识奠定了基础。我起草回复信的默认结构包括三块内容：（1）承认审稿人的评论指出了一个合理的问题；（2）详细描述我是如何解决这一问题的；（3）因为论文的改进而给予审稿人应有的肯定。我有可能会明确地不同意审稿人的观点，但更多的情况下，我只是简单地指出一些不一样的地方。即使评审意见非常负面，我的回复依然会表现出合作精神。我会重点描述和解释论文中基于审稿人的评论而做出的有价值的修改。一封积极的、建设性的回复信，往往会带来下一轮审稿时更加积极和建设性的评审。

与此同时，在回应审稿人和编辑的意见时，强调文章的优势也很重要，尤其是要指出学科之间的假设差异可能会消除审稿人的一些顾虑。例如，如果审稿人在方法学上的评论集中于解决内生性问题的计量经济学方法，而内生性问题在基于调查问卷的研究中又难以解决，那我就会强调使用大样本调查数据在测量和普适性上的优势。如果审稿人看上去在质疑公司治理实践的新解释可否称得上是"理论"贡献，并由此贬低研究的贡献，我就会参考先前已被广泛认可并做出类似贡献的公司治理研究。我这么做的核心目的不是要诋毁审稿人，而是要揭示出他们批评背后的假设，同时强调不同的方法论和理论发展方式中所固有的一些利弊得失。我们要传递的信息是，不同的研究方式是互补的，而不（仅仅）是竞争的。

平衡相互竞争的目标：组合方式。在学术生涯早期，学科交叉学者常面临一系列相互竞争的目标：最大化严谨性与提升相关性，扩展自身研究脉络与尝试开启新的研究，利用自己的专业训练和特长与学习新的理论和方法，等等。管理这些张力的一种有效方式是将你的研究设想为一个松散的项目组合，它由两到三个共同主题的不断发展构成。理想情况下，这些主题应该是概念性的，而不是纯粹的方法论性质。这种组合可能具有一种核心——外围结构，其中核心部分受限于你的专业训练和特长，代表着你贡献的主要领域；外围部分则包含一些实验性的、长期的项目，它们可能有着较大的失败风险（至少从中期来看），但同时也提供了重要的学习机会。在我的职业生涯早期采用这种组合战略，这对于引导一种能够获得长期回报的、有纪律约束的冒险行为至关重要。我在读博和担任助理教授时期开始的几个高风险的长期项目最终都失败了，甚至至今尚未成功，但其中的一些项目成为我获得终身教职后最好的（至少是最喜欢的）研究。

对组合中外围部分的成功研究，有可能最终成为组合核心的一部分，而外围部分则会被一组新的、不确定的和长期的项目替代。这种组合方法鼓励实验性，因为项目失败会被看作是不可避免的，而且实际上对于更大组合的演变是必要的。但实验性研究也是有学科针对性的，它必须和核心部分有某些联系，且研究者必须持续在他们的核心研究领域上加注。合作研究可以降低实验性研究的风险，而且可以加速开启新研究领域。当然，只有当团队中的每个人都在研究项目中充分投入时，合作才是有效的学习机制。

与实践的联系：时机就是一切。对于学生、捐赠者和学校领导人来说，管理研究对于实践和政策的影响越来越重要。随着教师职业生涯的发展，这一点对个人来说也变得越来越重要。然而，研究成果对于实践与政策的影响既取决于研究结果本身的重要性，也取决于时机。我与劳里·米尔顿（Laurie Milton）合作的有关人口统计学特征中的少数派对于董事会影响的论文（Westphal & Milton，2000）本应该是一个重磅炸弹。这篇文章提供了对女性董事和少数族裔董事社会歧视的系统性证据，并发现了能够减少歧视的社会条件。这篇论文发表时，我们向各路记者发出了一份措辞犀利的新闻通稿，坐在电话前等待着他们。然而，那时的社会公司治理的专家、高管、董事对于董事会成员的多样性问题罕有兴趣。十多年之后，当多样性终于成为公司领导力中的一个关键议题时，我们的研究结果才被媒体引用。我认为，研究落后于实践的提法是有误导性的。其实，研究常常领先于实践，但只有当实践者对某一问题感兴趣并准备解决它时，相关研究才会引起社会关注。

研究成果对学术和实践的影响力需要时间，且不由个人的意志控制。学术影响力常常要在一个很长的时间段内逐渐累积。通过对后代学者产生间接影响的方式，这种学术影响力会持续存在。研究对于实践的影响力，常常是突然兴起，但也快速消失。无论是哪一种情形，成功都需要耐心和毅力。这些特质对于所有的研究者都很重要，对于学科交叉的学者来说尤其重要。

参考文献

（1）Barney，J.（1991）. Firm resources and sustained competitive advantage. Journal of Management，17，99–120.

（2）Brewer，M. B.，& Brown，R. J.（1998）. Intergroup relations. In D. T.Gilbert，S. T.Fiske，&G.Lindzey（Eds.），The handbook of social psychology. New York：McGraw-Hill，554–594.

（3）Eisenman，R.（1967）. Complexity-simplicity：I. Preference for symmetry and rejection of complexity. Psychonomic Science，8，169–170.

（4）Keeves，G.，Westphal，J. D.，& McDonald，M.（2017）. Those closest wield the sharpest knife? How ingratiation leads to resentment and social undermining of the CEO. Administrative Science Quarterly，62，484–523.

（5）Negro，G.，Koçak，Ö.，& Hsu，G.（2010）. Research on categories in the sociology of organizations. Research in the Sociology of Organizations，31，3–35.

（6）Westphal，J. D.（1998）. Board games：How CEOs adapt to increases in structural board independence from management. Administrative Science Quarterly，43，511–537.

（7）Westphal，J. D.（1999）. Collaboration in the boardroom: The consequences of social ties in the CEO/board relationship. Academy of Management Journal，42，7–24.

（8）Westphal，J. D.，& Milton，L. P.（2000）. How experience and network ties affect the influence of demographic minorities on corporate boards. Administrative Science Quarterly，45，366–398.

（9）Westphal，J. D.，& Park，S-H.（2020）. Symbolic management：Governance，strategy，and institutions. Oxford，UK: Oxford University Press.

（10）Westphal，J. D.，& Stern，I.（2006）. The other pathway to the boardroom: How interpersonal influence behavior can substitute for elite credentials and demographic majority status in gaining access to board appointments. Administrative Science Quarterly，51，169–204.

（11）Westphal，J. D.，& Zajac，E. J.（2001）. Explaining institutional decoupling: The case of stock repurchase programs. Administrative Science Quarterly，46，202–228.

（12）Weyl，H.（1980）. Symmetry. Princeton，NJ: Princeton University Press.

（13）White，H.（1987）. The content of the form: Narrative discourse and historical representation. Baltimore，MD: Johns Hopkins University Press.

（14）Articulating the structure of a theoretical framework：Hierarchical symmetry（Westphal & Zajac，2001）.

（15）Articulating the structure of a theoretical framework：Symmetry in the context of prior research（Keeves，Westphal，& McDonald，2017）.

第四章

我所学到的关于学术旅程的那些事

宾夕法尼亚大学　西加尔·巴塞德（Sigal Barsade）

对外经贸大学　魏昕　翻译

　　我与组织行为学的接触始于我家的餐桌，我的父母下班回家后会在餐桌上谈论他们的日常工作，我的父亲会非常生动地讲述他工作中发生的事情，以及其中与人有关的维度，他自己如何领导他人以及如何解决管理问题。我被这些故事迷住了，这可能是虽然我最初选择了经济学作为本科专业（我父母认为如果你不想成为工程师，那么经济学是最有用的学位），但很快就转向了心理学专业的原因。我在加州大学洛杉矶分校读大四的时候，发生了两件事，它们将我引向了组织行为学领域的学术道路。在伯特·雷文（Bert Raven）博士的指导下，我完成了一篇论文——研究医疗行业的权力基础，这被评为心理学专业的荣誉论文；同时我还选修了工业组织心理学（在那之前我都不知道还有这样一个领域）。这两件事激发了我对研究的热爱，并把我引向了一个我觉得非常有意义的研究领域——人在工作中的行为。虽然一开始我想成为一名临床心理学家，但后来认为，不是每个人都需要或有足够多的金钱去看心理治疗师。可是大多数人一生中的大部分时间都在工作，因此，如果我能帮助人们改善工作，我就能在改善人们的生活方面产生更大的影响。

　　在申请博士项目之前，我先去工作了几年。这样做的一个重要原因是，我在开始研究之前想观察尽可能多的不同类型的组织。在我第一次找工作时，我就马上意识到没有人会让我担任首席执行官或人力资源副总裁，所以我必须从成为高层领导观点的第一倾听者的位置开始工作。在将近两年的时间里，我在几家公司担任高管助理，包括在一家国际化的混凝土公司担任首席执行官（在海外）和在洛杉矶一家初创企业担任营销副总裁。在这些职位中，最有价值的是，我可以在不被注意到的情况下直接观察同事和老板。这种情况让我对组织中发生的事情更加好奇和渴望了解。看他们如何行动、仔细倾听与他们交往的人的讲话，成为我产生好的研究想法和兴趣的最好来源。

　　我认为在理想情况下，任何想读博的人都应该在非研究环境中工作一两年。这样不仅可以填补研究文献中的空白，还可以观察和理解工作中的人。我在加州大学伯克利分校的导师巴里·斯道更让我坚定了这个想法。他是我所认识的最聪明、最具创新精神和最严谨的学者之一，我非常幸运地得到了他的言传身教。我从斯道教授那里学到的一件事是，当你开始构思想法时，不要积极地去阅读文献，而是要想想现实中让你感兴趣的事情。一旦你开始执教，你就会发现定期接触现实中的工作也很重要。你可以开展实地研究；认真倾听学生谈论他们的工作经历，包括高效工商管理硕士，或者去一些组织进行调研咨询。同样地，获得终身教职或者资深的教授可能会发现，利用学术休假的时间在一个组织中实地工作一段日子，有助于更新他们的想法和观点，我自己一直想这样做；同时积极关注工作领域内发生的更广泛和更具社会性的事件也同样有用。

　　现实世界的经历推动或影响了我所有的研究。我迄今为止最有影响力、被引用次数最多的文章就是受到我早期工作经历的启发写出来的。《涟漪效应：情绪传染及其对群体行为的影响》这篇文章研究了群体中的情绪传染，以及这一构念的心理和行为结果（Barsade，2002）。我对群体中的情绪传染，即情绪或情感在群体中无意识或有意识地传递的过程的兴趣始于我毕业前在洛杉矶的那家初创公司工作的日子。我与同事梅丽莎（化名）的交往经历使我萌生了情绪会传染的想法。梅丽莎和我在同一楼层工作，她不是我的顶头上司，我也没有直接与她一起工作，但她的办公桌离我的办公桌相当近，所以我接触到了她以及与她一起工作的人。梅丽莎长期暴躁易怒（我后来称之为高度负面情感；参见 Watson，Clark &Tellegen，1988），她在办公室的时候办公室氛围就令人不快，但我也没有多想。有一天，她去度假了。我突然发现了一些有趣的变化：办公室的氛围不一样了，我的感觉也不同了。我感到快乐、轻松，好像我肩头的压力和紧张都被卸掉了。更有趣的是，我在其他人身上看到了同样的情况。这里虽然没有好莱坞的配乐，但发生了一个明显的、积极的情感转变。然后，当梅丽莎度假回来时，一切又回到了以前的样子。尽管这个自然发生的现场实验只有一个样本，我却被一个人能对整个团队产生如此强烈的影响所震撼，尤其是像我这样没有直接受她领导的人都能感觉到。更令我觉得震撼的是，这一切主要来自她的情绪和非语言行为。这段经历一直盘旋在我的脑海中，到了选择博士论文题目的时候，我又想到了它。我想知道我在工作中所看到的现象是否真的存在，也就是说，员工是否真的在不需要相互交谈或者在没有意识到的情况下就能从对方身上捕捉到情感或情绪？作为一名组织学者，我也想知道，捕捉到这些情绪或情感是否会影响人们的绩效或者其他工作结果。

当我最初考虑团队层面的情绪传染是否存在以及它是否会影响团队过程和结果时，我确实"忘记了文献"，但随后我遵循从斯道教授那里学到的另一个重要原则——一旦你有了一个想法，那去阅读你能找到的关于这个想法的一切文献是绝对重要的。这是为了确保这个想法还没有被其他人研究过，确保你已经穷尽文献来构建你的理论，确保你已经考虑了所有可能的相关变量。我阅读所有能找到的、关于这个主题的文献（我的参考文献列表通常非常长，有时过长），当我发现所有的文章开始相互引用时，就知道我已经读得足够多了。在理论化过程中，我会为一个假设进行至少两种（如果不是三种）论述①。我发现了一个很有用的方法：从不同学科中寻找依据。当然我主要是从管理学的理论中寻找依据，但心理学和其他社会科学，比如社会学和人类学，也很有帮助。

总之，我明白有趣的组织行为研究来源于我们在组织生活中看到的问题或现象（无论是直接观察还是通过他人描述），而已有的文献对于帮助建立回答这些问题的理论至关重要。

---

① 关于引文的一点建议。我意识到适当引用很重要，否则会影响整篇文章的可靠性。例如，我注意到，有些作者会表示 A 和 B 之间存在关系，但随后引用的文献只是在确认 A 或 B 的存在，而不是它们之间的关系。有时，作者对文献的引用并不准确，或只摘取其中的片段，而不是提供全貌。这不仅使他们的理论不准确，而且降低了整篇文章的可靠性。

关于高风险和高回报研究的那些事

在我开始研究团队内情绪传染时，据我所知，还不存在关于这个主题的研究[①]。这让我很兴奋，但同时我也觉得非常冒险，因为这种现象可能并不存在，或者可能太难测量，以致我的博士论文也许没办法发表。但我（也许是天真地）不在乎。我认为，去追求那些在理论上真正让你感兴趣的东西是最重要的，即使有风险，也在所不惜。我的态度得到了斯道和我在加利福尼亚大学伯克利分校的另一位出色导师查尔斯·奥赖利的肯定。情绪传染的概念符合这些标准：我对它很感兴趣；我在一个组织中看到了它的存在；我认为它可能会对团队情感的形成和凝聚产生巨大的影响，并最终影响群体的表现。然而，检验这一现象的实验是需要精心安排的、耗时的和复杂的。很有可能即使存在这种现象，我也无法以我当时采用的微观研究方法捕捉到它。然而，我当时想，最差的结果也不过是我雄心勃勃的尝试失败了，然后我再继续前进——虽然不理想，但我能承受。简而言之，这是一个高风险和高回报策略的开始，我将在整个职业生涯中继续采用这一策略。

尽管如此，我也可以理解为什么有人认为这种策略风险过高，尤其考虑到我们这个领域的学者为终身教职努力的时间压力：以这种方式进行研究的话，每篇论文需要花费更长的时间，所以如果研究失败的话，成本更高。但是，拥有较少数量的高质量的论文可以抵得过数量众多的、平庸的、容易被淘汰的论文。我很幸运，我在耶鲁的第一个职位有一个很长的晋升年限，这给了我采用"高风险／高回报"策略的时间，不用太关心时限。（事实上，一些学者在试图争取更多时间，他们在一所学校工作几年之后会换到另一所学校，这样可以重新计算晋升终身教职的期限。）

追求"大理论"的一个坏处就是你研究的东西别人可能没兴趣，并且还不

[①] 在我筹划我的博士论文选题和论文设计的时候，现代情绪传染研究的先驱伊莱恩·哈特菲尔德（Elaine Hatfield）还没有发表关于这个主题的论文。当我深入这一研究并已经开始收集数据，我才发现她发表了一系列关于情绪传染的作品。虽然她的研究只关注一对一的情绪传染，而我专门研究团队中的情绪传染及其组织结果，但我发现我的论文主题（我认为我是唯一关注这一主题的研究者）实际上已经被研究并发表，令我感到不安。我立即联系了伊莱恩，了解她的更多研究。她可能听出来我这个博士生声音中的恐慌，对我说我们两个的研究问题并不重合。然后，她亲切地寄给我她的精彩著作《情绪传染》的校样。幸运的是，她是对的。我又学到了宝贵的一课。

愿意接受。《组织中的内隐情感》一文就经历了这种情况。这篇理论文章是我与拉赫米·拉马拉詹（Lakshmi Ramarajan）和德鲁·韦斯顿（Drew Westen）合著的，研究组织中的潜意识情感问题（Barsade，Ramarajan，& Westen，2009）。我们在文中建立了一个新模型来详细论述三种类型的内隐情感及其对组织生活的影响。在此文发表时，学术界还没有太多关于这个话题的研究。虽然我认为这是我最好的文章之一，但它的被引次数没有反映出这一点。此外，当你追求"大理论"的时候，也会有其他风险，比如一开始没法真正澄清概念而令评论者满意，使得发表变得更加困难；或者你可能无意中发现自己威胁到了另一群学者的地盘，这可能会使你的文章处于政治困境，从而使发表变得更加困难。即便如此，我还是觉得追求"大理论"是非常值得的。

　　然而值得注意的是，虽然我把"高风险／高回报"说成是一种有意识的策略，但我实际上并不是有意识地选择它，而是基于我受到的训练自然而然选择这么做［这一点与苏·阿什福德在她关于学术影响力和学术本垒打的精彩文章中提出的关于研究风格早期印记的观点非常相似（Sue Ashford，2013）］。我读博时观察或参与的所有项目，合作者包括我在伯克利的两位导师，以及当时西北大学的一名助理教授（也是伯克利大学毕业的博士）珍妮弗·查特曼（Jennifer Chatman），他们做研究要么涉及重大议题，要么涉及非常复杂和严谨的方法论，或者两者兼而有之。我从这些老师那里学到了做研究必须"求大"，无论是在理论上还是方法上，都应如此。

如何在理论和方法上都"求大"

　　经验告诉我，追求"大方法"意味着要在一篇文章中尽可能地（在合理范围内的）搜集更多的证据。我从来不会采用"切片"的方式来撰写更多的文章。迄今为止，在我的职业生涯中，只有一次在两项研究中使用了同一套数据——一套花了三年多时间设计和收集的庞大数据。在我的大多数研究中，我明白采用多元方法、多元测量（通常包括行为编码、视频评分、文本分析和客观结果）和多个评估者的研究方法非常重要。这些要素不一定要在每篇文章中都出现，但一篇文章中包括的要素越多，论证就越丰富，越有说服力。正是这样的方法论帮助我成功地发表了情绪传染的文章。在该文中，我让三名训练有素的编码员每隔三十秒就对参与者的面部表情和肢体语言进行编码来测量情绪传染，并让参与者对自己实验前、实验后的情绪进行评分，还对团队中其他人的实验前、实验后的情绪进行评分。这三种测量方式形成了交叉验证，比其中任何单独一项都更有说服力。当审稿人要求我在修改过程中提供更多的证据时，我又重做了整个研究，并对所有细节进行编码，只是没有使用实验同谋。虽然我不确定这些分析结果最终是否会被囊括进文章中（事实上并没有）。

特别是在研究新构念时，应以尽可能多的方式对它们进行测量和测试，这样才能确保你测量的东西跟你认为应该测量的东西是一样的，同时也能确保结果的信度。在另一个例子中，我和我的合作者曼迪·奥尼尔（Mandy O'Neill）在一项纵向实地研究（第一次收集数据的时间点与第二次收集结果数据的时间点相隔十六个月）中使用了多种方法和多个数据来源来介绍情感文化这一构念，具体来说是友爱文化（喜爱、关怀、同情和温柔）的构念（"爱与它有什么关系？长期护理环境中友爱文化对员工与客户结果的影响" Barsade & O'Neill，2014）。我们在一家长期护理机构开展研究，采用三种方法测量该构念：（1）研究助理和观察者对该机构的友爱文化进行评分；（2）该机构的管理者对机构的友爱文化评分；（3）通过员工的自我报告测量同事之间的友爱程度。和情绪传染的研究一样，这三种测量方法交叉验证，会使论证更加有力。重要的是，这样的结果让我们也能更有信心地仅使用其中一项指标（如员工问卷），特别是当将来某些研究环境难以支持对这样所有的指标进行测量时。我们接着测量了友爱文化对员工的一系列影响，并观察这种文化如何影响病人甚至家庭——从而拓展了研究的范围和意义。这项研究花费了我们大量的精力和时间。不仅如此，为了表明友爱文化不仅适用于医疗保健行业或者女性员工，《行政科学季刊》还让我们在论文的讨论部分介绍了更多的数据结果，包括来自七个不同行业（生物制药、工程、金融服务、高等教育、房地产、旅游和公用事业）的三千二百零一名员工（主要是男性）的额外样本。我们仍然使用了主研究中的公司友爱文化量表，最终发现员工对友爱文化的评分与其工作满意度、对组织的承诺（$r = 0.21$，$p < 0.001$）和对工作绩效的尽责性（$r = 0.07$，$p < 0.01$）都呈显著正相关——行业间比较和行业内比较都如此。最近我们的另一项研究表明：友爱和希望的文化对陆军射击队队员的凝聚力和韧性也产生了显著影响（Adler，Bleise，Barsade，& Snowden）。

在研究方法上追求卓越的另一案例是我与合作者特蕾莎·阿马比尔（Teresa Amabile）、珍·米勒（Jen Mueller）和巴里·斯道进行的一项实地研究（《工作中的影响和创造力》，Amabile，Barsade，Mueller，& Staw，2005），这考查了正面情绪对工作场所创造力的长期积极影响。在这项研究中，来自 3 家公司 26 个项目组的 222 名参与者每天填写日志和调查问卷，持续 9 ～ 38 周不等（平均 19 周），平均回复率高达 75%。最后我们获得 11471 份开放式日志，并交给 3 个以上的研究助理以多种方式编码。这种质性研究在数据收集和编码方面需要花费大量的时间，但能有力地保证研究的严谨性和研究结果的有效度。阿马比尔教授和她的团队为此做了大量的卓越的工作。我觉得这些数据实在太棒了，之后我们从 11471 份日志中创建情感数据来预测情感对创造力的长期影响。能够与一个了不起的研究团队一起工作，对我来说是难忘的研究经历之一。

我还了解到，在组织研究中尽可能贴近现实非常重要，即进行实地研究，或者在实体实验室、在线实验室中，通过现实化的工作任务或模拟尽可能复刻工作环境。这些方法对结果的效度和文章的影响力有重要影响。读博期间，我在 UC 伯克利的性格评估研究所（IPAR，现称性格与社会研究所），参与了多重评估者、多重方法评估中心的研究，首次认识到这种方法的严谨性（这促成了我发表的第一篇论文《情绪与管理绩效：悲伤时更聪明还是快乐时更聪明》，Staw & Barsade，1992）。这一方法后来被应用到我与珍妮·查特曼合作的一项精心设计的实验室模拟研究（《性格、组织文化与合作：来自商业模拟的证据》，Chatman & Barsade，1995）中，该研究始于我读博期间的研究。正如上文提到的，在我第一次独立开展关于团队内情绪传染的研究时，我应用了自己所学到的如何兼顾研究的现实性与严谨性的研究方法。在那个研究中，我有意选择了一个管理决策任务，让实验参与者为自己的一个下属去谈判工资奖金。参与者被赋予一个群体性目标（为公司争取最好的结果）和一个竞争性目标（为你的下属争取最好的结果）。研究设计和实施过程都颇为复杂。这是一个 2（效价：正 / 负）× 2（能量：高 / 低）的被试间设计，在这个实验中，假被试不仅要装作是团队的一员，用情绪感染其他成员，而且要在实验结束并填完问卷以后离开房间而不被人看到，这样他在下一个实验中就可以作为"新"参与者再次扮演"被试"的角色。我在实验实施前花了好几个小时和这个假被试一起工作，并做了预测试，以确保他在各种条件下能够保持同样的"认知模式"，同时还能成功扮演四个情绪角色中随机分配的任意一个。在整个过程中，我定期检查，以确保他的行为符合指定的情绪（实验操纵的一个非常重要的部分）。这位假"被试"是一名表演专业的本科生，后来我告诉他，他可能是世界上唯一表演成功的实证检验的演员。除了参与者的自我报告之外，我还使用多个摄像机来工作：（1）单独拍摄假"被试"，以便进行操纵检验（因为我不想让编码者看到其他的团队成员）；（2）拍摄每个团队成员而不拍到假"被试"；（3）拍摄每个团队的全景。这样既可以对每个参与者行为进行单独编码，也可以对团队过程行为进行编码。所有这些都需要事先考虑，以免浪费参与者的时间[①]。

关于实验的现实性，我所做过最好的实验室研究（实体的和虚拟的）是那些我创建了尽可能接近实际组织环境的实验场景的研究（如 Barsade，2002；Chatman & Barsade，1995；Filipowicz，Barsade & Melwani，2011；Melwani & Barsade，2011）。例如，我与同事托里·黄（Tori Huang）和范吉利斯·苏塔瑞斯（Vangelis Souitaris）合作发表的一篇文章是关于创业团队的团队希望和团队恐惧如何影响团队对于一项处于失败进程中的行动的承诺升级（Huang，Souitaris&Barsade，2019）。我们的样本是 66 个团队，在每个团队参与这项模拟之前，第一作者托里·黄花了一个小时来培训他们，以便让他们了解这个模拟活动的复杂性。我们通过一个设计精巧、具有深度的"初创企业组织"模拟活动，成功地模拟了真实的创业团队过程。在这个模拟中，参与者认为他们在冒着损失自己的钱（在用完实验者给他们的启动资金后）的风险来赢得一大笔现金奖励。我们的实验是纵向的，这些团队平均经历 8.7 轮（每一轮模拟的是现实中的一年，标准差 = 3.5 轮，最少 3 轮，最多 21 轮），我们在每一轮中都测量了团队成员对团队的希望和恐惧的程度。我们还对整个过程进行摄像，以便对参与者在整个实验中的行为参与度（中介变量）进行评分。这个沉浸式场景非常精妙，分为多个时间段，让我们可以在实验室环境中更好地重现现实世界的过程，这在以往的关于承诺升级的研究中从未实现过。

关于现实世界中的研究，我也想分享一些关于如何开展实地研究的经验。实地研究对于我们的学科至关重要，能够让我们更"接地气"，并在不同情境下

---

① 事实上，我的经验告诉我，要进行一项细致的、现实性较高的实验室实验，所花费的时间并不一定少于一项最复杂的实地研究。

检验我们的研究结果能否得到重复验证，以及不同情境下结果究竟有何差异。这些研究非常困难且耗时，困难主要来自研究的实施。这不仅包括形式上的实施，还包括让组织对这样的研究感兴趣、愿意配合（如果在这个组织中没有一个愿意对这项研究负责并且有权力实施这项研究的支持者，就千万不要做这项研究），组织中有足够大且具代表性的样本以及组织不会在研究中途被收购导致数据收集终止。我在收集一套大样本数据时遇到过这样的情况，这个研究是关于情商对工作绩效的影响，当时很少有在实地企业中对这个课题进行的研究。我收集好了前期数据，包括对五百多名申请者进行的四十五分钟的情商测试，然后等了三个月才收到第一季度的员工绩效数据。但正要大展拳脚时，该公司却被收购，我的研究成了这场收购的炮灰。

在实地研究中存在许多情境要素，实施过程中的复杂性也不容小觑，尤其当我们关注的是行为或财务结果时，需要很强的效应才能显示出稳定的结果。然而，实地研究对于我们这个领域知识的深化至关重要，而且实地研究的性质，比如样本和情境，也能使文章读起来非常有趣。例如，从方法论的角度来看，我与安德鲁·华德（Andrew Ward）、吉恩·特纳（Uean Turner）和杰夫·索南菲尔德（Jeff Sonnenfeld）合作的文章（《心满意足：高层管理团队中情绪多样性的模型》）之所以能脱颖而出，原因在于我们能够获得首席执行官（包括在纳斯达克证券交易所上市的最大规模的部分公司的首席执行官）及高管团队自我报告的性格数据。得益于杰夫·索南菲尔德和他的首席执行官学院的帮助，我们没有从组织外部评估性格和团队动态，而是直接获得了这些首席执行官及高管团队自我报告的宝贵数据。这篇文章不仅在理论上追求卓越，即开创了情绪多样性这一新的理论构念，而且在方法论上追求卓越，即在实践中测量该构念，使用非常有说服力且与现实相关的样本自我报告的自变量和团队动态，用以预测客观的财务表现，这是一个非常难以实现的目标。

此外，还有一些构念在实验室中很难出现。例如，在情绪研究中，想操纵情绪是非常困难的，在实验室里建立长期的、能模拟实际的组织和团队的情绪关系也很难。但这并不是说实验室没用。除了能进行明显的因果推断和控制无关因素以外，实验室环境还有助于我们分析微观过程，这些微观过程常常需要嵌入测量和方法——生理测量、视频或其他编码方法，这些方法要在实地环境中实施是非常困难的，几乎不可能。然而，作为组织学者，如果我们要理解组织，就不能假设我们的实验室结果会自动推广到实地环境，从长远来看，在各种实地环境中测试构念是很重要的。

这使我们思考缺少重复验证的意义：如果一个结果不能从实验室复制到现场，或者从某个组织复制到另一个组织，甚至不能从某一实验场景复制到另一场景，这并不意味着我们一定面临"重复验证危机"，或者说研究人员不道德、数据造假或是无能的傻瓜。这更可能意味着我们所处研究领域——人类的心理和行为——的复杂性。进行恰当的、迭代的科学过程，结果可能会重现，也可能不会重现，但正是研究结果何时能重现、何时不能的情况，可以让我们更深入地了解这些现象。

所有这些都与一个更宏大的问题相关，即如何挖掘有趣且具有现实性的研究方法的多样性和全面性很重要。只有这样，才可以用最适当的、综合的方式来检验现象，而不限于用某一种方法解决某一个问题。我对自己所得到的博士训练最感激的、也是我培养博士生时积极鼓励他们的一点，就是学会用最恰当的方法开展最贴切问题的研究，包括实地研究、实验室和实地实验、档案研究、视频编码技术、网络方法、质化研究、生理测量以及模拟等。当然，我们不可能对所有方法都了如指掌，但至少要精通两种方法，这对充分理解和检验理论构思是非常有帮助的。

然而，我也想郑重地提出一个警示。当我说我学会了在一项研究中尽可能多地投入时，绝不是指每个研究都必须使用两种不同类型的方法（如实验室和实地研究）。通常，单一方法（有多个评分者或多种测量方式）是绝对足够的，实际上也是最合适的。例如，如果我们在实验室中开展一项复杂的沉浸式研究（或多项研究），有多个评分者、视频评分和行为结果等，那么就没有必要再加一个实地研究来证实结果的普适性，这些可以留待未来的实地研究来展开。我发现近年来出现了一种令人不安的趋势，审稿人和编辑要求一篇有非常丰富的实地数据（这些数据没有包含中介变量）的文章的作者去开展实验室研究来作为补充。进行组织行为学学者，我们固然想要理解是什么驱动了结果，但这些也可以作为未来研究的方向。此外，这些"附加"的实验室或在线 M-Turk/Qualtrics 研究可能并不是确定中介变量和调节变量最合适的场地。诚然，在数据收集中应该尽可能多地进行交叉验证和精妙设计，但审稿人和编辑应该对其必要性加以判断，而不是让其演变成僵硬的教条。

总的来说，关于方法，最重要的事情之一就是要高度关注研究中的每一个细节。一开始要花时间周密地计划你将要研究的内容，确保你在研究方法上花的时间与你在理论和写作上的时间一样多，包括设计调查问卷，培训假"被试"，构思实验操纵，对视频、文本和档案数据进行编码。这对实验室研究和实地研究都很重要，但我们更容易接触实验室参与者（无论是面对面还是在线接触），而在实地研究中要难一些，因为实地研究人员的对象是非常稀缺的资源——忙碌的员工们，我们仰仗他们和组织付出时间。收集尽可能多的信息（当然，在不造成参与者疲劳的情况下）是开展负责任的实地研究的精髓。然而，考虑到这种研究的情境，你可能难以将所有事项考虑周全，但你也必须意识到，在收集完数据后基本不可能再回去补收数据。因此，要尽可能地列出更多问题，并尽力提高回收率。此外，不管是实验室还是实地研究都需要进行深入的预研究。最终，你在研究方法上的投入——无论是实验室、现场、档案还是模拟——都将和你在理论上的投入一样带来优厚的回报。我自己的经历告诉我，需要在理论和方法上都精益求精。

关于合作的那些事

我一直喜欢与人合作。在我的职业生涯中，仅发表过一篇作为独立作者的研究文章——我的博士论文。合作者会不遗余力地改进和研究文稿，他们还会拓展你的想法，帮助你获取数据与改进实验设计，分担你的工作量，增加你的动力，提高你的写作水平，常常还会成为你的终身好友。事实上，我的合作者——从我的导师到同辈再到学生——一直是我学习的主要动力。但这并不意味着合作毫无成本。从职业生涯的角度来看，尤其是在职业生涯早期，总会出现与工作贡献相关的问题。为了解决这个问题，你确实需要经常成为第一作者，尤其是在你的主要研究领域。

虽然听上去有些令人失望，但我学到的另一个道理是，在获得终身教职之前，你最好不要继续和你的研究生导师一起发表论文（研究生阶段已经参与的任何项目除外——这些项目显然不能放弃）。我的憾事之一就在于不能和我的博士生导师一起开展更多的研究，而和他们一起工作是如此有趣和愉快。然而，在这个阶段继续与导师合作会有一个风险，那就是人们会质疑你的能力。

获得终身教职后你就可以做你想做的事了（提醒一点，在晋升正教授时，你可能也会被问到类似的问题——但不会像前一个阶段那么多）。当然，成为正教授后，你绝对可以"随心所欲"！

不过合作并不总是愉快的。我非常幸运，大部分合作经历都不错，但也有极少数不顺利的痛苦经历，即使合作者的本意是好的。大多数问题产生的原因在于彼此的预期不一致。因此，我学会了坦率地讲出我对工作的各个方面以及对每个人在项目中扮演的角色的期望，例如关于时间的安排。人们在职业生涯的不同阶段有不同的需求和忙碌程度，开诚布公地告诉别人你的时间安排会让他们有更清晰的预期。我也学会了非常清楚地描述整个过程会如何进行，比如说，我喜欢写作和改写，我认为写作是一个协作和迭代的过程，如果合作者的期望与你相左，那可能会出现问题。在项目开始时，坦率地讨论作者人数的上限和作者顺序非常重要。这并不意味着排斥变化，但它给人一种明确的意识，确定了各自（至少在初始阶段）承担的责任。如果作者排序不合理，也能使大家得以体面地退出（包括我自己）。于我而言，与合作者之间的关系比写一篇文章更加重要。

学术之外的事情如何更好推动地研究

我明白充实而平衡的生活能够增强创造力、研究动机和情绪稳定性。我非常幸运地嫁给了我的丈夫乔纳森·巴塞德（Jonathan Barsade），他一直是我最好的朋友、支持者和啦啦队队长。无论是在情感上还是在实际行动上，他都很支持我。比如：当我在凌晨一点放弃修复损坏的论文文件，准备上床睡觉，打算延期毕业，他却熬了一个通宵终于在交稿期限的前一天帮我恢复了文件；或者在很多关键时刻，他会带着我们的孩子去看望家人，给我留出时间工作。我们知道我们需要孩子，并且我们认为应该在年轻时要孩子（因为我们认为年轻时才有更多的精力去照顾孩子——事实也的确如此！）。因此，我们决定在读博的最后一年结束之前生下第一个孩子。她出生在六月，也就是我攻读博士学位的第四年（最后一年）的那个夏天，然后我在十二月到次年一月下旬开始找工作——那时我们一般都在这个时间点开始找工作①。这个时间安排很好，我建议那些有兴趣和考虑要孩子的博士生在综合考试之后就可以放心地在任何时间要孩子，因为你再也不太可能有那么多相对空闲的时间，尤其是刚刚成为助理教授的时候。我在耶鲁大学管理学院工作两年后，有了第二个孩子。虽然那时还没有生育优待政策，我也没有得到任何教学减负，但学校允许我在孩子出生之前的一个学期提前完成了教学工作，这让我的时间安排有了更多灵活性。我们的第三个孩子比第一个孩子出生晚十年（这次仍然没有减少教学量，但再次能够提前完成我的教学工作，这非常有帮助）。她出生于我在耶鲁大学的最后一年，也就是在我加入沃顿商学院之前。

在我的职业生涯中，孩子和家庭一直是我生活中不可分割的一部分，也是我工作生活中富有成效的一部分。这并不是说一切都很容易，但是当面临挑战时，我们会变得富有创造力。举个例子，我丈夫有两年的时间从纽黑文到达拉斯上班，之后又有三年的时间从纽黑文到洛杉矶上班，那时我们的前两个孩子还很小。虽然他每个周末都会回来，但这仍意味着整个星期我得独自在家照顾两个孩子。我们为了减轻负担，把孩子送到了一个叫"创造孩子"的托儿中心，很幸运那是一个很棒的托儿中心，而且就在我们家的街对面。我们得到了一些出色的家庭住宿生的帮助（其中许多人我们今天仍然保持联系）。虽然两地分居使家庭生活变得艰难，但这是值得的。在我离开耶鲁大学，任教于沃顿商学院后，我们一家终于团聚了（事实上，这在当时是一个没有商量余地的原则）。全力兼顾工作和家庭的过程并不总是那么容易的，但它令人难以置信地感到充实，能让我们全面地看待工作中发生的一切，无论是好的，还是坏的。我发现我的经历正符合我在沃顿商学院的同事南希·罗斯巴德（Nancy Rothbard）的研

---

① 与这个问题相关的是，当我担任美国管理学会组织行为学分会主席的时候，我曾试图反对组织将我们领域的教职招聘时间提前到秋初，有时甚至是夏末，但我的努力没有成功。我担心这么做可能会对博士生找工作不利，因为他们没有整个秋天的时间来为求职做准备，使得他们不得不延期毕业，给他们造成相应的收入损失。采用这种提前招聘策略的学校显然拥有先发优势，这些学校试图通过给博士毕业生施压，让他们提前做出决定，从而招揽到了一些本来可能不打算去这些学校就职的博士。但不幸的是，这也迫使大多数学校都提前了招聘计划。这个过程对博士生，甚至对那些提前招聘的学校都没什么好处（如果博士是因为害怕而被迫接受一份工作，将来离职的可能性就会更高；一旦他们有时间更仔细地考虑，就会意识到这不是一个好的选择），也对我们整个博士教育体系造成了损害（因为这样一来博士项目的经济压力就变大了，我们资助在校博士生的时间变得更长，因此减少了招收新学生的数量）。

究结果——将工作融入家庭生活可以丰富工作（Rothbard，2001）。我变得更加脚踏实地，有了更好的视角和更强的同理心，这有助于我在日常生活中遇到不可避免的困难时保持心理韧性。同时，当面临具有挑战性的事情，如家庭事务时，我的工作也帮助我更好地看待和处理这些挑战。

我想强调的是，工作与生活平衡的好处不仅仅在于家庭。平衡可以来自志愿服务、爱好、电话、运动、锻炼、音乐——任何有助于保持洞察力、耐力和创造力的工作之外的事情。事实上，我最引以为豪的成就之一是，当我还是一名助理教授时，与桑德拉·马姆奎斯特（Sandra Malmquist）共同创建了康涅狄格州儿童博物馆（桑德拉是这个博物馆的执行主任）。我想，我在这件事上花的时间至少可以产出两篇顶级期刊的论文。可能有人会说，这么做不如论文对我的职业发展更有帮助。但是，有创造力的事情、服务社群带来的满足感，以及与一群了不起的人合作，滋养了我的研究，并帮助我保持积极、活力和乐观的状态，即使在处理我们领域的常见挫折时也是如此。我认为这件事实际上提升了我工作的整体质量，但我并不是在告诉人们不必努力工作和专注即可成功。如果说我不需要努力工作就能做到这一切，那就太不诚实了。我过去和现在都很努力地工作。我在工作上投入了很多，也很享受这么做，尽管有时难以平衡工作和生活。在一个人的职业生涯中，肯定会有一些时候需要静下心来调整——有时需要相对较长的时间——然后才能完成工作。总的来说，我明白如果为了终身教职或正教授或其他重要的工作里程碑而长期搁置其他事情，将会对我的家庭、工作和生活造成重大的伤害。对我来说，工作是我生活的一部分，我不是为了工作而生活。

那些不要做的事

至此，我讨论了所有我学会的"应该做"的事情。同样地，我也学会了哪些事不应该做，下面我将对这些事进行讨论。

我学会了不要执着于不值得坚持的项目，即使已经投入了大量精力，也要迅速放弃它们。如果你的项目出现了以下这些情况，你就应该放弃——如果假设被证明是不正确的，或者数据收集无法实现，或者你和合作者都在这个项目上拖延了，似乎无法完成（有时这就说明了这个项目很无趣，应该被放弃）。

我和我的同事们做了许多非常耗时的实地和实验研究，却没有取得显著的结果。长期以来，我一直希望能有"不显著结果期刊"，在这样的期刊发表的文章的方法和理论会得到跟其他期刊一样的严格评审，但不用有显著的结果。一些期刊现在正朝着这个方向发展，我认为这对我们的领域来说是件好事。不过我明白，如果你认为你的研究是不可行的，无论是由于结果，还是由于无法补救的意外致命缺陷（特别是在实地研究中，可能更难补救），请尽快放弃它。否则不仅会浪费时间，更糟糕的是，它还会成为你心理上的负担。

如果你已经确定你的文章写得很好，论证充分，并且已经进入了审稿流程，那就不要放弃。在这种情况下，坚持和毅力不仅是值得的，而且是绝对必要的。你的文章可能不幸地被分到了不太友好的审稿人或副主编那里，或者由于学术政治或地盘争夺的原因被拒稿。但如果你对自己的研究有信心，就一定要坚持。当阻碍你前进的主要因素是害怕文章被拒时，这种坚持尤其重要。

我也学会了不要做一个令人不快的审稿人。我曾在多个期刊的编委会任职，担任过特刊副主编，审阅过无数文章，也看到过许多审稿意见。我对某些审稿人的傲慢、刻薄感到吃惊。审稿并不意味着要攻击他人，也不意味着有机会去"启发"我们当中那些资历较浅、学术造诣不高的人。我认为任何投稿人都是心怀诚意的，总的来说，我采用"MRI"的原则，即抱着最大程度的尊重的态度来清晰阐述。我承认，有些文章可能会令人愤怒、厌恶，甚至行为失控。但是，作者投稿时并没有不好的意图，而是带着希望和诚意。如果反馈是建设性的、积极的，那我们领域的知识将会增加，反馈也将会被更好地接受。同样的审稿意见可以用一种更加积极的方式来撰写，这样你的观点仍然会被传达，并且会比刻薄的审稿意见更容易被接受。

话虽如此，无论审稿人是否刻薄，作者最好都对审稿意见进行充分的回应。我和我的同事的大部分文章都在审稿过程中获得了改进。审稿人通常会在审稿上投入大量时间和精力，作者采用"MRI"原则来回复审稿意见也是很有帮助的，这样文章也更有可能被接受。最近，我评审了一篇文章，作者在修订稿中只用了一行字来回复评审意见，说他们不同意评审意见。虽然这是他们作为作者的权利，但这对推进文章的评审流程没有任何帮助。这也并不是说礼貌地表达自己不赞同审稿人和编辑的意见不行。有时候，我与他们的意见相左，但我会以尊重的方式清楚全面地阐述我的想法，这并不会妨碍文章被接受。

我也学会了不要习惯性地说"不"。相反，我学会了尽可能多地（明智地）说"是"。我知道这与当下提倡的学会拒绝以及以拒绝来支持团队的精神背道而驰。然而，在我的职业生涯中，我所拥有的许多成功和独特的机会都来自接受了一个意想不到的邀约，比如，一个电话、一场演讲，或者一个与我最初并不认识的优秀学者一起合作的机会。加入某个博士生的论文指导委员会或为本领域做志愿者工作也有很大的好处。例如，我与安德鲁·华德、吉恩·特纳和杰夫·索南菲尔德于 2000 年在《行政科学季刊》上发表了一篇关于团队中的情绪多样性的文章，我们的合作始于我在美国管理学会的年会上与一位熟人共进晚餐，当时他说他有一位同事安德鲁·华德，正在与吉恩·特纳进行一项研究，他认为我会和他们合作得很好。如果我拒绝晚餐，或者拒绝与安德鲁·华德会面，或者拒绝合作，就不会有我们的这个研究了。我有过很多次类似的经历，我受邀去见某人，或者做一次演讲，我本可以更容易地拒绝，但我去了，所以得到了数据收集的独特机会，甚至得到了我拿过的最大的一笔研究经费。我知道每个人都忙碌不堪，但我一直对机会保持开放的态度，因为它们促成了我最好的一些研究和经历，提高了创造力和产出。毫无疑问，保持平衡是一个挑战（这本身就可以作为一整章内容），但我知道，比起拒绝，接受机会是值得的。

我学会了不要对自己太苛刻。有太多的学者，在职业生涯的各个阶段因为各种各样的事情而责备自己。例如，没有发表足够好的文章，发表了太多不够好的文章，没有在自己认为应该发表的期刊上发表，发表文章所花的时间太长，错过了本该获得的奖项或者本该邀请他们参加的学术团队或会议，当然还有那些大人物——没有得到他们想要的工作，（首次）终身教职或者晋升正教授。我见过一些成功的学者多年后仍然对他们在该领域的负面经历表现出敏感和不安全感，纠结于自己没有成功的事情或没有得到应有的尊重。我理解受伤和愤怒的感觉，但我学到的一件事是，我们往往是对自己的职业最苛刻的裁判。没有人像我们自己一样如此关注或思考我们的发表记录和职业进展。这并不是说我们不应该现实一些或者不要接受负面反馈。如果有一件事情我做得不好，我会让自己先接受它，然后总结经验，并认真从中吸取教训。我发现这样会让我将来降低重复犯错的概率，也会让我更加安心。总的来说，我了解到我们应该对自己更好一点，让自己休息一下，欣赏自己所获得的成就。

结语

  我明白，在开启严谨而有趣的研究生涯时，每个人都会经历不同的旅程。因此，大家可以合理地发问：读者应该从我的分享中得到什么？我希望这一章能激励那些从中看到了或将要看到自己的学者，让他们意识到自己并不孤单。我希望我的一些观点能在读者和未来的学者中激发灵感或讨论，从而产生更深刻的见解。我最大的希望是，我所学到的这些知识能够帮助其他学者在充满乐趣的重要职业生涯中获得成长和成功。

参考文献

（1）Amabile，T. M.，Barsade，S. G.，Mueller，J. S.，&Staw，B. M.（2005）. Affect and creativity at work. Administrative Science Quarterly，50，367–403.

（2）Ashford，S. J.（2013）. Having scholarly impact：The art of hitting academic home runs. Academy of Management Learning & Education，12，4，623–633.

（3）Barsade，S. G.（2002）. The ripple effect：Emotional contagion and its influence on group behavior. Administrative Science Quarterly，47，644–675.

（4）Barsade，S. G.，& O'Neill，O. A.（2014）. What's love got to do with It? The influence of a culture of companionate love and employee and client outcomes in a long-term care setting. Administrative Science Quarterly，59，551–598.

（5）Barsade，S. G.，Ramarajan，L.，& Westen，D.（2009）. Implicit affect in organizations. In B. Staw and A. Brief（Eds.），Research in Organizational Behavior，29，135–162.

（6）Barsade，S. G.，Ward，A. J.，Turner，J. D. F.，& Sonnenfeld，J. A.（2000）. To your heart's content：A model of affective diversity in top management teams. Administrative Science Quarterly，45，802–836.

（7）Chatman，J. A.，&Barsade，S. G.（1995）. Personality，organizational culture and cooperation：Evidence from a business simulation. Administrative Science Quarterly，40，423–443.

（8）Filipowicz，A.，Barsade，S. G.，& Melwani，S.（2011）. emotional transitions in social interactions：beyond Steady state emotion. Journal of Personality and Social Psychology，101，541–556.

（9）Huang，T. Y. Souitaris，V，&Barsade，S. G.（2019）. Which matters more? Group fear versus group hope in entrepreneurial escalation of commitment to a losing venture. Strategic Management Journal，40（11），1852–1881.Kuhn，T. S.（2012）. The structure of scientific revolutions. University of Chicago Press.

（10）Melwani，S.，&Barsade，S. G.（2011）. Held in contempt：The psychological，interpersonal，and performance outcomes of contempt in a work setting. Journal of Personality & Social Psychology，101，503–520.

（11）Rothbard，N. P.（2001）. Enriching or depleting? The dynamics of engagement in work and family roles. Administrative Science Quarterly，46（4），655–684.

（12）Staw，B. M.，&Barsade，S. G.（1993）. Affect and managerial performance：A test of the sadder-but-wiser vs. happier-and-smarter hypotheses. Administrative Science Quarterly，38，304–331.

（13）Watson，D.，Clark，L. A.，&Tellegen，A.（1988）. Development and validation of brief measures of positive and negative affect：The PANAS scales. Journal of Personality and Social Psychology，54（6），1063.

第五章

从一篇论文到一百五十篇：公司绩效反馈研究

法国欧洲工商管理学院　亨里奇·格雷夫（Henrich R. Greve）

诺丁汉大学（中国宁波）　周是今　翻译

当我受邀为本书撰稿时，甚为惊讶，因为我的研究内容涉猎广泛，没有在某个领域停留下来。在管理领域有太多有意思的理论和研究议题，我喜欢新的研究形式，也喜欢质疑现有的研究形式。但随后我也能理解我被邀稿的原因，组织绩效反馈是一个快速发展的研究课题，而我在建立和推动其发展的过程中发挥了一些作用。组织绩效的研究内容针对组织对环境压力或者逆境的反应。组织何时会为达不到目标的低绩效感到威胁，并积极寻找解决方案？组织究竟找到了什么类型的解决方案？这些方案在什么情况下能解决低绩效问题？这些问题既是社会科学的基本问题，也关乎管理学的实践意义。管理者能否正确回答这些问题决定了能否创造不少工作机会，而如果不了解组织绩效反馈的研究成果，也会造成管理咨询意见的不科学且有害。[①]

我对组织绩效反馈的研究始于 1994 年。这是组织面临的一个基本问题，和其他基本问题一样，相关的理论和证据已经形成。具体来说，在塞尔特（Cyert）和马奇 1963 年合著的《企业行为理论》一书的第 120~127 页，他们提出了关于该问题的精彩的理论陈述。此外，与此直接相关的组织变革研究（Manns & March，1978）和与此间接相关的风险承担研究（e.g., Bromiley，1991；Fiegenbaum，1990；Fiegenbaum & Thomas，1986）也已经存在，只是处

[①] 我最喜欢的例子是平衡计分卡，如果管理者比我们的研究显示得更加理性，那么平衡计分卡将是一个很好的工具。而如果我们使用这个工具的研究结果正确（Audia, Brion, and Greve，2015），那么，在现实世界里，它的使用会使管理者沉迷于自我增强的目标选择，从而阻止组织问题被及时解决。

于暂时搁置的状态。我当时是一名博士生，才发现可以使用无线电台的市场占有率的数据和形式（战略位置）的变化来检验这个理论。不过，我当时的毕业论文想做的是另一个课题（Greve，1995，1996）。因为忙着毕业，所以我只能先给这些数据进行了编码，并向自己保证，自己在找到工作后再来分析它们。我当时的博士论文指导教授詹姆斯·马奇也同意我的想法，他认为论文委员会的成员们会要求我在离开斯坦福大学之前分析那些数据，这将耽误我毕业论文的研究进度。所以我没有告诉论文委员会的其他成员我已经获得了这些数据。

关于组织绩效反馈的理论和研究结果，现在大家应该已经耳熟能详了，所以我在此不再赘述。我只探究一下我的研究的启动过程，也许会对大家有所启发。有关问题搜寻的理论指出，低绩效促使公司寻找解决方案。然而，"低"的定义并不是绝对的，它指的是低于一个既定目标的期望水平，但期望水平是基于本组织和同行的经验逐步更新的。对于我的研究来说，这意味着我需要一些有着相同目标的组织样本，且可以在相当长的一段时间内追踪这些组织，并持续更新它们的期望水平。我对这个理论的主要贡献是：（1）阐明搜索会导致变化，因此搜索理论可以预测变化；（2）注意到风险考量影响绩效和变革的关系；（3）分辨期望水平的来源——社会（同行）和历史（自己）。无线电台的数据非常适合这项研究。研究结果也非常有力地支持了理论，所以很容易地就得到了发表（Greve，1998），而且后续研究继续使用了相同的数据，也很顺利地发表了（Greve，2002）。

关于开启新研究流派的启示。一个伟大的理论需要完美的数据。我知道在学界存在这样的争论，即发表一项研究时，需要在理论进展和数据质量之间进行权衡（Sutton & Staw，1995）。我赞同学术期刊应该做到这一点，但我不认为学者应该这样做。如果你希望自己的理论获得更多关注，那就应该给它一个强有力的开始，即使用最合适的数据。我很幸运能够轻易获得适合这项研究的数据，但从这个经历来看，我认为对于大多数理论的检验来说，花费时间和努力去收集更好的数据是值得做的。比如，未经验证的理论可能在很长一段时间内保持未被验证的状态，即使该理论已被写进一本著名的书或被每个人引用。没有必要为了急于验证理论而放弃收集更合适的数据。耐心是很重要的：用完美的数据来检验理论可以获得学界更多的关注。

鉴于问题搜寻理论的思路提出已颇有时日，为什么之前它没有以我所用的方式被检验呢？我的研究到底提供了什么新奇之处？我个人认为，主要是因为在 1963 年这个理论超前于时代。塞尔特和马奇在 1963 年给出了完整而明确的理论，可以让现代读者将其直接转化为实证检验，但是在当时，实证方法发展并不成熟，而且很多人认为这个理论更像是一种隐喻，而非实证假设。我一直很难理解为什么当代的读者没有从中清晰地看到实证检验的可能。在我看来，实证检验的可能性已跳出了书页直接呈现在读者面前，唯一剩下的问题就是找到合适的数据。

我提供的东西颇为有限，主要集中在实证方面：对于如何阐释组织绩效与问题搜寻之间的关系（Greve，1998），并且选定其中一个作为最合理的解释。我简单假设"问题搜索可以直接转化为组织变革的可能性"，这样我就可以使用搜索理论来研究变革的可能性。同时，我也担心风险因素在从问题搜索到组织变革转化过程中扮演的角色，因此我在研究中提出了大量关于风险考量的理论，而后续的研究者并不需要过多着墨于这部分（参见 Kacperczyk，Beckman，& Moliterno，2015）[1]。我添加的其余内容也是实证方面的。在我看来，在期望水平上下，组织绩效和变化的关系具有相同的斜率是不合理的，所以我使用了一种古老的方法——样条变量来捕捉差异。[2] 更新历史的期望水平需要一个研究人员未知的参数，并且如果我们尝试直接估计，这个参数会使估测变得复杂，因此我使用了简单的优化方法，即比较不同参数值下的对数似然水平。样条变量和参数估计方法很快变成了组织绩效反馈研究的常规方法。在后续的研究中提出了不同的建立和使用期望水平的方法，并进行了实证比较（Blettner，He，Hu，& Bettis，2015；Bromiley & Harris，2014；Hu，Blettner，& Bettis，2011；Labianca，Fairbank，Andrevski，& Parzen，2009；Moliterno，Beck，Beckman，& Meyer，2014；Washburn & Bromiley，2012），这些方法看来有可能成为这一理论的活跃的分支研究。

关于旧理论的想法。我发现，与创造新理论相比，重新检验旧理论有两个特点颇有吸引力。首先，旧理论自身的"年代感"就足以证明它的重要性，或

---

① 虽然到目前为止，这种简化的假设在实证研究中很有效，但我一直认为它为更多关于搜寻如何转化成变化的研究留下很多空间。

② 我知道管理学学者们都更喜欢有着花哨名字的统计学方法，所以我恳请计量经济学和统计学的同事们找了一个比样条更易接受、更好听的术语。

者至少是这个理论试图去回答的问题的重要性。其次，未被检验的旧理论往往很容易被转化为实证研究，因为当时研究人员面临的研究方法的局限性比现在大得多。

在完成第一个组织绩效反馈的研究之后，仍有一个问题一直困扰着我。当时的许多研究着眼于种群生态学，并考虑组织惰性如何阻碍变化（例如Hannan，1997；Ruef，1997）。组织惰性在大型、老旧的组织中更为明显（Hannan & Freeman，1984），因此我有充分的理由怀疑我所研究的小型且年轻的企业（无线电台）事实上并不是检验这个理论的最优数据来源。审稿人在评审我的第一个研究时都没有做出这一批判，但研究一旦发表，迟早有人会提出这样的批判。我的实证检验也许太过简单，而且不具有普遍性，无法在不同类型的组织中进行推广。我绝对不希望这项研究最终成为只是研究无线电台（或是餐厅）如何变革的理论和证据。

所以，我决定在接下来的实证检验中，使用大型的、最好是老旧并且拥有大量资产和一定历史的、组织的数据。因此，我收集了造船业绩效和变化的数据。这是一个跨度大且耗时多的数据收集项目，但我知道用这些数据可以做两项研究，一项可针对研发强度与创新，另一项能着眼于生产资产。这两者对造船商来说都很重要，因为资产（造船厂和设备）能建造船只，而创新为其增加价值。另外，我知道创新研究很容易发表，而由于管理学期刊喜欢创新但很少认为生产资产是重要的，资产研究会更难发表。如我所料，结果确实如此。幸运的是，最后这两项研究都在同一年发表了，有关创新的发表在《管理学会杂志》上，有关生产资产的发表在非管理学但也很不错的杂志上（Greve，2003a，b）[1]。所以我认为认真收集数据是非常值得的，因为结果表明该理论也同样适用于大型老旧公司。这两项研究的发表为该理论提供了更加坚实的实证基础，也吸引了更多人的关注。因为那些对无线电台和造船厂的研究结果证明了理论的正确，所以这个理论也应该可以预测那些资产、员工和成立年限介于无线电台和造船厂之间的组织的发展了。

与此同时，我又动手写了一本书，对这个理论进行较长的论述，并从相关学科引入了一些先导性的工作，对那些很难立即进行实证验证的观点进行了更

---

[1] 《行业和公司变革》（*Industry and Corporate Change*）这一个期刊非常适合做资产研究，因为它的读者群包含经济学家，而经济学家们认为资产十分重要。

自由的讨论。这本书的书名是《来自绩效反馈的组织学习：创新和变革的行为视角》，其中的文章一般并不包含需要进行具体实证检验所需要的理论陈述，但它们给未来的相关研究提出一些并不充分的建议。该书的目的就是为想要进行这项研究的学者提供一些资源，让他们可以很方便地使用这些还没被验证过的理论，或写一些他们自己的理论补充，继而进行一些实证检验。一本包含更深入的理论和许多未经验证的想法的书可以为同一研究方向上的其他相关研究奠定基础。事实上，这本书和这两项研究发表在同一年，大大加速了组织绩效反馈的研究进度。

关于后续研究的思考。即使审稿人忽略了我第一个研究结果的普适性问题，这也不意味着我自己把它忘了。任何早期研究中的缺陷都是开展后续研究的好理由。后续研究的数据也许很难获得，但我还是那句话：一定要有耐心。

关于文章作者的想法。顺带说一下，上述四项研究和这一本书都是由我单人执笔的，但这并不完全是规划出来的[①]。我有一个习惯，就是在尝试新研究方向的时候喜欢独立工作。我认为，这样做一项可能会开启一个全新方向的研究时，能够完全控制数据的收集、分析和文章写作有其特殊的价值。一般而言，与同事们在已经开发的研究领域一起工作会更容易，而单一作者模式则提供了一个让我能够在实证过程中做到十分严谨并且以我想要的方式阐述理论的机会。只有当绝对需要另一位学者来共同参与一项能开启一个全新的研究方向时，我才会稍微违背这项原则（例如 Greve & Rao，2012）。

在 2003 年发表了三篇论文之后，我暂停了关于组织绩效反馈的研究。因为我想看看其他学者对这个研究方向的反应，以及他们是否也会开始做跟进这个方向的研究。这些信息对我自己下一步选择做什么研究有很大启示。此外，我也不想让别人觉得我想要垄断这个理论，急于抢在别人前面发表大量文章。在这段时间里，我开始琢磨另一个方向不同但我也感兴趣良久的问题，即组织间网络形成的原因和结果，并和同事们一起研究与网络变化相关的许多问题（例如 Mitsuhashi & Greve，2009；Rowley，Greve，Rao，Baum，& Shipilov，2005）。我们还一起在《管理学会杂志》主编了一本特刊（Brass，

---

① 我曾经邀请詹姆斯·马奇（James March）共同撰写组织绩效反馈的第一个研究报告，他拒绝了。他说我已经有了清晰的想法，并且已经接受过必要的学术训练，所以并不需要他的加入。我一直知道他很有风度，但我仍希望他当初愿意加入。

Galaskiewicz，Greve，& Tsai，2004）。

关于建立研究流派的思考。一个研究流派远不是一个或多个作者的组合，而是一系列能启发学者想法。不能激发学者灵感的研究应该被辩证地看待：这是因为无趣还是因为做得不够好？这是因为与其他精彩研究太相似，还是因为它太超前于时代？能够激发的表现是别人在看了你的文章之后，有没有加入此研究行列来重复、延伸甚至批判这个研究课题？只用引用次数来考量"激发"程度是不够的，因为引用很可能只是备注一下概念的出处，而激发则意味着其他人把你的研究当作他们研究的模板。

关于"退后一步"的想法。研究流派一旦形成，个人是否能对其进行控制就不再重要了。事实上，更重要的是去帮助其他人启动在此领域中的理论和实证研究，因为他们的独立工作将会提供重要的洞见。

在我意识到人们对组织绩效反馈研究兴趣越来越大，而且开始重新使用他们现有的数据或搜集新数据来检验组织绩效反馈理论的时候（例如 Audia & Brion，2007；Baum，Rowley，Shipilov，& Chuang，2005；Haleblian，Kim，& Rajagopalan，2006；Miller & Chen，2004；Moliterno & Wiersema，2007；Park，2007；Schwab，2007），我又重新拾起了这项研究。显然，这个研究流派发展得很好，复证与拓展研究兼而有之，而且由于这个研究流派的基本思想很容易拓展至其他领域，所以大部分论文都对理论进行了拓展。这些研究的数据收集和方法论水平都很高，这表明最初发表的文章为组织绩效反馈研究应该怎么做提供了信息充分的"配方"，学者都没有投机取巧，没有使研究结论变得经不起推敲。当然，为了使研究更符合当前环境并且获取不同于早先研究提供的证据，他们在研究设计中确实也做了一些合理的变动。

关于研究质量的考虑。当开始一个新的研究流派时，早期发表的论文中所描述的数据收集和分析方法是十分重要的，因为它们确立了后续研究需要满足的标准。研究方法中部分内容的质量也决定了它们是否能被读者清楚理解。太过困难或太过简单的方法都会存在不同程度的问题，因此早期的研究应该给出正确的方法。

在看到该研究流派被建立之后，我又重新投身其中。从那之后，我做的几乎所有与此有关的研究都是与其他学者合作完成的，我们共享数据，也共享研究灵感。这些后续研究都对理论进行了拓展，也解决了领域中的一些新问题。

比如：基于西尔维亚·马西尼（Silvia Massini）提供的关于创新组织形式的数据，我们检验了具有不同绩效水平的组织是否会选择不同的参照组来进行对比（Massini，Lewin，& Greve，2005）；基于造船业的数据，我们更加仔细地研究了组织的规模对绩效反馈反应的影响（Audia & Greve，2006）。我最早收集的保险业的数据则帮助其他学者检验了组织如何对多个目标的绩效反馈做出反应（Greve，2008）。我们还用巴尔博拉·维萨（Balagopal Vissa）收集的印度企业集团的数据来检验在不同的组织结构下绩效反馈的不同影响（Vissa，Greve，& Chen，2010）。而安德鲁·希皮洛夫（Andrew Shipilov）收集的加拿大投资银行的数据又帮助我们发现了绩效和网络位置目标是如何影响组织对合作伙伴的选择的（Shipilov，Li，& Greve，2011）。安德鲁·希皮洛夫和蒂姆·罗利（Tim Rowley）收集的加拿大公司治理变革的数据让我们能够研究绩效反馈如何与跨组织模仿协同影响公司行为（Shipilov，Greve，& Rowley，2010），以及研究如果把媒体对公司的正面报道作为公司目标，绩效反馈又起了什么样的作用（Shipilov，Greve，& Rowley，2019）。由维巴·加巴（Vibha Gaba）和我共同收集的航空业的数据帮助我们理解当组织有多个目标时，每一个目标的失败可能如何导致整个组织的失败（Gaba & Greve，2019）。我们甚至做了一个实验研究来检验一个人的自我强化导向会如何影响搜索中出现的问题（Audia，Brion，& Greve，2015）。相比于之前的档案数据，查南·本-奥兹（Chanan Ben-Oz）收集的问卷数据让我们得以更直接地获取企业高管对组织绩效与期望水平的评估（Ben-Oz & Greve，2015）。

上一段中我提到的诸多研究灵感有许多不同来源，而其中最重要的就是与同事们的对话。一旦绩效反馈研究慢慢有了积累，学者便开始更仔细地审视这项研究，并对研究中的某些要素提出问题。通常这些问题都附带着对潜在答案的建议，或者关于适合回答这些问题的数据的一些想法。比如，我和皮诺·奥迪亚（Pino Audia）的合作研究就是从我们在管理学年会（AOM）上的讨论开始的。我在欧洲工商管理学院的同事们对组织间管理或公司合作伙伴关系如何影响行为也很感兴趣，所以他们也提出了很多宝贵建议。这项研究一开始使用的是档案数据，大家就问：如果做实验或调查，这些结论是否仍然成立？许多学者都问过这样的问题："可以用目标值 x 来预测 y 值的变化吗？"这里可能是目标值 x 未被研究过，也可能是 y 值未被研究过，也可能是二者都未被研究过。所以我最终与许多学者进行了联合研究，对他们提出的问题一起讨论，找到合适的解决办法。在这个研究流派中的大多数研究都是别人完成的，因为使用现成的理论来推导新的假设从而设计新的研究来检验它们比较容易，所以我本人就没必要参加了。

多亏了其他学者的加入，使得组织绩效反馈和学习及公司行为理论的实证证据显著增加。为了让新的研究者更容易上手，我参与撰写了一些综述论文（Argote & Greve，2007；Gavetti，Greve，Levinthal，& Ocasio，2012；Greve & Gaba，2017；Greve & Teh，2018）。当然我也很高兴地看到，并不是所有的综述文章都来自我或者我的合作者（Posen，Keil，Kim，& Meissner，2018；Shinkle，2012；Verver，van Zelst，Lucas，& Meeus，2019）。

关于"存货盘点"的想法。一旦一个研究流派开始扩大，研究综述就开始有两种互补的作用。一个是总结迄今为止发表过的所有研究，展示哪些实证问题已被很好地解决了，哪些被忽略了，而哪些还没有确切的答案。另一个是可以着眼于理论的结构、机制以及与其他组织理论的关系，讨论其他可能研究的重要领域。

我认为本研究流派已经到了需要被"再次定向"的阶段。虽然我不确定它是否会发生，但我发现有一些动向显示了其"再次定向"的可能。根本的原因是最初的理论描述了从绩效反馈到问题搜寻再到组织变革的关系。我对绩效反馈和组织变革的关系进行了简化实证研究，但这不意味着问题搜寻这一步可以被忽略。相反，问题搜寻理论的一个重要命题就是，搜寻问题是短视的。它最初的缘起是绩效不足，目的是找出问题并给出快速的解决方案。但是仔细思考一下，如果一时找不出问题或想不出解决方案，再继续追踪绩效不如意的原因，可能会不那么目光短浅。

我自己最初对绩效反馈的研究就是在搜寻理论的指导下进行的。我对广播站进行了访谈研究，了解到无线电台的绩效不如意，即市场份额绩效指标不好，其实是与播放形式密切相关的，所以只要出现低绩效，他们就会去寻找新的播放形式（Greve，1998）。后来我做造船业的研究，采访了许多造船公司的主管，了解到对于造船业，通过生产资产和创新这两个可行的竞争工具可以解决绩效低下的问题，但降价永远是最不被青睐的选项。我遵循的基本假设是，造船厂会在两个领域进行变革创新（Greve，2003a，b），我以为，遵循搜寻理论来选择组织绩效和组织变化的变量可能有助于显示预测的效果。

可惜后续的研究表明我是错的。大量的研究以资产收益率（ROA）来代表组织绩效，然后来看资产收益率与组织变化之间的联系。但其实传统的搜寻理论无法预测如此广泛的影响。资产收益率像一个总开关，能够开启各种类型的搜寻，虽然我在书中提过这种可能性，但我从未相信这是真的。但根据目前的证据，"总开关"这个假设很有可能成立！这意味着这个理论比我想象的更加重要，因为它可以预测更多种类的行为。也就是说，搜寻并不一定短视，也并不一定要立刻提出一个具体的解决办法，它似乎可以触及相当广泛的领域。这也意味着这个理论没有我想象的那么精确，因为短视搜寻的机制出乎意料的薄弱。

然而，事实真是这样吗？这就是我觉得此研究领域有可能需要再次定向的原因。目前的研究根据绩效反馈来预测组织何时会做出改变。假设我们把注意力转移到根据绩效反馈预测组织会做出何种改变，我们又应该使用什么理论，期望获得什么样的结果呢？

近期的一些研究动向指明了一些可能的途径。

第一个选择是关注资产收益率如何指引搜寻问题的方向。因为较低的资产收益率会导致组织中资源更少（回报更低），当资产收益率低于期望值的时候，最好走节约资源的路径（Kuusela，Keil，& Maula，2016）。同样，当低于期望值的资产收益率显示公司存在战略问题时，那么重新配置资源可能成为更好的途径。然而当资产收益率高于期望值时，那进一步挖掘现有的优势就是更好的途径了（Dothan & Lavie，2016）。这些研究重新审视了短视搜寻的基本理念，并且利用资产收益率这个绩效结果作为触发短视的一种方式：它与可用资源直接相关。

第二个选择就是关注非资产收益率目标结果，并与资产收益率相对比来检验哪种目标结果对公司变化的影响最大，同时检验非资产收益率目标是否也会导致短视搜寻。参考搜寻理论来论证这一点比较容易，因为资产收益率是组织拥有的主要目标中最不具体的。对于其他目标来说，有可能发现公司的变化其实是目光短浅的反应。比如，我曾以增长为公司目标来做研究，因为在老旧理念中，组织规模是高管比较在乎的一个目标（Berle & Means，1932）。结果发现，只要组织不致力于解决低资产收益率的问题，组织就会追求增长（Greve，2008）。后来，我和其他合著者又用比资产收益率更加具体的目标做研究，结果在每个案例中都找到了在具体目标指导下导致的短视搜寻的明确证据，这些目标有的是安全考量，有的是组织治理（Gaba & Greve，2019；Shipilov et al.，2019；Shipilov et al.，2011）。这种研究短视搜寻的方式之所以奏效，是因为大多数组织的目标比资产收益率更具体，而且还有一个额外的优势，那就是允许我们在理解目标之间的冲突会如何影响组织的变化上取得进展。

第三个选择就是考虑搜寻结果出现多个选项的可能性，并检验决策者如何做决策。在这里，问题搜寻理论很自然地与组织政治和联盟建设理论联系了起来，而后者也是公司行为理论的一部分（Cyert & March，1963）。我和张曼研究了公司董事会如何根据联盟构建理论对并购做出选择这个问题（Greve & Zhang，2017；Zhang & Greve，2019），发表的道路颇为艰难。因为我们重新阐述了这个问题，即公司如何在已做出变革决定的备选方案中做出抉择，而这看起来和其他的绩效反馈研究很不一样。我们没有将绩效相对于期望水平的变化率作为预测变量，而是将绩效相对于期望水平的变化率作为背景，但把潜在的联盟作为主变量来预测行为选择。有迹象表明，大家对建立组织间联盟的兴趣在增长，所以现在正是匹配绩效反馈和联盟理论的好时机。

关于研究重新定向的说明。不扩展或者不重新定向的研究流派会失去其发展势头甚至消失，因此只要是有意义的重新定向就是好事。这里，重新定向是指回到问题的根本。研究流派往往会在某一局部领域积累，结果导致一些重要的广义的基本问题被忽视。

关于参与重新定向研究的反思。足够大到可以令重新定向的研究流派不需要该流派的奠基人来指导重新定向的过程，而且研究流派也不存在所谓的"所有权"。所以，开创研究流派的学者并无特权对重新定向进行控制。对我来说，我只参与我感兴趣而且有合适数据的新研究，不理会其他。

在我前面所描述的三种选择中，多目标检验研究的人看起来最多。它与该流派早期的研究密切相关，可以向两个方向构建新理论。一个是如何解决目标冲突，另一个是如何进行短视搜寻。多目标研究目前已有许多学者介入研究，并且发表了许多研究论文（例如 Baum et al.，2005；Gaba & Bhattacharya，2012；Gaba & Greve，2019；Gaba & Joseph，2013；Joseph & Gaba，2015；Kacperczyk et al.，2015；Kotlar，Fang，De Massis，& Frattini，2014b；Nielsen，2014；Stevens，Moray，Bruneel，& Clarysse，2015）。在我和维巴·加巴（Vibha

Gaba）列出的组织和团队绩效反馈研究的机会中，我们已经把它标为重要话题（Greve & Gaba，2017）。而且，组织如何根据情况来处理多个目标之间的关系也成为我和皮诺·奥迪亚刚刚完成的一本书的灵感（Audia & Greve，2021）。

对企业间联盟的研究很有可能变成该研究流派的一大分支，因为它可以把管理学者感兴趣的众多问题联系起来。组织的领导在努力应对低绩效带来的问题时，同时也得考虑组织内部的不同意见，因为每个在不同职位上的人对哪种解决方案最好的看法不一样。这些都是组织理论中的经典问题（例如 Fligstein，1990；Hambrick & Mason，1984；Pfeffer & Salancik，1978），长期吸引着学者的关注。这个研究分支可能会特别有影响力，因为它把绩效反馈的研究流派和高管团队、CEO 自由裁量权和行为选择相关的研究流派结合了起来（例如 Hambrick，2007；Mishina，Dykes，Block，& Pollock，2010；Tuggle，Sirmon，Reutzel，& Bierman，2010），甚至与组织内政治的研究也相关（Desai，2016；McDonald & Westphal，2003；Stern & Westphal，2010）。

相关研究流派之间的互相渗透可能将绩效反馈研究扩展到其他领域。在广义的管理学研究领域内，对家族企业的绩效反馈研究在近期有所增加（Chrisman & Patel，2012；Kotlar，De Massis，Fang，& Frattini，2014a；Kotlar et al.，2014b；Kotlar，Massis，Wright，& Frattini，2018）。在管理学领域之外，绩效反馈研究已出现在公共管理领域（Ma，2016；Nielsen，2014）。绩效反馈在经济学中也有应用，包括由诺贝尔经济学奖得主莱因哈德·塞尔腾（Reinhard Selten）领导的实证研究（Rosenfeld & Kraus，2011；Selten，2008；Selten，Pittnauer，& Hohnisch，2012）。我对这些领域的动态不够了解，所以难以估计它们可以扩展到什么程度，但是我会关注它们的发展，观察这个理论在离开了最初的商业组织环境后将如何表现。

关于相关研究的思考。一个研究流派可以独立发展，也可以在与相关研究流派的对话中发展。这两种方法都卓有成效，但在我看来先独立地开始，在形成了一系列清晰的结果后，再开展与其他研究流派的对话，是一种比较健康的发展方式。

根据我自己的追踪统计，目前在绩效反馈领域发表的论文已经有一百三十一篇，但我后来也看到有一项元分析研究中囊括了一百五十六项研究（Verver et al.，2019）。该研究流派的发展如此迅猛以至于我现在无法追踪它，这令我感到既高兴又沮丧。它已经走了这么远，不再需要我了；但同时看到我现在成为多余之人，又觉得当初的努力非常值得。

人们常说，要预测怎样的研究会变得有影响力是很难的事，因为有些因素很随机。我同意这种说法。可是，我的经验告诉我，一旦一项研究开始变得有影响力，接下来的研究就不会那么随机，也会更容易预测。了解这一点很重要，因为虽然开启一个新的研究方向很重要，但是发展它、指引它则更加重要。任何只有开始但没有后续跟进的事都会无法充分发挥其潜力。想要让一个新开启的研究流派健康发展，有志于此的学者必须帮助推动它前进，想办法吸引其他人的关注和参与，并撰写文章帮助该研究做总结、提出新建议。我在本章中分享的思考和想法都是基于我自身的经历提出的。我相信一定存在着其他更奏效的方法，但目前我知道我所说的这些已被我检验过是有效的。

参考文献

（1）Argote，L.，& Greve，H. R.（2007）. A behavioral theory of the firm—40 years and counting: Introduction and impact. Organization Science，18（3），337–349.

（2）Audia，P. G.，& Brion，S.（2007）. Reluctant to change: Self-enhancing responses to diverging performance measures. Organizational Behavior & Human Decision Processes，102（2），255–269.

（3）Audia，P. G.，Brion，S.，& Greve，H. R.（2015）. Self-assessment，self-enhancement，and the choice of comparison organizations for evaluating organizational performance. Advances in Strategic Management: Cognition and Strategy，32，89–118.

（4）Audia，P. G.，& Greve，H. R.（2006）. Less likely to fail: Low performance，firm size，and factory expansion in the shipbuilding industry. Management Science，52（1），83–94.

（5）Audia，P. G.，& Greve H. R.（2021）. Organizational Learning from Performance Feedback: A Behavioral Perspective on Multiple Goals. Cambridge University Press: Cambridge.

（6）Baum，J. A. C.，Rowley，T. J.，Shipilov，A. V.，& Chuang，Y.-T.（2005）. Dancing with strangers: Aspiration performance and the search for underwriting syndicate partners. Administrative Science Quarterly，50（4），536–575.

（7）Ben-Oz，C.，& Greve，H. R.（2015）. Short- and long-term performance feedback and absorptive capacity. Journal of Management，41（7），1827–1853.

（8）Berle，A. A.，& Means，G. C.（1932）. The Modern corporation and private property. New York: New York: Harcourt，Brace and World.

（9）Blettner，D. P.，He，Z.-L.，Hu，S.，& Bettis，R. A.（2015）. Adaptive aspirations and performance heterogeneity: Attention allocation among multiple reference points. Strategic Management Journal，36（7），987–1005.

（10）Brass，D. J.，Galaskiewicz，J.，Greve，H. R.，& Tsai，W.（2004）. Taking stock of networks and organizations: A multi-level perspective. Academy of Management Journal，47（6），795–814.

（11）Bromiley，P.（1991）. Testing a causal model of corporate risk taking and performance. Academy of Management Journal，34（1），37–59.

（12）Bromiley，P.，& Harris，J. D.（2014）. A comparison of alternative measures of organizational aspirations. Strategic Management Journal，35（3），338–357.

（13）Chrisman，J. J.，& Patel，P. C.（2012）. Variations in R&D investments of family and nonfamily firms: Behavioral agency and myopic loss aversion perspectives. Academy of Management Journal，55（4），976–997.

（14）Cyert，R. M.，& March，J. G.（1963）. A behavioral theory of the firm. Englewood Cliffs，NJ: Prentice-Hall.

有影响力的学问是怎么炼成的

（15）Desai，V. M.（2016）. The behavioral theory of the（governed）firm: Corporate board influences on organizations' responses to performance shortfalls. Academy of Management Journal，59（3），860–879.

（16）Dothan，A.，& Lavie，D.（2016）. Resource reconfiguration: Learning from performance feedback. Silverman，B. S.（ed），Resource Redeployment and Corporate Strategy，319–369: Emerald.

（17）Fiegenbaum，A.（1990）. Prospect theory and the risk-return association. Journal of Economic Behavior and Organization，14，184–203.

（18）Fiegenbaum，A.，& Thomas，H.（1986）. Dynamic and risk measurement perspectives on Bowman's risk-return paradox for strategic management: An empirical study. Strategic Management Journal，7，395–407.

（19）Fligstein，N.（1990）. The transformation of corporate control. Cambridge，MA: Harvard University Press.

（20）Gaba，V.，& Bhattacharya，S.（2012）. Aspirations，innovation，and corporate venture capital: A behavioral perspective. Strategic Entrepreneurship Journal，6（2），178–199.

（21）Gaba，V.，& Greve，H. R.（2019）. Safe or profitable? The pursuit of conflicting goals. Organization Science，30（4）: 647–667.

（22）Gaba，V.，& Joseph，J.（2013）. Corporate structure and performance feedback: Aspirations and adaptation in M-form firms. Organization Science，24（4），1102–1119.

（23）Gavetti，G.，Greve，H. R.，Levinthal，D. A.，& Ocasio，W.（2012）. The behavioral theory of the firm: Assessment and prospects. Academy of Management Annals，6，1–40.

（24）Greve，H. R.（1995）. Jumping ship: The diffusion of strategy abandonment. Administrative Science Quarterly，40（September），444–473.

（25）Greve，H. R.（1996）. Patterns of competition: The diffusion of a market position in radio broadcasting. Administrative Science Quarterly，41（March），29–60.

（26）Greve，H. R.（1998）. Performance，aspirations，and risky organizational change. Administrative Science Quarterly，44（March），58–86.

（27）Greve，H. R.（2002）. Sticky aspirations: Organizational time perspective and competitiveness. Organization Science，13（1），1–17.

（28）Greve，H. R.（2003a）. A behavioral theory of R&D expenditures and innovation: Evidence from shipbuilding. Academy of Management Journal，46（6），685–702.

（29）Greve，H. R.（2003b）. Investment and the behavioral theory of the firm: Evidence from shipbuilding. Industrial and Corporate Change，12（5），1051–1076.

（30）Greve，H. R.（2003c）. Organizational learning from performance feedback: A behavioral perspective on innovation and change. Cambridge，UK: Cambridge University Press.

（31）Greve，H. R.（2008）. A behavioral theory of firm growth: Sequential attention to size and performance goals. Academy of Management Journal，51（3），476–494.

（32）Greve，H. R.，& Gaba，V.（2017）. Performance feedback in organizations and groups: Common themes. In L. Argote & J. Levine（Eds.），Handbook of group and organizational learning: forthcoming. Oxford: Oxford University Press.

（33）Greve，H. R.，& Rao，H.（2012）. Echoes of the Past: Organizational foundings as sources of an institutional legacy of mutualism. American Journal of Sociology，118（3），635–675.

（34）Greve，H. R.，& Teh，D.（2018）. Goal selection internally and externally: A behavioral theory of institutionalization. International Journal of Management Reviews，20，S19–S38.

（35）Greve，H. R.，& Zhang，C. M.（2017）. Institutional logics and power sources: Merger and acquisition decisions. Academy of Management Journal，60（2），671–694.

（36）Haleblian，J.，Kim，J.-Y. J.，& Rajagopalan，N.（2006）. The influence of acquisition experience and performance on acquisition behavior: Evidence from the U.S. commercial banking industry. Academy of Management Journal，49（2），357–370.

（37）Hambrick，D. C.（2007）. Upper echelons theory: An update. Academy of Management Review，32（2），334–343.

（38）Hambrick，D. C.，& Mason，P. A.（1984）. Upper echelons: The organization as a reflection of its top managers. Academy of Management Review，9（2），193–206.

（39）Hannan，M. T.（1997）. Inertia，density，and the structure of organizational populations: Entries in European automobile industries，1886–1981. Organization Studies，18（2），193–228.

（40）Hannan，M. T.，& Freeman，J.（1984）. Structural inertia and organizational change. American Sociological Review，49，149–164.

（41）Hu，S.，Blettner，D.，& Bettis，R. A.（2011）. Adaptive aspirations: performance consequences of risk preferences at extremes and alternative reference groups. Strategic Management Journal，32（13），1426–1436.

（42）Joseph，J.，& Gaba，V.（2015）. The fog of feedback: Ambiguity and firm responses to multiple aspiration levels. Strategic Management Journal，36（13），1960–1978.

（43）Kacperczyk，A.，Beckman，C. M.，& Moliterno，T. P.（2015）. Disentangling risk and change: Internal and external social comparison in the mutual fund industry. Administrative Science Quarterly，60（2），228–262.

（44）Kotlar，J.，De Massis，A.，Fang，H.，& Frattini，F.（2014a）. Strategic reference points in family firms. Small Business Economics，43（3），597–619.

（45）Kotlar，J.，Fang，H.，De Massis，A.，& Frattini，F.（2014b）. Profitability goals，control goals，and the R&D investment decisions of family and nonfamily firms. Journal of Product Innovation Management，31（6），1128–1145.

（46）Kotlar，J.，Massis，A.，Wright，M.，& Frattini，F.（2018）. Organizational goals：Antecedents，formation processes and implications for firm behavior and performance. International Journal of Management Reviews，20（S1）：3–18.

（47）Kuusela，P.，Keil，T.，& Maula，M.（2016）. Driven by aspirations，but in what direction? Performance shortfalls，slack resources，and resource-consuming vs. resource-freeing organizational change. Strategic Management Journal，1101–1120.

（48）Labianca，G.，Fairbank，J. F.，Andrevski，G.，&Parzen，M.（2009）. Striving toward the future：Aspiration-performance discrepancies and planned organizational change. Strategic Organization，7（4），433–466.

（49）Ma，L.（2016）. Performance feedback，government goal-setting and aspiration level adaptation：Evidence from Chinese provinces. Public Administration，94（2），452–471.

（50）Manns，C. L.，& March，J. G.（1978）. Financial adversity，internal competition，and curriculum change in a university. Administrative Science Quarterly，23，541–552.

（51）Massini，S.，Lewin，A. Y.，& Greve，H. R.（2005）. Innovators and imitators：Organizational reference groups and adoption of organizational routines. Research Policy，34（10），1550–1569.

（52）McDonald，M. L.，& Westphal，J. D.（2003）. Getting by with the advice of their friends：CEOs' advice networks and firms' strategic responses to poor performance. Administrative Science Quarterly，48（1），1–32.

（53）Miller，K. D.，& Chen，W.-R.（2004）. Variable organizational risk preferences：Tests of the March-Shapira model. Academy of Management Journal，47（1），105–115.

（54）Mishina，Y.，Dykes，B. J.，Block，E. S.，& Pollock，T. G.（2010）. Why"good" firms do bad things：The effects of high aspirations，high expectations，and prominence on the incidence of corporate illegality. Academy of Management Journal，53（4），701–722.

（55）Mitsuhashi，H.，& Greve，H. R.（2009）. A matching theory of alliance formation and organizational success：Complementarity and compatibility. Academy of Management Journal，52（5），975–995.

（56）Moliterno，T. P.，Beck，N.，Beckman，C. M.，& Meyer，M.（2014）. Knowing your place：Social performance feedback in good times and bad times. Organization Science，25（6），1684–1702.

（57）Moliterno，T. P.，& Wiersema，M. F.（2007）. Firm performance，rent appropriation，and the strategic resource divestment capability. Strategic Management Journal，28（11），1065–1087.

（58）Nielsen，P. A.（2014）. Learning from performance feedback：Performance information，aspiration levels，and managerial priorities. Public Administration，92（1），142–160.

（59）Park，K. M.（2007）. Antecedents of convergence and divergence in strategic positioning：The effects of performance and aspiration on the direction of strategic change. Organization Science，18（3），386–402.

（60）Pfeffer，J.，&Salancik，G. R.（1978）. The external control of organizations. New York：Harper and Row.

（61）Posen，H. E.，Keil，T.，Kim，S.，& Meissner，F. D.（2018）. Renewing research on problemistic search—A review and research agenda. Academy of Management Annals，12（1），208–251.

（62）Rosenfeld，A.，& Kraus，S.（2011）. Using aspiration adaptation theory to improve learning. AAMAS，423–430.

（63）Rowley，T. J.，Greve，H. R.，Rao，H.，Baum，J. A. C.，&Shipilov，A. V.（2005）. Time to break up：The social and instrumental antecedents of exit from interfirm exchange cliques. Academy of Management Journal，48（3），499–520.

（64）Ruef，M.（1997）. Assessing organizational fit on a dynamic landscape：An empirical test of the relative inertia thesis. Strategic Management Journal，18（11）（December），837–853.

（65）Schwab，A.（2007）. Incremental organizational learning from multilevel information sources：Evidence for cross-level interactions. Organization Science，18（2），233–251.

（66）Selten，R.（2008）. Experimental results on the process of goal formation and aspiration adaptation. International Symposium on Algorithmic Game Theory，Berlin，Heidelberg.

（67）Selten，R.，Pittnauer，S.，&Hohnisch，M.（2012）. Dealing with dynamic decision problems when knowledge of the environment is limited：An approach based on goal systems. Journal of Behavioral Decision Making，25（5），443–457.

（68）Shinkle，G. A.（2012）. Organizational aspirations，reference points，and goals. Journal of Management，38（1），415–455.

（69）Shipilov，A. V.，Greve，H. R.，& Rowley，T. J.（2019）. Is all publicity good publicity? The effect of media pressure on the adoption of governance practices. Strategic Management Journal，40（9），1368–1393.

（70）Shipilov，A. V.，Li，S. X.，& Greve，H. R.（2011）. The prince and the pauper：Search and brokerage in the initiation of status-heterophilous ties. Organization Science，22（6），1418–1434.

（71）Stern，I.，& Westphal，J. D.（2010）. Stealthy footsteps to the boardroom：Executives' backgrounds，sophisticated interpersonal influence behavior，and board appointments. Administrative Science Quarterly，55（2），278–319.

（72）Stevens，R.，Moray，N.，Bruneel，J.，&Clarysse，B.（2015）. Attention allocation to multiple goals：The case of for-profit social enterprises. Strategic Management Journal，36（7），1006–1016.

（73）Sutton，R. I.，&Staw，B. M.（1995）. What theory is not. Administrative Science Quarterly，40（3），371–384.

（74）Tuggle，C. S.，Sirmon，D. G.，Reutzel，C. R.，& Bierman，L.（2010）.

Commanding board of director attention: Investigating how organizational performance and CEO duality affect board members' attention to monitoring. Strategic Management Journal，31（9），946–968.

（75）Verver，H.，van Zelst，M.，Lucas，G. J. M.，&Meeus，M. T. T.（2019）. Understanding heterogeneity in the performance feedback—organizational responsiveness relationship: A meta-analysis. OSF Preprints，https: //doi.org/10.31219/osf.io/hq4uw.

（76）Vissa，B.，Greve，H. R.，& Chen，W. R.（2010）. Business group affiliation and firm search behavior in India: Responsiveness and focus of attention. Organization Science，21（3），696–712.

（77）Washburn，M.，& Bromiley，P.（2012）. Comparing aspiration models: The role of selective attention. Journal of Management Studies，49（5），896–917.

（78）Zhang，C. M.，& Greve，H. R.（2019）. Dominant coalitions directing acquisitions: Different decision makers，different decisions. Academy of Ma Academy of Management Journal，62（1），44–65.

第六章

就地创业

加州大学洛杉矶分校　奥拉夫·索伦森（Olav Sorenson）

威斯康星大学　张姝　中国人民大学　朱春玲 翻译

读者需谨慎买者自负

1980~1990 年，詹姆斯·马奇在斯坦福大学教授了一门具有传奇色彩的领导力课程。[①] 这门课程有两个与众不同之处。

其一，他的课程全部采用文学名著作为教材。我上这门课的那一年，课程教材包括文学名著《堂吉诃德》《奥赛罗》和《战争与和平》。据说，在那之后的好多年里，他会在上第一次课的时候问学生们想读什么文学作品，然后，就用文学作品来授课。

其二，他将自己独特的视角带到领导力课程中，比方说萧伯纳著作中的圣女贞德。马奇教授会以贞德的故事探讨圣人和异端者的区别。两者都有创新，两者都是在挑战现状。但是，历史只对那些被证明是正确的人们微笑，推崇这些成功者为天才，却对那些被证明是错误的人们皱眉，将他们视为异端。天才和异端真的有天壤之别吗？无论是押注赛马、投资股票市场，还是提出新的想法，总会有人脱颖而出。胜出者是有独到的眼光和见识，能够识常人所不能识吗？还是他们只是被命运之神眷顾罢了？

本书收录了多位成功者的智慧之言。不过，我要提醒大家对任何仅从成功

---

① 虽然没有任何资料可以完整地记录这门课的体验，若大家有兴趣了解更多马奇教授如何讲授本课程，推荐阅读他的著作——《论领导力》（*On Leadership*，March and Weil，2005）。此外，他的授课风格的某些方面，也体现在电影《激情与纪律：堂吉诃德的领导力》（*Passion and Discipline*: *Don Quixote's Lessons for Leadership*）之中。

案例中总结出来的结论谨慎看待，因为成功者的故事都是"事后诸葛亮"。套用方法论的术语来说，直接借鉴成功者的经验相当于仅仅借鉴了结果变量。因此，很多人追随了成功者的步伐，最终却发现自己陷入了死胡同，甚至有可能被诋毁为异端。

读者须谨慎解读成功者的经验还有另一个原因。尽管人们无意改写历史，然而，当人们回想起自己当初的行为举措时，会倾向于将之解读为"智慧之举"和"谋略之策"。因而，反思过去的时候，无意之举变成了有意为之，偶发事件变成了命中注定，艰难探索变成了战略谋划。

本书的编者已经尽可能让我们避免对过去进行修正性解读。他们鼓励我们挖掘研究路径背后发生的"真实"故事，探讨研究过程中所犯过的错误。我因此重新翻出了许多论文的早期稿件以及与之相关的大量的电子邮件和笔记，以努力地准确捕捉那些零星散落的记忆和令人遗憾的故事。尽管如此，我也难免在回溯过往时出现过度自信的主观解读。

因此，在阅读本文的过程中，读者须谨慎地解读我的阐述。我对过去研究思想的论述肯定会比同期的其他人对研究思想演进的论述更具连贯性。我所掌握的内容一般没有进行过反向推演。因而，我对自己过去行为模式的详细论述及解读也许仅代表了我对过往回忆的过度解读，而不一定是智慧之言。

就地创业者

我写过很多不同主题的文章，从企业战略到科学社会学，其中备受关注的研究主题是社会关系对创业者的重要性及其相关研究（Rickne et al，2018）。研究这个主题的学者有很多（e.g.: Aldrich and Zimmer，1986；Larson，1992），而我对这个主题研究的独到之处在于将其与空间和地域位置相联系。

大多数社会关系会出现在同一地域生活和工作的人之间。物理空间的重叠为人们提供了见面的机会——无论是学校、教堂、俱乐部，还是工作场所，都是见面的场所（Feld，1981）。地理位置上的相近还可以降低发展和维系关系的成本（Stouffer，1940）。来自同一地域的人们有更多相同的兴趣，认识更多共同的熟人。与邻近地区的人见面，喝杯咖啡，或者共进晚餐，也节省了交通时间。与此同时，在商店或大街上偶遇的概率也会随着地理距离的增加而指数级递减。这些事先安排好的见面和偶遇，既能增进双方的关系，又能提供交流思想和信息的机会。我因此提出，人们最终会在自己熟悉的行业（社会空间）和地域进行创业活动。

社会关系至少在三个方面影响创业成果。第一，社会关系具有示范效应，这有助于决定哪里的人会成为创业者。第二，社会关系具有资源动用效应，这有助于增强创业者创办企业的能力，其中包括筹集资金、招聘人才、获取供应商和吸引用户的能力。第三，社会关系具有锚定效应，这会将创业者锚定在他们具有深厚社会根基的地域。

我们先来看一下示范效应。创业者往往是因为看到周边人创业而受启发开始的。这可能因为这些创业者是自己的朋友或同事，从而产生他们可以创业，那我也可以的想法；同时打电话跟他们取经也很方便，可以了解创业的利弊。当然，示范效应的存在也许根本不需要任何实际的沟通交流。看到跟自己相似的其他人成为成功的创业者，很容易让人增强对自己成功创业的信心（Sorenson and Audia，2000；Bosma et al.，2012）。此外，这也向外界释放出以下信号：创业不但具有经济吸引力，也可以成为合法的人生职业规划（Sørenson and Sorenson，2003；Stuart and Ding，2006）。

当人们下定决心创业后，社会关系就对创业产生了第二层的资源动用效应。创业者需要筹措资金，招聘人员以及找到供应商，而社会关系能促进这一阶段的资源动用。例如，大多数早期的创业资金来自亲朋好友和家庭的筹借（Reuf，2010），来自与创业者有过往交情的专业投资者，或经朋友引荐的专业投资者（Sorenson and Stuart，2001），创业初期的员工也大多是创业者的熟人（Reuf，2010）。

社会关系通过上述三种方式促进创业者募集资金，招聘员工，吸引消费者以及找到供应商。由于初创公司大都以失败告终，所以投资者、员工和合作伙伴都对创业投入持有谨慎的态度。如果他们与创业者有社会关系，那就能掌握更多的创业公司的信息，并对创业成功的概率有更深入的推断。他们也可能会比客观的局外人更高估创业者，认为创业者更有能力，其创业思想更有前景（Sorenson and Waguespack，2006）。家人和朋友也许仅仅是为了支持创业而出资或与他们进行合作。

最后，社会关系能产生锚定效应。锚定效应部分来自资源动用效应。创业者在社会根基深厚的地方创业最有可能成功（Dahl & Sorenson，2012）。然而，锚定效应不仅局限于简单的盈利计算，因为人们也重视与亲朋好友共度时光。所以创业者更愿意将公司设立在至亲之人居住的地方（Figueiredo et al.，2002；Dahl & Sorenson，2009），因为想在一个地方生活却没找到工作，有时可能正是人们产生创业念头的全部原因。

这种看待创业的视角促成了我的一系列论文和研究项目。接下来，我不去详细讨论每一项研究，但会尽力讲述其中一些项目及研究的"背后故事"。

失败为先

1995 年，网景公司上市，整个世界都沉迷于互联网及其商业潜力，我当时正在斯坦福大学攻读学位。硅谷的大部分地域毗邻斯坦福大学并归大学所属，其正处于互联网繁荣（或泡沫）的中心。似乎人人都在想创业或加入一家初创公司。与此同时，报刊也奉称硅谷为经济的未来。置身其中则无疑激发了我对集群和创业现象的兴趣。

宋月康（Soong Moon Kang）当时正在攻读工程经济系统博士学位，也对这一现象产生了兴趣。于是我们花了很多时间一起讨论这些想法。许多关于经济地理学的经典文献认为，创业地域的选择的影响因素取决于获取生产原材料的需求，例如获取煤或铁矿石的需求（Weber，1928）。然而，随着生产从实体转向数字化，我们认为决定创业地域的影响因素也应该转变为更邻近社会资源的供给地，例如是否有专业供应商。

我们一起开启了一个研究项目，通过对"多媒体"制造商进行深入调研来印证我们这个想法。1995 年时，用于压制只读存储器光盘的机器成本是好几万美元。成千上万家公司开始从事"出版"光盘的业务——他们刻制、销售和经销光盘。早期的许多光盘基本上能取代实体书，例如，人们可以购买只读存储器样式的字典、百科全书或行业目录。

然而，多媒体制作从未成为一个行业。技术进步很快使任何人都能在个人电脑上制作自己的只读存储器光盘。但在当时，用这个行业作为研究样本，对我们来说几近完美。它刚诞生不久，意味着我们可以观察到第一批产业进入者的创业地理位置。此外，做这一行的公司也非常少，很容易找到所有公司的创始人。

我们设计了一项问卷调查，旨在了解创始人在创业地点选择上有过哪些考虑。我们推测，创业者会选择他们曾经居住过的地方以及多媒体制造商密集的地方进行创业。我们还进一步推测，那些选择在社会关系深厚的地方进行创业的人最可能成功。在艾尔弗雷德·斯隆（Alfred P. Sloan）基金的资助下（Bill Miller 的基金项目），我们将调研问卷邮寄给了五百多名创业者。

尽管我们只收到了一百多名创业者的回复，但也出现了一个意料之外的问题：我们原本打算用创业者是否为了创建公司而搬家作为研究的自变量，却发现几乎没有人为了创业而搬家，94% 的创业者都选择在自己的居住地创立公司，即就地创业。

反思。我们最终不得不放弃这个项目。但我们认为，弄清楚这个项目失败的原因很重要。这是因为我们的问题设计不好，还是受访者没有理解这些问题？或者是我们问错了问题？

我们决定详细访谈一些创业者。我清楚地记得一次在加州桑尼维尔的访谈。我们开车到达访谈地点时，发现这位创业者正坐在一个由独立车库改造成的办公室里。他坐在一张堆满彩色 3.5 英寸磁盘的办公桌前。他身后的机架固定架上堆满了硬件。

采访开始几分钟后，我们问他为什么在这儿创办公司，他回答说："我妻子不想让我把厨房搞得一团糟。"换句话说，他认为我们想问的是，为什么他的办公室是在车库里而不在房间里，而实际上我们想问的问题是，他为什么选择在桑尼维尔创业，而不是其他城市。

随着访谈的深入，我们才了解到他从未考虑过要去其他的地方创业，只想着在他的居住地创立公司。我们从其他受访者那里也听到了同样的故事。

这些访谈改变了我的想法。虽然我已经预料到社会关系会产生（资源）动用效应，但我没想到社会关系也会产生锚定效应。这反映出有关经济地理的经典理论存在着严重的缺陷，因为这些理论普遍假设创业者是博闻广识的，是不受约束的，他们可以选择去任何地方创业。而实际上，创业者面临资源约束，有着创业以外的生活和兴趣，而且他们通常不能主动选择创业地点。

研究项目的价值有时更多来自它如何启发研究者进行思考，而不一定是研究能否发表或如何影响他人。

集群的持久性

创业者就地不动进行创业给人一个有趣的启示：如果创始人在他们的居住地、工作过的行业或密切相关的行业创业，那么即使集群并不符合产业最高效的地理分布，产业集群也可以长期存在。在集群中，获得行业经验的机会主要集中于企业密集的地方。因此，拥有集群的地域会产生业内最大的潜在创业群体。

此外，集群本身的兴起，可能仅仅源自创业随机过程的不断自我强化。一个地域可能偶然汇集了较多的早期入门者，之后，该地区就会有更多的人有能力在该行业创业，这意味着未来这一地区会出现更多的新创企业。新创企业的进入又会引发更多的人来创业，从而形成一个良性循环。

可是，这个想法与文献背道而驰。无论是经典经济地理理论还是最新的文献都认为，企业的地理位置分布是由经济效率决定的。换言之，产业集群的兴起一定是因为企业能从大量邻近的竞争对手那里获益（集聚的外部性），这可能是得益于他们共享信息、共用专业供应商或高素质的员工群体。

产业集群必然反映经济效率的想法依赖于两个隐含的假设：（1）创业者选择的地域应该能使其预期利润最大化；（2）这些预期利润最大化的地域是被所有创业者所公认的。

我的直觉认为这两个假设似乎有问题，但我没有数据来加以佐证。幸运的是我很快就遇到了一位有这些数据的研究者。1995 年 8 月，我决定从斯坦福开车到温哥华参加我的第一个美国管理学年会。在会场里，我遇见了皮诺·奥迪亚，之后就一直与他保持着联系。我发现他收集并整合了一个惊人的数据库，这个数据库包含了 1940~1989 年美国每家制鞋厂的信息以及每家工厂的地理位置的信息。于是我们决定展开合作研究。

我们在数据分析上花了很长时间。为了测试集中度的影响，我们引入了一种新型测量方法，即距离加权密度测量法（即行业的其他工厂距离加权计数）。这种测量需要对行业中的每两个工厂之间的距离进行计算，每一年的每一个变量版本的运算都要在我的那台 1997 年的老式计算机上花费将近两天的时间。

功夫不负有心人。我和皮诺从数据分析中发现，位于鞋类制造厂密集地的工厂比位于偏远地区的制鞋厂失败率更高。但是，由于新创业者加入密集地区的速度比淘汰者更快，所以该行业仍旧保持着地域集中的分布（Sorenson & Audia，2000）。因此我们的结论是，制鞋业集群的持续存在得益于该地域新创企业的进入，而不是因为集群为企业本身提供了任何绩效收益。

在论文研讨会展示陈述的过程中，来自伯克利大学、伦敦商学院、加州大学洛杉矶分校和芝加哥大学的参与者提出了众多的替代性解释，这些解释都保留着产业集群源于正向集聚的外部性观点。在对论文一遍遍修改的过程中，我们尽力针对其他存在的每一种可能的解释进行检验，对数据进行更多的分析，或者增加更多对于研究背景的细节描述来排除被这些解释替代的可能性。我认为此文的优点之一是对替代解释的深入思考并一一排除，正是这种严谨的排查奠定了它的成功。

不过，这篇论文能发表最终也得益于一位经验丰富的期刊主编。在《美国社会学期刊》（*American Journal of Sociology*）的第三轮评审中，有一位审稿人还在质疑我们的结论，因为他始终认为企业集群是高效的。但主编罗杰·古尔德（Roger Gould）认为，依据已有的数据，我们已经做到极致了，而审稿人的激烈争论代表着该论文可能会引起广泛的兴趣。因此，尽管有一位审稿人仍然不满意，但他还是接受了这篇论文。

这篇论文很快就引发了另一篇同一主题的论文。当我在芝加哥大学与皮诺一起报告论文时，托比·斯图尔特（Toby Stuart）提议，我们可以用他的生物技术行业的数据来研究相同的过程。尽管那篇论文最初仅是复制以往的研究，但托比和我最终围绕着资源移动效应构建了理论，创建了基于人力、财力和智力资源的距离加权的每个区域量表，更直接地对该理论进行测试（Stuart & Sorenson，2003）。那篇论文评审过程也非常艰难，但最终成功发表在《研究政策》（*Research Policy*）上。

反思。尽管学术界声称对新想法很感兴趣，但与主流观点相悖的研究内容很难发表。最受瞩目的论文往往还是那些能为已经广为接受的结论提供实证证据或对主流思想进行细微修正的研究论文。

虽然我的这些论文被高度引用，但引用它们的论文往往仅汲取了一部分信息，而忽略了公司无法从集群中受益这一观点。通常来说，人们会引用这些论文的以下观点：（1）公司分拆过程在集群创建中发挥重要作用；（2）创业者依靠社会关系来调动资源以创办公司；（3）金融资本和人力资本丰富的地区能催生更多的创业公司。

关系和资源

我被引用最多的那篇论文起始于一个脚注。[①] 在撰写生物技术产业的地域性（Stuart & Sorenson，2003）这篇论文时，托比觉得我们不能仅仅展示生物技术公司是在资源最集中的地域创办的，我们还需要一些证据来直接证明资源的移动取决于地理距离。

在考夫曼基金项目（通过芝加哥大学史蒂夫·卡普兰创业领导中心）的资助下，我们购买了风险资本投资的数据。这些数据表明，风险投资者确实对其办公地点附近的初创公司进行了超出常规的投资。但是，在分析数据的过程中，我们认为，这个想法本身就可以形成一篇研究论文。

在这篇论文中，我们提出，风险投资者投资邻近的企业出于两个原因（Sorenson & Stuart，2001）。首先，风险投资者依靠社会关系来识别并评估有前景的初创公司。其次，在投资后，邻近的位置有利于他们为之提供咨询，并且关注其进展。尽管有很多因素可以解释风险投资中的"故乡偏好"，但我们提出的基于社会关系的研究视角还有一个深层含义：拥有更广泛的社会关系网络的风险投资者，可以投资距离更远的初创公司。

因此，这篇文章将风险投资者会在本地进行投资作为基准，分析的重点在于证明社交网络，而不是规模或经验，可以用来解释哪一些风险投资公司会投资于距离更远的初创公司。从本质上讲，此研究关注的是距离的交互效应，而不是距离的"主"效应。

这篇论文在研究方法方面的创新之一在于采用案例对照设计。在此之前，分析关系形成的主要方法是创建一个穷尽所有可能性的配对列表，并将每个配对作为一个观察值。如果一个样本有 N 个参与者构成，那这种方法会产生 $N^2/(N-1)$ 个观察值。这种方法通常在研究小型横截面样本中是可行的。但是，我们的样本量有六千多名独立投资者，观测数据横跨多年，这意味着最终会产生超过六百万行的数据。依据当时的计算机运行能力，仅仅是构建变量就需要好

① 然而，启发这一切的那个脚注并没有被引进最终的论文。我们的另一篇论文先于这篇论文发表了。因此，我们并没有把数据分析包含在脚注中，而是直接引用了已发表的论文。

几周时间。

因此，我们选择了已经实际形成的关系作为研究样本，即已经实际形成的共同投资关系，将其用一对一的方式与未形成的关系进行配对。这种做法意味着我们的数据会是八万行，而不是六百万行，这样既节省了大量时间，也保存了大量信息。[①]

案例控制设计还有另一个好处。它限制了数据的空间自相关性。大多数关系形成的研究最终都会对每个参与者进行数百次重复观察，并分析其中的众多对关系；这些成对关系毋庸置疑会因相似性甚至是第三方关系的连接而存在相关误差。通过对矩阵进行稀疏采样，能保证任何两个观察值之间的自相关程度不会高。

反思。这篇论文中的所有观点都围绕着距离与其他变量之间的交互作用展开。这种理论构建和测试的方法颇有优势。其中，最主要的优势在于，比起主效应，交互作用的效应很难有其他替代性解释。大多数的内生性都解释了单一效应，即选择性对照，他们很难解释对照效应的异质性。

一篇研究论文可以在多方面做出贡献：它既可以提供真正新颖的理论，让读者对世界有全新的看法；也可以呈现和分析有不寻常特征的数据，即使是描述性研究也富有价值；此外，它还可以提供一种新的数据分析方法、新的测量方法或新的预测方法。一篇好研究论文至少在其中两个或所有方面做出创新。

我们的这篇论文不一定是提出了一个新的理论，但它确实激活了一个沉寂了几十年的学术研究领域。这项研究还使用了颇为新颖的数据，虽然现在已有上百篇关于风险投资的论文，但在我们的论文发表之时，鲜有人分析过风险投资数据，也没有人将其与地域联系起来。当然，我们采用案例对照方法来研究关系形成，也存在一种研究方法的创新。

甜美的故乡

我要提及的最后一组论文，则需回到我在这领域的第一次失败探索。前面提到，我和宋认为，创业者会在他们的家乡创办公司，并且，我们预测那些在

---

① 对于罕见事件，用来预测的绝大部分信息来源于少数发生了的事件，而不是众多没有事件发生的观察值（King & Zeng，2001）。

拥有深厚人脉的地域创业者会更成功。

在 1995 年，我并没有数据来研究这些问题，但十年后我找到了数据。杰斯珀·索伦森（Jesper Sorenson）向我介绍了丹麦雇主—雇员数据（参见 Sørensen & Sorenson，2007），而这数据有我需要的所有信息。但杰斯帕似乎对这个项目不感兴趣，而我也并没有直接接触到数据的渠道。但是命运再次反转。在我与迈克尔·达尔（Michael Dahl）一起讨论其他的研究想法时，我发现他也有获取数据的权限。于是我们又一次开始了收益颇丰的合作。

最初，我们写了一篇论文。那篇论文首先证实，创业者倾向于在他们的居住地创办公司，即使他们搬迁了，也不会搬得很远。接着研究表明，留在原居住地的创业者比搬迁的创业者更成功。

这篇论文于 2007 年 10 月投稿给《经济地理杂志》。虽然该杂志给了我们修改和重新提交的机会，但修改工作很困难，所以我们就没有再重新提交修改稿。当我们的论文在评审期间时，米凯拉奇（Michelacci）和席尔瓦（Silva）的研究论文（2007）被发表在了《经济学与统计评论》中。他们的论文证明了与我们论文前半部分相同的结果——创业者搬家要少于员工搬家。审稿人由此认为我们的论文仅仅是重复了那篇论文的内容。

我们决定将这篇论文拆分为两篇。拆分出的前半部分，即我们被抢先一步的那篇，变成了达尔和索伦森在 2009 年的那篇论文。将这一半拆分出来也给了我们更多研究空间，而不是仅仅展示创业者选择地域的惯性。我们预测，创业者对创业地点的偏好，不仅基于对居住地的偏好，也基于对行业条件以及和亲友、家庭的毗邻程度的偏好。

我们得到了一些有趣的发现：首先，在选择创业地点方面，创业者对自己的家人和朋友住在哪里比对行业条件要敏感得多；其次，在实际权衡当地产业特征方面，产业竞争更激烈的地方对他们更具吸引力（另见 Sørensen & Sorenson，2003）。

拆分出论文的后半部分，即论文中更新颖的部分，使我们的分析能够得到延伸和拓展。我们的研究结果证实，在有深厚人脉根基的地方创业，不仅能降低公司失败率，也能提升公司利润，增加创业者赚取的资金总额。此外，在利用工具变量来解释地域选择中的潜在内生性时，这些结果仍旧成立。这篇论文发表在了《管理科学》（Dahl & Sorenson，2012）上。

尽管拆分出的两部分最终都形成了独立的论文，但将最初的论文拆开发表还是产生了一些始料未及的后果。最初的论文研究结果显示，在有大量竞争者的地域进行创业具有负面影响。由此将我们研究制鞋业和生物科技行业的研究结果，延伸到了丹麦经济的所有行业。但在我们发表在《管理科学》的论文中，因为研究的关注点是创业者的主场优势，因而，先前的研究结果最终被行业—地域的固定效应所吸收。

反思。 我的所有论文几乎都是与合作者共同完成的。合作者发挥了各自不同的作用。有的合作者拥有数据，有的已经完成了数据分析，有的已经构思好了论文框架。不论他们扮演了什么样的角色，合作研究的成果几乎总能超越我独自钻研所能做到的极致水平。

多年来，我遵循了一些选择合作者的原则。我能够享受跟合作者的交流相处。合作关系涉及很多的互动交流，如果相处不来，合作关系会令人逐渐疲惫不堪。

另外，我在跟同一位合作者完成一个项目之后，才会与其合作其他的新项目。我一直都很幸运。尽管我的合作成效有高有低，但是我没有遇到过真正糟糕的合作者。糟糕的合作者可以带来多方面的痛苦。比如：他们可能会消失很长一段时间，你找不到他们；他们可能会对自己负责的项目草率了事；或者他们可能并没有做什么贡献，却要求当第一作者。如果你有一个糟糕的合作者，则需要及时止损。

另一条与他人合作的原则是：如果一人修改了一些语句，那么另一位就不能简单复原初稿。修改文稿的人必是有所考量的，或许他们认为原先的语句表述不清晰或者具有误导性。任何合作者都可以修改稿件，但是简单复原原句要么是对最初修改者的不尊重，要么是原作者过度依赖于某一个词语或句子。

额外的想法

以上的反思包含了我对学术研究过程的一些思考，但是并未涉及本书的核心问题：怎样才能创造出有影响力的学术研究？

下面我来谈谈对这个问题的看法。我并没有对其中任何一项建议做过系统性研究，但是，我认为它们都与创造有影响力的学术研究这个核心息息相关。

项目的选择

最受瞩目的论文是基于新颖的理论视角或者高质量的数据展开的重要研究课题。这样的研究不仅能够启迪其他研究者的学术思考，也能经常引发对公共政策的讨论。可是，怎样的问题才能算作重要研究课题呢？怎样的数据才能算作高质量的数据呢？

选择重要的研究问题。学术理论和视角不断涌现并更新换代。尽管学者不断地在完善这些理论的核心思想，但是，大部分理论之间的细微差别或同一理论学派内部的争论仍会在历史的长河中被遗忘。因此，如果选择课题的初衷只是为了阐述一个特定的理论，那么这个课题的影响力必定是有限而短暂的。

反之，对重要课题的研究却可以经久不衰。虽然重要性是一个主观判断，但不可否认的是，有些问题的重要性是得到普遍认同的。全球变暖和世界和平就是这样的重要问题。解决这些问题对于我们多数人来说可能目标高了些，但重要的课题通常涉及人类行为的最本质方面——会影响很多人。

因此，在选择研究项目时，我们应该思考：这个问题会影响到多少人？影响程度有多大？会影响他们的健康、财富或幸福生活吗？

重要的问题通常会引起很多人的关注，而有影响力的学术研究往往能以一个全新的视角来阐释这些问题，这就是论文研究的理论视角。

除此之外，基于重大课题的研究成果能够影响政策制定，其独创的理论视角和实证结果能影响一系列的政策或干预措施的制定。

在选择研究课题时，我鼓励大家思考下面几个问题：哪些人会在了解了这项研究结果后改变自己的行为？这项研究成果会让行政部门或立法机构制定不同的政策吗？企业高管或创业者会因此而改变他们的战略吗？企业员工会改变自己的职业规划吗？

质量比数量重要。大多数管理研究都涉及数据分析。人们开始迷恋大数据，但对"大"的含义则众说纷纭。曾经包含数万个案例的数据被认为很大，许多大型数据都囊括了数以百万计的有关人员、专利或交易的信息。随着传感器数据变得更加触手可及，数百万计的数据量将演变成数十亿计的数据量。

但是数据的价值更多地源于数据质量而非数量。高质量数据具有高保真度性，信息符合现实。它那准确的测量工具与理论构念紧密相连，而非需要依赖遥远的代理变量。它能准确代表一些群体，这意味着研究者可以从该样本推广到总群体。

数字化技术和平台大大降低了获取数据的成本。但是能轻易收集到的数据也可能是个陷阱。比方说，如果将问卷调查通过电子邮件发送给上百万人，那么即使调查仅有 1% 的回复率也能收集到数千个回答。然而，1% 的回复率价值很低，因为我们并不清楚这些回复能否真正反映出抽样框架或群体特征。[①]

人们在亚马逊的数据搜集平台 Mechanical Turk 和其他平台上，可以很便宜地收集到做实验的数据。这些平台是有用的，因为每一次实验都可以召集到好几百的参与者，而不是几十位参与者。但同样的问题是，参与者的相关信息却是非常有限的，这些平台有时候甚至会去评估自助服务机器的行为。

同样，屏幕抓取法也可以用很低的价格构建出大样本数据，这些数据可以让研究者来探索新的现象。然而，在很多情况下，研究者需要先抓取数据，再找寻这些数据可以研究的问题。因而，变量选择与理论构建之间的联系并不紧密。

此外，人们一般也不太关注所抓取数据的来源，这些数据信息一开始是谁收集的？数据的准确性是否被证实过？

不怕别人质疑因果关系。研究者能否对系数之间的关联做因果解释，是大家都特别看重的问题。在某些情况下，人们可以用工具变量和双重差分设计法来检测互为因果的解释关系。[②]虽然该方法在管理学中的使用晚于经济学领域，但现在已经受到期刊主编、审稿人和读者的普遍关注。

但我觉得，研究者对于因果推论的关注有点过度了，有时甚至为了找到因果关系，而舍弃了重要的研究问题。在其他条件相同的情况下，我个人当然也更愿意选择能够有因果联系推断的研究项目，但事实是，这种情况是极少见的。最糟糕的情景是，研究者以能否找到说得过去的外生性变量这一点为基础来选择研究问题，这让人觉得是"拿着榔头找钉子"。对于研究者而言，比较理想的方法是采用"自然"实验法来规避这个问题。

---

① 当调研问卷的回复率较低时，样本选择性效应（selectioneffect）也会变成一个大问题。也许一开始的研究设计是采用具有代表性的抽样性样本研究一个群体，但最终只能采用"便利"抽样样本了。

② 关于这些研究方法方面的问题，请参阅《功夫计量》（Angrist and Pischke, 2009），这本书提供了很好的实用操作指南。

其实，用证据来支持一个理论，或支撑一个因果效应，不一定需要外生变量的存在。另一个有效且令人信服的策略是采用三角互证法：先要清楚有哪些替代性解释可能会对研究者想要的预期结果有威胁，再基于这些替代性理论，设计关键实验来区分各种竞争性解释之间的不同之处。

关于论文写作

论文写作在大多数培养研究生或博士的项目中都是被忽略的。学生们会上有关研究方法、计量经济学以及文献研读等多门课程，但极少数的博士项目会开设正规的写作训练课。相反，学生们要自学论文写作，或者从非正式的指导中学习写作。

然而，相比于其他因素，一篇论文是否会产生深远的影响力，至关重要的其实是对研究问题的描述和写作方式。写作质量决定了谁会读这篇论文，读者是会仔细地通篇阅读还是仅简略地浏览一下论文摘要和表格，以及他们能从中学到什么。

基于现象来构思论文。论文的框架模式决定了受众群，即哪些读者会对此感兴趣。论文的框架模式也告诉读者他们为什么要关注这篇论文。这篇论文会如何改变他们的观点。

关于如何构思论文，研究者通常有不少选择。我倾向于围绕一个现象，即实证迷思（empirical puzzle）来构建论文。例如，在那篇关于集群持久性的论文里，我开篇就指出，尽管许多产业都存在集群现象，然而，解释集群现象的传统理论却没法解释我们所观察到的许多集群现象。在另外一篇论文——《甜美的故乡》（home sweet home）中，我开篇就指出，尽管其他地区能提供更有利的创业环境，但创业者仍然会选择扎根在故乡进行创业。

从现象出发来构建的论文，往往会吸引更广泛的读者。学者往往会从不同的角度去关注同一个现象，尤其当这一现象成为公认的重要迷思时。而从理论贡献出发构思的论文，只有对这一特定理论视角感兴趣的人才会阅读。

警惕填空式研究。在众多的论文开篇方式中，以"研究空缺"这种理由架构的论文最没意思。他们一般采用以下两种方式：（1）X 理论和 Y 理论已经被单独研究过了，但从没有被整合在一起进行研究；（2）X 理论从未被应用于某一种特定的研究情境中，因而，要将 X 理论应用于该研究情境。

这种论文架构方式至少存在两个问题：其一，这种方法将读者群限制在那些只关心 X 理论的人；其二，没有设计出一个研究谜题，一个需要回答的问题。即谁会关注这个问题呢？说得更准确些，人们为什么要关注这个问题。我们为什么不能简单地认为 X 理论在另一种情境下会有相同的效果？或者为什么 X 理论和 Y 理论不会简单地产生叠加效应？

出色的写作。许多学者的写作水平差到令人吃惊。但话又说回来，虽然学者花在写作上的时间都比花在其他任何事情上的都多，但他们几乎从未接受过任何正式的写作训练。

我也同样未接受过正式的写作训练，但我自学了很多年。在我担任助理教授的前四个月里，我花了很多时间仔细研读文献，不是为了研究文献的具体内容，而是研究文献都是怎样阐述这些内容的。我挑选了十几篇自己很喜欢的论文，先逐段阅读，再逐句阅读。作者想通过这一段话或这一句话达到什么目的呢？为什么作者会把这些内容写在这儿，而不是之前或之后的地方？从论文的结构来看，出色的写作意味着把故事讲得绘声绘色。①

我也读过很多关于写作的书。我最喜爱的一本有关写作的书是辛瑟（Zinsser）的《论写好文章》（*On Writing Well*）。写作指南方向的书籍为提高写作能力提供了大量的建议。书里一般有很多可以用于练习写作的技巧。从语句层面来说，出色的写作意味着能写出容易理解的句子，无须纷繁花哨。虽然能效仿詹姆斯·马奇（James G. March）或史蒂夫·巴利（Steve Barley）的人寥寥无几。但是，写作必须表意清晰。在我看来，提高写作能力是极有价值的。

另外，写作意味着要不断修改。我的论文经常会经过二十遍以上的修改。有时候，为了删除被动语态或冗余的副词或让语句长短错落有致，我会对文章进行通篇的修改。虽然这很费时间，但是，这跟做其他任何一件事情一样：你做得越多，就会做得越好。

---

① 关于怎样讲好一个故事，希思（Heath）兄弟写了一本非常棒的书《让创意更有黏性》（*Made to Stick*）（Heath & Heath，2007）。

制定长远研究方案

有影响力的学者从来都不是昙花一现的。虽然他们的论文很少涉及诸多话题，但他们的论文彼此相关，形成系列。这些论文总体的影响力超出了每篇论文单独相加的总和。

换言之，有影响力的学者会制定长远的研究方案。这并不是说他们从一开始就规划了一系列的研究主题和项目。他们通常以两种方式确定研究主题，并在这个过程中积极回应论文得到的关注和批评。

复制。有影响力的学者会复制他们成功的论文。这种复制并非字面意思上的简单地重复运行已有的代码。相反，他们复制概念，证实研究结果并不依赖于某种特定场景或对核心概念的某种特定测量方式。

例如，在研究集群的持久性时，我首先研究了其在制鞋行业的模式，之后在生物技术行业重复了这一研究。我还把博士毕业论文的数据延伸到研究计算机工作站行业的集群持久性，并形成了一个章节。每一个"复制性"研究都能使理论构建更丰满。例如，我和托比对生物技术行业的研究丰富了资源动用效应理论。

延展。制订了研究计划的学者会顺其自然地寻找下一个有关联的问题。上文提及的每一组论文——除了第一篇以外——在某种程度上都是受早期论文中尚未解决或突出存在的问题的启发。多媒体研究项目的失败启发了我对集群持久性的研究。而对集群持久性的研究又进一步促使我直接研究资源动用效应。《甜美的故乡》这篇论文继而又检验了集群持久性背后的假设。绝大多数研究计划的开展都是这样循序渐进的。

享受。让我再次回到詹姆斯·马奇教授的另一堂课。詹姆斯经常讲述从过程中获得乐趣的重要性，无论是领导、研究，或是写作的过程。以对他人的影响力来衡量成功与否似乎是一场必输的游戏。我们无法保证自己最终会获得名利。研究就是一种消费，我们大多数人都是源于对研究的热爱而成为学者的。所以无论如何，最重要的是研究自己特别感兴趣的问题，这样即使无人问津，我们也是赢家。

参考文献

（1）Aldrich，Howard E. and Catherine Zimmer. 1986. "Entrepreneurship through social networks." California Management Review 33：3–23.

（2）Angrist，Joshua D. and Jorn-Steffen Pischke. 2009. Mostly Harmless Econometrics. Princeton，NJ：Princeton University Press.

（3）Bosma，Niels，Jolanda Hessels，Veronique Schutjens，Mirjam Van Praag，and Ingrid Verheul. 2012. "Entrepreneurship and role models." Journal of Economic Psychology 33：410–424.

（4）Dahl，Michael S. and Olav Sorenson. 2009. "The embedded entrepreneur." European Management Review 6：172–181.

（5）Dahl，Michael S. and Olav Sorenson. 2012. "Home sweet home? Entrepreneurs' location choices and the performance of their ventures." Management Science 58：1059–1071.

（6）Feld，Scott L. 1981. "The focused organization of social ties." American Journal of Sociology 86：1015–1035.

（7）Figueiredo，Octavio，Paolo Guimaraes，and Douglas Woodward. 2002. "Home-field advantage：Location decisions of Portuguese entrepreneurs." Journal of Urban Economics 52：341–361.

（8）Heath，Chip and Dan Heath. 2007. Made to Stick: Why Some Ideas Survive and Others Die. New York：Random House.

（9）King，Gary and Langche Zeng. 2001. "Logistic regression in rare events data." Political Analysis 9：137–163.

（10）Larson，Andrea. 1992. "Network dyads in entrepreneurial settings：A study of the governance of exchange relationships." Administrative Science Quarterly 37：76–104.

（11）March，James G. and Thierry Weil. 2005. On Leadership. Malden，MA：Blackwell Publishing.

（12）Michelacci，Claudio and Olmo Silva. 2007. "Why so many local entrepreneurs?" Review of Economics and Statistics 89：615–633.

（13）Rickne，Annika，Martin Ruef，and Karl Wennberg. 2018. "The socially and spatially bounded relationships of entrepreneurial activity：Olav Sorenson—recipient of the 2018 Global Award for Entrepreneurship Research." Small Business Economics 51：515–525.

（14）Ruef，Martin. 2010. The Entrepreneurial Group. Princeton，NJ：Princeton University Press.

（15）Sørensen，Jesper B. and Olav Sorenson. 2003. "From conception to birth：Opportunity perception and resource mobilization in entrepreneurship." Advances in Strategic Management 20：89–117.

（16）Sørensen，Jesper B. and Olav Sorenson. 2007. "Corporate demography and income inequality." American Sociological Review.

有影响力的学问是怎么炼成的

（17）Sorenson，Olav and Pino G. Audia. 2000. "The social structure of entrepreneurial activity: Geographic concentration of footwear production in the United States, 1940–1989." American Journal of Sociology 106: 424–462.

（18）Sorenson，Olav and Toby E. Stuart. 2001. "Syndication networks and the spatial distribution of venture capital investments." American Journal of Sociology 106: 1546–1588.

（19）Sorenson，Olav and David M. Waguespack. 2006. "Social structure and ex- change: Self-confirming dynamics in Hollywood." Administrative Science Quarterly 51: 560–589.

（20）Stouffer，Samual A. 1940. "Intervening opportunities: a theory relating mobility and distance." American Sociological Review 5: 845–867.

（21）Stuart，Toby E. and Waverly W. Ding. 2006. "When do scientists become entrepreneurs?" American Journal of Sociology 112: 97–144.

（22）Stuart，Toby E. and Olav Sorenson. 2003. "The geography of opportunity: Spatial heterogeneity in founding rates and the performance of biotechnology firms." Research Policy 32: 229–253.

（23）Weber，Alfred. 1928. Theory of the Location of Industries. University of Chicago Press.

（24）Zinsser，William. 2006. On Writing Well. New York: Harper Collins.

第七章

我的"公正"之旅：关于学者影响力及长久性的头脑风暴

圣母大学　贾森·科尔基特（Jason A. Colquitt）

四川大学　任晗　翻译

　　我的"公正"之旅启航于对"头脑风暴"相关文献的海量阅读，这要从本科毕业论文选题说起。当时我就读于印第安纳大学的心理学专业，临近毕业，论文选题迫在眉睫。因为我想在毕业后攻读组织行为方向的博士学位，所以对于毕业论文，我想选一个相关课题。印第安纳大学的心理学专业并没有产业或组织行为方向的教师和课程，我与组织行为研究的唯一接触是我在暑期参加的、由兼职教师讲授的课程。令人啼笑皆非的是，虽然课程非常有趣，但印入我脑海的研究课题却十分有限。但头脑风暴这个概念令我印象深刻。于是，我开始在图书馆里阅读成百上千篇的关于头脑风暴的文献，以明确自己的毕业论文选题。

　　然而不幸的是，竟没有一篇文献能为我的选题提供灵感。在"头脑风暴"海量文献中的苦苦挣扎似乎仅能"集思广益"，但是究竟如何做选题仍然折磨着我。所幸几周后我突发灵感，开始寻找导师。印第安纳大学心理学系似乎只有杰尔姆·切尔托夫（Jerome Chertoff）教授最为合适。他的研究兴趣在于团队现象，包括联盟缔结、奖励分配、领导涌现、冒险和退出行为。我从来没有上过彻特科夫教授的课，甚至从未见过他。让我至今难忘的是，他答应与我这个素昧平生的本科生见面，并认真听取了我的研究想法："假如团队成员耗费了大量时间，利用头脑风暴讨论某一问题，并最终形成了解决方案并提交给了上级，而上级的回答是'呃……我们不能这样做'。那么，团队成员会怎么反应呢？"

　　彻特科夫教授直直地盯着前方，大脑似乎在飞速转动。那时我并不知道他在想些什么，后来我逐渐意识到，他当时一定是在捕捉我想法背后的理论构念，并刻画这些构念之间的关系。接下来，他的回答影响了我的整个学术生涯，尽管它那时尚未起步。"我喜欢你的想法，"他说道，"但这不是头脑风暴……这和公正相关。"紧接着，他打开了档案柜，翻找着一个又一个的抽屉，直到找出两篇论文。"你先读一下，之后我们再讨论。"这两篇论文分别来自杰里·格林伯格（Jerry Greenberg）和福尔杰（Folger）1983 年共同发表的文章以及 1985 年共同发表的文章。它们指出，能够为决策提供建议会让个体在该决策中感到更加公平。在如饥似渴地阅读了这两篇论文后，我不仅确定了我的毕业论文选题，找好了导师，还为未来几十年的学术生涯找到了一个令我着迷的方向。

本章的目的之一是让我回顾自己关于公正的研究历程，它命中注定般地在印第安纳大学开始，历经密歇根州立大学的攻读博士生阶段，又到我成为佛罗里达大学、佐治亚大学、圣母大学的教授的阶段。与本书其他章节一样，我将总结我对组织公正领域的主要贡献，并分享这些研究背后的故事。我还将回顾学术研究如何帮助我取得职业生涯中的部分成就。我真心希望这些内容能够帮助大家走好属于你们自己的学术道路。

我将讨论的第一点是：从理论开始。理论可以帮助我们解释现象和构思研究课题。这与本章的元文性（metatextual，即从理论开始）异曲同工，但我不会从公正理论开始。当我回顾自己的研究之路时，我问自己"我为何要研究这一课题？"以及"我为何会持续研究这一课题？"，即便在这过程中我去了更好的科研平台，我的科研角色也发生过转变。我的答案是：内在兴趣，即人们之所以乐于从事某项活动，是因为该活动本身是有趣的、令其愉悦的，而非因为它们是获得某种奖励的途径（Kanfer，Frese，& Johnson，2017）。四十多年的研究证实，内在兴趣与工作成果的数量和质量高度关联。对于科研工作而言，对课题的内在兴趣提升了科研生产力——论文的发表数量及科研质量——论文的新颖性、有趣性、重要性和严谨性。

已有大量的理论和模型解释了哪些因素可以激发个体的内在兴趣（e.g.，Deci & Ryan，2000；Hackman & Oldham，1976；Kahn，1990；Spreitzer，1995）。尽管这些理论和模型都可以应用于本章的论述，但是我将重点关注施普赖策（Spreitzer）所提出的模型（Spreitzer，1995）。原因如下：第一，该模型与我想要提出的观点不谋而合；第二，该模型发表于我就读研究生时，我对它的印象十分深刻；第三，该模型在我的教学工作和组织行为学教材编写工作中都扮演了十分重要的角色（Colquitt，LePine，& Wesson，2019）。简言之，这个模型始终在我脑海中占据着一席之位，每当我回顾自己的学术生涯时它都让我有所体味。1995 年，施普赖策基于已有研究（Conger & Kanungo，1988；Thomas & Velthouse，1990），将内在兴趣界定为心理赋能，心理赋能来自四种自我认知：自主性、胜任力、工作意义和影响力。我将分别运用这些要素回顾我的研究历程，不过在这之前，我将首先回顾一下我对组织公正研究的主要贡献。

我对组织公正研究的主要贡献

我和彻特科夫教授的初次见面敲定了我的本科毕业论文选题："当建言未被上级采纳时，团队成员将有何反应？"在福尔杰等人早期研究（Folger，Rosenfield，Grove，& Corkran，1979）的基础上，我们设计了以下实验：由被试者组成头脑风暴小组，同时他们被告知可以将组外某人的想法纳入本组的结论中。之所以运用头脑风暴，是因为它是我研究的出发点，机缘巧合下把我引入公正研究领域。另外，被试者还获得了关于两位可供挑选的组外人员的背景、性格和专业信息，从而能判断哪位是更好的选择。这个实验涉及两个变量：第一，小组成员是否选到了他们想选的人；第二，如果没有选到，研究人员是否提供了解释。这些实验操作交互作用于头脑风暴任务中的公平感和动机。

尽管这项研究在当时看来前景不错，但我在研究生入学后还是将它搁置了。在蒂姆·鲍德温（Tim Baldwin）教授的建议下，我申请了密歇根州立大学的博士生项目。当时我正和鲍德温教授一起研究合作学习这个课题，作为密歇根州立大学的校友，他十分确信这是最适合我的学校。后来，我非常幸运地成为约翰·霍伦贝克（John Hollenbeck）教授的学生，并和他一起开展了不少有关团队决策有效性的研究（如 Hollenbeck，Colquitt，Ilgen，LePine，& Hedlund，1998；Hollenbeck，Ilgen，LePine，Colquitt，& Hedlund，1998）。我还和雷·诺埃教授（Ray Noe）一起研究了团队和学习动机（Colquitt，LePine，& Noe，2000；Janz，Colquitt，& Noe，1997）。与此同时，我也在持续跟进公正领域的研究，并将它作为不少课程论文的选题。幸运的是，研究公正的学者唐·康伦（Don Conlon）教授在我博士生第五年加入了密歇根州立大学。那时我正在打磨我最早期的两篇公正研究论文，它们至今依然是我所发表论文中最具影响力的两篇（Colquitt，2001，2004）。

开发组织公正的量表

当我在密歇根州立大学研读与公正相关的文献时，惊讶地发现竟有如此多种不同的公正测量量表。这一观察在我阅读（或重读）艾伦·林德（Allen Lind）和泰勒（Tyler）于 1988 年发表的一篇重要的综述论文时得到证实，这篇具有里程碑意义的论文是我了解公正研究的基础。林德和泰勒 1988 年发表的论文中列举了当时所使用的多个公正测量量表。部分量表直截了当地询问被试他们的上级是否公平，或者他们的组织是否公平。其他量表则间接询问被试那些可能引发公平感的规则或标准是怎样的。我个人倾向于使用间接测量。相比"公平"一词，"不偏不倚的""没有偏见的""一致的"和"精准的"等表达更为清晰，也更易被感知。通过间接测量量表，我知道"程序公正"和"结果公正"意味着什么。但是当时有太多的间接测量量表，且大多数仅在单一研究中使用过一次。

20 世纪 90 年代中后期，学术界出现了许多有关组织公正维度划分的争论。基于亚当斯（Adams，1965）和利文撒尔（Leventhal，1976，1980）的早期研究，格林伯格和福尔杰于 1983 年和 1985 年提出了有别于"结果公正"的"程序公正"概念，前者是指决策结果的公平性，后者是指决策程序的公平性。他们的研究将程序公正的相关法则，如谏言、不带偏见、一致性、精准性和可修正性，与结果公正的相关法则，如公平、平等和按需区分开来（Adams，1965；Folger，1977；Greenberg，1986；Leventhal，1976，1980）。比斯（Bies）和莫格（Moag）在 1986 年进一步提出了"人际公正"，即决策中信息沟通的公平性。基于质性研究数据，他们引入了四个人际公正的相关法则：尊重他人、礼貌得体、尊重事实以及给予解释。我非常喜欢最后两个，因为它们正是我在本科毕业论文中进行了实验操作的核心变量。

人际公正的概念在提出后引发了大量讨论：它是否有别于程序公正（Folger & Bies，1989；Greenberg，Bies，& Eskew，1991；Tyler & Bies，1990）？唯一被广泛应用的间接测量量表——Moorman 量表，也在当时发表。该量表中将"给予解释"放在了程序公正中，但"谏言"和"不带偏见"属于人际公正，可见，这两种公正有重叠之处。与此同时，格林伯格提出了另外一种概念化方法，将人际公正进一步划分为人际公正（即尊重他人和礼貌得体）和信息公正（即尊重事实和给予解释）（Greenberg，1993b）。这种划分符合解释性文献的逻辑，即对一种构念的理解和感知可以与内容分开来看待（如 Gilliland & Beckstein，1996；Greenberg，1993c）。

正是在这样的背景下，我向《应用心理学》投了一篇量表开发的论文，当时是我在密歇根州立大学读博的第五年末段。在这篇论文（Colquitt，2001）中，我根据已有的组织公正文献（Bies & Moag，1986；Greenberg，1993b；Leventhal，1976，1980；Thibaut & Walker，1975），编制了一些间接测量题项。然后，我通过两个样本——密歇根州立大学的本科生以及周边一家汽车零部件生产商——对题项的心理测量特性和所属维度进行检验。研究结果反映了较高的因子载荷和测量信度，证实了程序公正、结果公正、人际公正和信息公正之间的区分效度。这篇论文是我在公正领域发表的第一篇论文，而我的第二篇论文也刊登在 2001 年第 86 期的《应用心理学》上，两者仅仅相隔二十五页。

现在回想起来，作为一名从未发表过与公正相关论文的博士生，直接动手开发量表确实略显早熟，所幸我当时并没有这种顾虑。后来，即使这篇论文还未正式见刊，格林伯格教授就已在一个大型学术会议的论坛上，对我开发的量表大加赞赏。格林伯格教授在主持问答环节时被问到"如何从诸多的正义量表中进行选择？"的那一刻，不知怎么的，仿佛是慢镜头播放一般，格林伯格教授环顾四周，然后问道："贾森·科尔基特在吗？"在全场听众的注视下，我羞怯地从教室后排站了起来。"我是科尔基特即将出版的《应用心理学》论文的审稿人，"格林伯格教授说道，"应该用他的量表。"在收到了上百张想要我论文复印件的人的名片后，我走向格林伯格教授，向他介绍自己，并感谢他对我的论文的肯定。他将我引荐给其他从事公正研究的学者，还向我表达了合作研究的意愿。自那时起，科尔基特的公正量表逐渐成为使用最为广泛的间接测量公正构念的量表。

在那之后的几年里，我对这个量表做了多次重复验证。第一篇论文发表在我与格林伯格教授 2005 年合作出版的《组织公正手册》（Greenberg & Colquitt，2005）中。我们（Colquitt & Shaw，2005）对十六个使用了科尔基特公正量表的样本做了量表因子结构的元分析研究。研究结果再次反映了较高的因子载荷和测量信度，支持了程序公正、结果公正、人际公正和信息公正的四维结构。我们（Colquitt，Long，Rodell，& Halvorsen-Ganepola，2015）进一步发现，与其他量表类似，科尔基特的公正量表强调的是与公正法则的符合程度，而非违背程度（也可见 Colquitt & Rodell，2015）。例如，人际公正中有一个题目问的是沟通中的礼貌程度，而非粗鲁程度。据此，我们补充了反向测量题项，实现了对组织正义的"全范围"测量。后续研究亦证实"全范围"测量对于违背公正的负面结果，如敌对行为和反生产行为，具有更好的预测效果。

对公正研究文献的元分析

当我在开发测量组织公正的量表的同时，也有对该领域的文献做一个元分析研究的计划。那时距离我博士毕业还有一年时间，我和唐·康伦教授想在这一年内合作完成一项研究，元分析是个不错的选择。与我不同的是，康伦教授此前已经发表过一些关于公正的研究论文了（如 Conlon，1993；Conlon & Murray，1996）。他在导师艾伦·林德教授的培养下，对公正领域的研究颇为熟悉。虽然当时已有一些质量不错的、针对公正领域的文献综述（如 Brockner & Wiesenfeld，1996；Greenberg，1987，1990；Lind & Tyler，1988），但仍存在很多未能达成共识的问题。正如格林伯格所指出的那样，公正研究尚处于"青春期"，需要更多有关其定义、前因因素和结果变量的共识（Greenberg，1993a）。元分析研究，通过对众多现有实证文献的再次统计，可以为上述共识提供量化证据。因此，对公正领域文献的元分析研究势在必行。

当我和康伦教授以及三位博士同学确定用元分析的文献编码条目时，有意关注了学者使用的组织公正量表间的细微差异。例如，我们对程序公正是使用直接测量还是间接测量做编码进行了细致区分。如果使用的是间接测量，我们进一步对该测量是强调了"谏言"（Folger，1977；Thibaut & Walker，1975），还是强调了"不带偏见""一致性""精准性"和"可修正性"等结果公正法则（Greenberg，1986；Leventhal，1980）做编码。此外，我们的编码还区分了人际公正和信息公正（Greenberg，1993b）。最后，我们还对那些混合使用了不同维度的公正法则的测量做了标注。在当时，这种"混合式的间接测量"尤为普遍。

我们的元分析还网罗了不少组织的公正的结果变量，包括态度类变量，如组织承诺、信任和对权威的评价，以及行为类变量，如公民行为、任务绩效和反生产行为（当时被称作"负面表现"）。元分析结果再次证实，决策过程的公平性与决策结果的公平性同等重要，前者甚至更为重要。也就是说，相较于早期研究中提出的结果公正（Adams，1965；Leventhal，1976），学者在20世纪80年代和20世纪90年代所提出的程序公正、人际公正和信息公正（Bies& Moag，1986；Brockner & Wiesenfeld，1986；Folger & Greenberg，1985；Greenberg & Folger，1983；Lind & Tyler，1988），无论是狭义的还是广义的，的确能够提升组织公正对结果变量的预测效果。这项元分析研究（Colquitt，Conlon，Wesson，Porter & Ng，2001）成为我在公正领域发表的第二个重要成果。在同一期《应用心理学》上发表两篇关于公正研究的论文，使我一夜成名。在同事们眼中，我已不再是团队或学习动机的研究者，而是一位"公正"学者。

2013年，我和同事又发表了另一个元分析研究（Colquitt，Scott，Rodell，Long，Zapata，Conlon & Wesson，2013）。比较一下，更容易看出2001年这篇元分析研究（Colquittet al.，2001）的贡献。它不仅总结了组织公正的影响、后果及相应的效应值，而且指明了未来的研究方向。例如，人们需要对组织公正进行分维度研究，并探讨领导和组织对各个维度的影响。那时学者普遍认为，程序公正仅受组织的影响，而人际公正仅受上级的影响。这种观点混淆了组织公正的内容（如不带偏见、一致性与尊重他人、礼貌得体）和来源（如一个抽象的公司与一个具体的人）。此外，我们还呼吁学者要更多地关注组织公正与信任、企业公民行为和任务绩效之间的关系，因为当时相关的研究还十分有限。

我们在2013年的元分析（Colquittet al，2013）研究涵盖了四百九十三个独立样本，而2001年的元分析中仅有一百八十三个独立样本（Colquitt et al，2001），可见组织公正的研究出现井喷状态，这得益于很多因素。首先是新理论的大量涌现，如公平直觉理论（Lind，2001）、不确定管理理论（Lind & Van den Bos，2002）、公平理论（Folger & Cropanzano，2001）、道义模型（Folger，2001）以及团队参与模型（Tyler & Blader，2003）等理论为组织公正研究带来了新的视角。其次是将其他领域的理论引入公正研究中，如布劳（Blau）的社会交换理论（Blau，1964）以及韦斯（Weiss）和潘泽诺（Cropanzano）的情感事件理论（如Cropanzano，Rupp，Mohler，& Schminke，2001；Weiss，

Suckow，& Cropanzano，1999）。最后是公正研究的"准入门槛"降低，因为我们的研究为学者提供了一个解读公义文献的框架（Colquittet al，2001），以及测量组织公正的量表（Colquitt，2001），这让许多新的研究者更容易上手。

公正与其他组织行为研究领域的整合

上述两篇论文（Colquitt，2001；Colquittet al，2001）发表后，我与格林伯格教授合作完成了一篇质性文献综述，该文指出有必要进一步将公正与其他组织行为研究领域进行整合（Colquitt & Greenberg，2003），这点也成为我后续十多年的研究重点。其中一部分"整合"研究得益于我在密歇根州立大学时对其他组织行为研究领域的涉足。而其他部分则需要我去掌握新的文献，就像当初学习公正文献那样。这些整合研究主要涉及三个不同的研究领域：公正与团队、公正与性格和公正与信任。

公正与团队

我对整合公正与团队的研究具有天然的兴趣，还可以追溯到我入读密歇根州立大学之初。一方面，我的大部分研究关注的是团队决策的有效性；另一方面，我的公正研究也在萌芽。我的许多课程论文和项目都涉及这两个领域。例如，我们2002年发表的论文内容（Colquitt，Noe，& Jackson，2002）出自我选修的史蒂夫·科兹洛夫斯基（Steve Kozlowski）教授的跨层次分析课程。这篇论文首次将公正聚合到团队层次，并发现在生产型团队中，公正氛围能有效预测团队绩效和缺勤率。我们还使用公正氛围强度作为调节变量（这在当时是非常新颖的做法），并发现当团队成员对公正的感知展现出更高的一致性时，团队公正氛围的影响作用更强。

我们的后续研究为"公正是如何且何时出现在团队层次"以及"公正是如何且为何会影响团队的有效性"提供了更多见解。我和奎妮塔·罗伯逊（Quinetta Roberson）在学术会议上有过多次碰面，我们不仅同一年级，且都对公正研究有兴趣。更巧的是，我们还同时对公正和团队这两个话题感兴趣。当她从马里兰大学毕业去了康奈尔大学任教，而我从密歇根州立大学毕业去了佛罗里达大学时，我们决定将彼此毕业论文的理论部分整合成一篇文章投到《美国管理学评论》。然而，审稿意见是"拒稿重投"，并指出应该多强调罗伯逊的理论部分并弱化我的理论部分。修改后的论文运用了团队网络特征这个概念来解释，为何有些团队形成了"收敛的"正义氛围，而有些团队则是"发散的"（Roberson & Colquitt，2005）。我们还探讨了如何衡量这种"发散性"，并检验其对团队有效性的影响。

我们不仅检验了团队层次的公正（Colquitt et al.，2002；Roberson & Colquitt，2005），还检验了团队情境下个体的公正感知。例如，我的毕业论文中的实证部分检验了团队成员是否会将自己的公正感知与其他成员的公正感知进行比较（Colquitt，2004）。我们通过对课程团队和决策任务团队的分析结果，表明团队内部公正感知的不一致性会伤害团队成员的态度和行为，特别是当团队成员之间有更强的互依性时。因此当涉及公正问题时，团队情境提高了管理者的管理难度。单一成员的公正感知固然重要，但管理者更需要关注公正感在团队内部的分布情况。这在我们 2006 年的研究中同样得到了证实，该研究检验了团队和个体对不同公正法则的重要性的感知。结果表明，相比于个体情境，团队情境中平等、一致性和谏言被视作更为重要的法则，而其他法则的重要性在两种情境下没有显著差异。

公正与性格

我们在 2001 年发表的元分析研究结果（Colquitt et al.，2001）在一定程度上激发了我对整合公正和性格研究的兴趣。其中，我们发现公正对绩效影响的效应值并不稳定。这种不稳定是怎么引起的呢？基于我在团队决策研究中对性格差异的关注（LePine，Colquitt，& Erez，2000；Colquitt，Hollenbeck，Ilgen，LePine，& Sheppard，2002），我将目光投向了个体的性格差异。接下来，我开始研究性格差异在公正影响后果这一情况中的调节作用。

立足于公正理论，我们认为人们对公正的敏感性是一种个人特质，敏感度高的个体会认真思考与公正有关的信息并产生与敏感度低者不同的行为反应（Colquitt，Scott，Judge，& Shaw，2006）。公平直觉理论（Lind，2001）通过对信任的研究发现信任倾向是一种个人特质。不确定管理理论（Lind & Van den Bos，2002）提出风险规避是一种个人特质。公平理论（Folger，2001；Folger & Cropanzano，2001）则指出道德性是一种个人特质。我们的研究表明上述这些个人特质对公正影响绩效的调节作用要远大于大五人格。另一项研究采用了不同视角，关注了与员工—组织关系相关的个人特质（Scott & Colquitt，2007），包括公平敏感性（Huseman，Hatfield，& Miles，1987）和交换意识（Eisenberger，Huntington，Hutchison，& Sowa，1986）。该研究也发现，与员工—组织关系相关的个体特质，特别是交换意识，对公正影响后果的调节作用要远大于大五人格。

公正与信任

与前两种整合研究起因不同，我对公正与信任研究的整合并非源于我的以往研究经历，而是源于信任在很多公正文献中的反复出现。例如，关系模型指出可信度是评价公正的一种标准（Tyler & Lind，1992）。公平直觉理论则认为公正是测量可信度的一种手段（Lind，2001）。社会交换理论认为信任是实现交换的一个重要因素（Blau，1964），而交换常被用来解释为何组织公正能预测公民行为（Konovsky & Pugh，1994）。当然，信任也是我们元分析研究中组织公正的一个结果变量（Colquitt et al.，2001）。

尽管我与信任研究的接触不少，但它从未真正引起我的研究兴趣。可是在某年的美国管理学年会上，我参加了最后一天早上的信任研究论坛，这让我发生了彻底的改变。这一论坛深入且直白地对比了学者们对信任和可信度构念的不同定义，其中包括梅耶（Mayer）、戴维斯（Davis）和斯格尔曼（Schoorman）1995 年的研究，麦考利斯特（MaAllister）以及莱维基（Lewicki）和邦克（Bunker）1995 年的研究，这让我对信任有了更深的理解，并产生了浓厚的研究兴趣。随着时间的推移，信任成为我的第二个研究领域，甚至超过了我对团队和性格的研究热情。此外，这一论坛还阐明了应该怎样调和不同公正理论对信任看法的不一致。

下面的两个研究很好地展现了如何调和。我和罗德尔（Rodell）在 2011 年将梅耶对信任的定义整合到公正理论中，使用纵向面板数据检验了究竟是公正感知预测了一个人的可信度，还是可信度预测了一个人的公正感知。我们还检验了公正感知和可信度交互作用对信任产生的影响。更为重要的是，我们解决了如何同时测量公正感、可信度和信任。例如，梅耶和戴维斯的正直量表中，有一个题项涉及公正感知，还有一个题项提及"努力做到公平"。研究结果显示，信息公正在预测信任方面具有独特的效力，此外，公正感知和可信度互为因果。我们的另一个研究（Colquitt，LePine，Piccolo，Zapata，& Rich，2012）借鉴了麦考利斯特对信任的概念。研究结果显示，麦考利斯特所提出的情感信任是社会交换理论中义务的重要基础。相反，认知信任则是不确定管理理论中不确定性的重要基础。总之，情感信任和认知信任为感知公正对绩效的影响提供了截然不同的解释机制。

基于内在兴趣的学术影响力模型

前文介绍了我对组织公正研究的主要贡献，接下来，我将分享我对学术影响力的看法。这本书中的每位学者都以各自不同的方式展现了其学术影响力。有些学者是感兴趣话题的提出者和奠基人。有些学者，则像我一样，接过了早期研究人员的接力棒 [（Byrne & Cropanzano，2001）中介绍了公正研究的奠基人]。无论哪种方式，这本书中的学者都展现出长期的高水平科研生产力和科研质量，这也是为何我把内在兴趣作为回顾学术生涯的重要概念。因为内在兴趣与科研数量和质量高度相关（Kanfer et.al，2017）。比如，为什么我能持续在公正领域深耕，而不转向其他课题，或者放弃做科研？为什么我的研究能在顶级期刊发表并被其他研究者所应用？答案就是我喜欢公正研究，并乐在其中。

施普赖策的心理赋能模型指出内在兴趣来源于四种认知：自主性、胜任力、工作意义和影响力。施普赖策发现，无论是保险从业者还是工业企业员工，上述四种认知均与他人评价的工作效率和创新高度相关联。员工的内在兴趣越高，在其他同事眼中就越具专业性和创造性。在图 7.1 中，我运用这个模型去探讨学者如何打造自己的学术影响力。在内在兴趣的驱动下，学者能够不间断地发表论文，并源源不断地提出新颖、有趣、重要和严谨的观点。施普赖策还开发了这四种认知的测量量表。接下来我将运用这四种认知来说明自己的研究历程，同时我会对这些量表做出适当调整以更好地阐述我的观点。

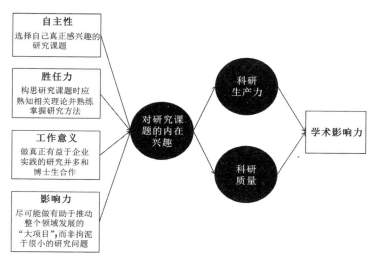

图7.1 内在兴趣与学术影响力关系图示

自主性

施普赖策将自主性定义为个体对于自己的行为或工作方式是否有控制权的认知，采用 7 点评分法测量：1 代表非常不同意，2 代表不同意，3 代表有点不同意，4 代表中立，5 代表有点同意，6 代表同意，7 代表非常同意。在施普赖策对保险从业者和工业企业员工的调查中，被试者对"自主性"的三个题项的总评分的平均值为 16.47。

（1）在决定如何完成我的研究上，我有很大的自主权；

（2）我自己可以决定如何来着手做研究；

（3）在如何完成工作上，我有很大的机会行使独立性和自主权。

自主性正是学者愿意从事学术研究的重要原因之一，但在进行研究选题时，自主性会受到一定的限制。有些导师会要求博士生跟随自己的研究方向，而不是鼓励他们探索其他领域。有些导师虽没那么古板，但也不想花费时间了解学生感兴趣的研究方向。在这种情况下，这些博士生哪怕在毕业后成为助理教授，却仍然很难摆脱原来学校的"研究烙印"，也许直到评上职称后才有可能选择一个自己喜欢的研究方向。但即便评上了职称，自主性仍会受到诸多限制，比如难以拒绝来自以往研究领域的合作机会，需要延续现有基金项目的研究课题，或者是为了避开发表高难度话题的现实压力。

就我个人而言，扎根公正研究领域完全是出于兴趣。早在本科毕业论文选题时我就对"公正"一见钟情，彻特科夫教授的公正论文深深地吸引了我。读博后，无论是课程论文，还是自我介绍，我都乐于给自己贴上"公正"标签，老师们也对此表示支持。在那段时间里，无论是在研究方法课上，还是在主题分享课上，重读本科毕业论文成为我的兴趣爱好。每当我学到了新的概念都会应用其中。即便我发表了团队和学习动机的论文，我的本科毕业论文仍然将我定位于公正领域。当然，密歇根州立大学的老师们在博士毕业论文和主导正义论文写作中给予我的帮助非常多。

此外，来到佛罗里达大学任教的前几年，我依然有着很高的自主性。当量表开发和元分析研究成果发表后，我开始专注于我的博士毕业论文和团队公正研究课题。从那时起我几乎只做自己感兴趣的研究了。因为在读博期间我发表了足够多的论文，这让我不必为获得终身教职而倍感压力。当外部压力较小时，追随自己的兴趣更为容易。每当我评估是否要开展一项新研究时，我都会扪心自问："我做这个研究的原因是什么？到底是真的喜欢，还是被逼无奈？"

胜任力

施普赖策将"胜任力"定义为个体对于自己是否有能力完成某项工作的认知，采用 7 点评分法测量：1 代表非常不同意，2 代表不同意，3 代表有点不同意，4 代表中立，5 代表有点同意，6 代表同意，7 代表非常同意。在施普赖策的调查中，被试者对"胜任力"的三个题项的总评分的平均值为 17.83。

（1）我对自己做研究的能力非常有信心；

（2）我相信自己有做好研究的各项能力；

（3）我掌握了做研究所需的各项技能。

我给本科生和研究生讲授内在兴趣和自我效能时，会提到一本商业畅销书：《现在，发现你的优势》（*Now，Discover Your Strengths*）（Buckingham & Clifton，2001）。这本书的核心观点是扬长避短能让人们获得更高的工作绩效和工作投入。书中还有一套自评工具，可以帮助读者识别自己的优势。我排名前五的优势分别是成就者、学习者、分析型、自信和个性化。这些优势与做学术研究非常契合！每当我推荐和播放这本书的视频时，我都会回味自己的职业生涯。

我的优势在对公正研究的贡献中得到了很好的体现。读博期间的课程，如约翰·霍伦贝克教授的研究方法课和尼尔·施密特教授的心理测量课，都让我喜欢上了量表开发。我的导师，霍伦贝克教授，早期最具影响力的研究之一就是开发测量目标承诺的量表（Hollenbeck，Klein，O'Leary，& Wright，1989）。因此，对我而言，开发测量组织正义的量表似乎手到擒来，即便在此之前我并没有发表过相关研究成果的论文。杰克·亨特教授的元分析课程催生了我的第一篇元分析论文，史蒂夫·科兹洛夫斯基教授的跨层分析课程为我研究团队公正奠定了基础。需要说明的是，杰克·亨特教授的课程是我在博士五年级时选修的，而很多博士生到此时便不会再选修研究方法课了。

读博还让我意识到应用理论的重要性。我记得霍伦贝克教授在他的研究方法课上曾说过："理论帮助人们预测未来。"我最早发表的一篇论文检验了霍伦贝克教授和丹·伊尔根所提出的团队决策的跨层次模型（Hollenbeck，Ilgen，et al.，1998）。在我后续投稿给《管理学会杂志》（Colquitt，2013；Colquitt & Ireland，2009；Colquitt & Zapata-Phelan，2007）和担任《管理学会杂志》主编的过程中，我越发重视理论。我的不少研究都是基于现有理论选择变量和构建模型（如 Colquitt et al.，2012；Colquitt & Rodell，2011）的，而剩下的其他研究则是对现有理论的拓展和完善。

虽然我擅长理论应用和拓展，但我在构建新理论上似乎没什么天赋。除了在《管理学会评论》上发表的论文（Roberson & Colquitt，2005），时至今日，我也仅有一篇理论构建的论文（Scott，Colquitt，& Paddock，2009）。与之形成鲜明对比的是，我发表了六篇关于量表开发的论文以及四篇关于元分析研究的论文。当然，我可以花费数年去培养和提升自己理论构建的能力，比如向擅长理论构建的学者学习，阅读更多的培养创造力的书籍和锻炼自己的写作能力等。但我的理论构建能力可能永远无法像本书中其他学者一样，也永远无法达到我的实证研究能力水平。做自己擅长的事本来就更为有趣，何况这件事本身需要投入大量的时间和精力。

工作意义

施普赖策将"工作意义"定义为个体根据自己的标准对工作目标的重要性或价值的判断或认知，采用 7 点评分法测量：1 代表非常不同意，2 代表不同意，

3 代表有点不同意，4 代表中立，5 代表有点同意，6 代表同意，7 代表非常同意。在施普赖策的调查中，被试者对"工作意义"的三个题项的总评分的平均值为17.96。

（1）我的研究对我来说非常重要；

（2）从事学术研究对我个人来说非常有意义；

（3）我所做的研究对我来说非常有意义。

"我的研究是否有助于创造更好的工作场所？"对于这个问题的思考，帮助我明确了研究的意义。正是因为看重和相信正义研究结果能够改进企业实践，所以我才有了孜孜不倦的兴趣。有些企业管理人员在和我交流时会说到"程序公正"，这表明他们听说过我或者其他学者的研究，有些组织行为教材也会介绍我的研究（Aguinis，Ramani，Alabduljader，Bailey，& Lee，2019）。今天的学生会成长为明天的老板，所以让他们关注到组织公正是至关重要的。当然，我会在课堂上向学生们或企业管理人员介绍我的研究。

和博士生合作也是提升工作意义的重要途径之一。作为一名学者，和博士生合作能同时完成自己的教育和科研使命，并获得独特的内在奖励。对于有些"老生常谈"的话题，我们通过学生的视角可能会找到新意。学生们高涨的研究热情还能为数据收集、统计分析、投稿、返修（R&R）和论文接收等工作注入活力。论文接收不仅能帮助他们找到满意的工作，养家糊口，还能为他们的职业发展奠定基础，这些是多么有意义的事情啊！

毫无疑问，除了上述这些内在报酬外，和博士生合作还能通过提高研究质量来增加工作意义。库恩（Kuhn）指出学术研究需要平衡两种思维：一是收敛思维，即熟知已有的研究成果；二是发散思维，即预见未来的研究方向。与博士生合作能很好地平衡这两个方面（Kuhn，1963）。老师可以帮助学生了解某领域的已有研究，而学生独特的兴趣和经历能为老师提供新鲜的想法。我们的许多论文都是学生"发散思维"的产物，比如，公平感的非法则性影响因素（Rodell & Colquitt，2009；Rodell，Colquitt，& Baer，2017）、管理者维护公正的个体差异因素（Scott，Colquitt，& Zapata-Phelan，2007；Scott et al.，2009）、员工不公平感发泄行为的作用结果（Baer，Rodell，Dhensa-Kahlon，Colquitt，Zipay，Burgess，& Outlaw，2018）、程序公平性和及时性的作用后果（Outlaw，Colquitt，Baer，& Sessions，2019）等。

影响力

施普赖策将"影响力"定义为指个体对于自己对组织战略或管理工作的影响程度的认知。采用 7 点评分法测量：1 代表非常不同意，2 代表不同意，3 代表有点不同意，4 代表中立，5 代表有点同意，6 代表同意，7 代表非常同意。在施普赖策的调查中，被试者对"影响力"的三个题项的总评分的平均值为 13.92。

（1）我对本领域的研究进展有很大的影响力和作用；

（2）我对本领域的研究方向有较强的掌控力；

（3）我对本领域的研究有重大的影响。

显而易见，工作意义和影响力有所重叠。施普赖策的定义中强调的是个体对企业施加的影响力。然而，如果将学术研究的影响力视作改进工作场所，那么它与前面所论述的工作意义是十分相似的。托马斯和维尔托斯（Velthouse）（1990）认为，哈克曼（Hackman）和奥尔德姆（Oldham）（1976）公式中的影响力，指的是对结果的影响，而非公式本身的重要程度。因此，这里的影响力是指"你的研究能否对本领域的研究进展产生影响"。这一问题刚好对应了哈夫（Huff）在 2009 年的观点，她把"发表"比喻为"对话"。如果一篇论文仅能增加对话的内容，则只有少量贡献，如果它能改变对话的方向，才是具有重要贡献。

如何提高论文的贡献，在我看来，有两点非常重要。

第一，我始终认为发表一篇具有重要贡献的"大论文"比很多篇仅有少量贡献的"小论文"更有价值。实际上，科尔基特等人在 2001 年和 2013 年发表的元分析研究，都能被拆成许多篇小论文，比如一篇关注组织公正对态度的影响，另一篇可以关注组织公正对行为的影响；或者一篇强调社会交换关系，另一篇可以强调情感连接。科尔基特等人在 2002 年的研究中收集了来自八十八个团队的一千七百四十七名员工的数据，也能够拆分成两篇小论文，一篇检验正义氛围的前因变量，另一篇检验结果变量。但我不会这样做，因为我始终关注的是如何让一篇论文做出最大的贡献。

第二，我最具影响力的论文是关注整个组织公正领域，而非拘泥于某一特定的理论视角。科尔基特等人在 2001 年和 2015 年开发的量表可以被应用于所有公正研究。科尔基特在 2006 年的研究以及他和罗德尔在 2011 年的研究也关注了正义领域中绝大多数的理论视角。我并不是说不能关注更为聚焦的问题，实际上，我的很多论文也是这样做的。但我的核心观点是，只有改变了整个研究领域，论文才更具影响力，也才更有可能让该领域重获新生。毕竟只有这样的研究才会被大量引用，成为其他研究的理论基础或研究工具。

结语

希望本章能够向大家展现我是如何成为组织公正领域的重要贡献者以及为何会对正义研究有着孜孜不倦的热情；同时希望我基于内在兴趣的相关解读能够帮助大家审视自己的学术生涯。当然，你可能会好奇我的本科毕业论文是否得以发表。事实上，直到我从密歇根州立大学毕业后三年，它才得以发表，甚至比那两篇正义内容的论文（Colquitt，2001；Colquitt et al.，2001）还要晚一年。我的本科毕业论文既不是我发表的第一篇论文，也不是我被引用量最高的论文，但通过它，我了解了许多公正研究者们的工作。同时，它仿佛一块跳板，为我后续几十年所走的"公正"之旅奠定了坚实的基础。

参考文献

（1）Adams，J. S.（1965）. Inequity in social exchange. In L. Berkowitz（Ed.），Advances in experimental social psychology（Vol. 2，pp. 267–299）. New York：Academic Press.

（2）Aguinis，H.，Ramani，R. S.，Alabduljader，N.，Bailey，J. R.，& Lee，J.（2019）. A pluralistic conceptualization of scholarly impact in management education：Students as stakeholders. Academy of Management Learning & Education，18，11–42.

（3）Baer，M. D.，Rodell，J. B.，Dhensa-Kahlon，R.，Colquitt，J. A.，Zipay，K. P.，Burgess，R.，& Outlaw，R.（2018）. Pacification or aggravation? The effects of talking about supervisor unfairness. Academy of Management Journal，61，1764–1788.

（4）Bies，R. J.，&Moag，J. F.（1986）. Interactional justice：Communication criteria of fairness. In R. J. Lewicki，B. H. Sheppard，& M. H. Bazerman（Eds.），Research on negotiations in organizations（Vol. 1，pp. 43–55）. Greenwich，CT：JAI Press.

（5）Blau，P.（1964）. Exchange and power in social life. New York：Wiley.

（6）Brockner，J.，&Wiesenfeld，B. M.（1996）. An integrative framework for explaining reactions to decisions：Interactive effects of outcomes and procedures. Psychological Bulletin，120，189–208.

（7）Buckingham，M.，&Clifton，D. O.（2001）. Now，discover your strengths. New York：Free Press.

（8）Byrne，Z. S.，&Cropanzano，R.（2001）. History of organizational justice：The founders speak. In R. Cropanzano（Ed.），Justice in the workplace：From theory to practice（pp. 3–21）. Mahwah，NJ：Lawrence Erlbaum.

（9）Colquitt，J. A.（2001）. On the dimensionality of organizational justice：A construct validation of a measure. Journal of Applied Psychology，86，386–400.

（10）Colquitt，J. A.（2004）. Does the justice of the one interact with the justice of the many? Reactions to procedural justice in teams. Journal of Applied Psychology，89，633–646.

（11）Colquitt，J. A.（2013）. The last three years at AMJ：Celebrating the big purple tent. Academy of Management Journal，56，1511–1515.

（12）Colquitt，J. A.，&Chertkoff，J. M.（2002）. Explaining injustice：The interactive effects of explanation and outcome on fairness perceptions and task motivation. Journal of Management，28，591–610.

（13）Colquitt，J. A.，Conlon，D. E.，Wesson，M. J.，Porter，C. O. L. H.，&Ng，K. Y.（2001）. Justice at the millennium：A meta-analytic review of 25 years of organizational justice research. Journal of Applied Psychology，86，425–445.

（14）Colquitt，J. A.，&Greenberg，J.（2003）. Organizational justice：A fair assessment of the state of the literature. In J. Greenberg（Ed.），Organizational behavior：The state of the science: pp. 165–210）. Mahwah, NJ: Erlbaum.

（15）Colquitt, J. A., Hollenbeck, J. R., Ilgen, D. R., LePine, J. A., &Sheppard, L.（2002）. Computer-assisted communication and team decision-making performance: The moderating effect of openness to experience. Journal of Applied Psychology, 87, 402–410.

（16）Colquitt, J. A., &Ireland, R. D.（2009）. Taking the mystery out of AMJ's reviewer evaluation form. Academy of Management Journal, 52, 224–228.

（17）Colquitt, J. A., &Jackson, C. L.（2006）. Justice in teams: The context-sensitivity of justice rules across individual and team contexts. Journal of Applied Social Psychology, 36, 870–901.

（18）Colquitt, J. A., LePine, J. A., &Noe, R. A.（2000）. Toward an integrative theory of training motivation: A meta-analytic path analysis of 20 years of research. Journal of Applied Psychology, 85, 678–707.

（19）Colquitt, J. A., LePine, J. A., Piccolo, R. F., Zapata, C. P., &Rich, B. L.（2012）. Explaining the justice-performance relationship: Trust as exchange deepener or trust as uncertainty reducer? Journal of Applied Psychology, 97, 1–15.

（20）Colquitt, J. A., LePine, J. A., &Wesson, M. J.（2019）. Organizational behavior: Improving performance and commitment in the workplace,（6th ed）. Burr Ridge, IL: McGraw-Hill Irwin.

（21）Colquitt, J. A., Long, D. M., Rodell, J. B., &Halvorsen-Ganepola, M. D. K.（2015）. Adding the "in" to justice: A qualitative and quantitative investigation of the differential effects of justice rule adherence and violation. Journal of Applied Psychology, 100, 278–297.

（22）Colquitt, J. A., Noe, R. A., &Jackson, C. L.（2002）. Justice in teams: Antecedents and consequences of procedural justice climate. Personnel Psychology, 55, 83–109.

（23）Colquitt, J. A., &Rodell, J. B.（2011）. Justice, trust, and trustworthiness: A longitudinal analysis integrating three theoretical perspectives. Academy of Management Journal, 54, 1183–1206.

（24）Colquitt, J. A., &Rodell, J. B.（2015）. Measuring justice and fairness. In R. Cropanzano& M. L. Ambrose（Eds.）, The Oxford handbook of justice in the workplace（Vol. 1, pp.187–202）. New York: Oxford University Press.

（25）Colquitt, J. A., Scott, B. A., Judge, T. A., &Shaw, J. C.（2006）. Justice and personality: Using integrative theories to derive moderators of justice effects. Organizational Behavior and Human Decision Processes, 100, 110–127.

（26）Colquitt, J. A., Scott, B. A., Rodell, J. B., Long, D. M., Zapata, C. P., Conlon, D. E., &Wesson, M. J.（2013）. Justice at the millennium, a decade later: A meta-analytic test of social exchange and affect-based perspectives. Journal of Applied Psychology, 98, 199–236.

（27）Colquitt, J. A., &Shaw, J. C.（2005）. How should organizational justice be measured? In J. Greenberg & J. A. Colquitt（Eds.），The handbook of organizational justice（113–152）. Mahwah，NJ：Erlbaum.

（28）Colquitt，J. A.，&Zapata-Phelan，C. P.（2007）. Trends in theory building and theory testing：A five-decade study of Academy of Management Journal. Academy of Management Journal，50，1281–1303.

（29）Conger，J. A.，&Kanungo，R. N.（1988）. The empowerment process：Integrating theory and practice. Academy of Management Review，13，471–482.

（30）Conlon，D. E.（1993）. Some tests of the self-interest and group value models of procedural justice：Evidence from an organizational appeal procedure. Academy of Management Journal，36，1109–1124.

（31）Conlon，D. E.，&Murray，N. M.（1996）. Customer perceptions of corporate responses to product complaints：The role of explanations. Academy of Management Journal，39，1040–1056.

（32）Cropanzano，R.，Rupp，D. E.，Mohler，C. J.，&Schminke，M.（2001）. Three roads to organizational justice. In G. R. Ferris（Ed.），Research in personnel and human resources management（Vol. 20，pp. 1–123）. New York：Elsevier Science.

（33）Deci，E. L.，&Ryan，R. M.（2000）. The"what"and"why"of goal pursuits：Human needs and the self-determination of behavior. Psychological Inquiry，11，227–268.

（34）Eisenberger，R.，Huntington，R.，Hutchison，S.，&Sowa，D.（1986）. Perceived organizational support. Journal of Applied Psychology，71，500–507.

（35）Folger，R.（1977）. Distributive and procedural justice：Combined impact of"voice" and improvement on experienced inequity. Journal of Personality and Social Psychology，35，108–119.

（36）Folger，R.（2001）. Fairness as deonance. In S. W. Gilliland，D. D. Steiner，& D. P. Skarlicki（Eds.），Theoretical and cultural perspectives on organizational justice（pp. 3–34）. Greenwich，CT：Information Age.

（37）Folger，R.，&Bies，R. J.（1989）. Managerial responsibilities and procedural justice. Employee Responsibilities and Rights Journal，2，79–89.

（38）Folger，R.，&Cropanzano，R.（2001）. Fairness theory：Justice as accountability. In J. Greenberg & R. Cropanzano（Eds.），Advances in organizational justice（pp. 89–118）. Stanford，CA: Stanford University Press.

（39）Folger，R.，&Greenberg，J.（1985）. Procedural justice：An interpretive analysis of personnel systems. In K. Rowland & G. Ferris（Eds.），Research in personnel and human resources management（Vol. 3，pp. 141–183）. Greenwich，CT：JAI Press.

（40）Folger，R.，Rosenfield，D.，Grove，J.，&Corkran，L.（1979）. Effects of"voice" and peer opinions on responses to inequity. Journal of Personality and Social Psychology，37，

2253–2261.

（41）Gilliland，S. W.，&Beckstein，B. A.（1996）. Procedural and distributive justice in the editorial review process. Personnel Psychology，49，669–691.

（42）Greenberg，J.（1986）. Determinants of perceived fairness of performance evaluations. Journal of Applied Psychology，71，340–342.

（43）Greenberg，J.（1987）. A taxonomy of organizational justice theories. Academy of Management Review，12，9–22.

（44）Greenberg，J.（1990）. Organizational justice: Yesterday，today，and tomorrow. Journal of Management，16，399–432.

（45）Greenberg，J.（1993a）. The intellectual adolescence of organizational justice: You've come a long way，maybe. Social Justice Research，6，135–148.

（46）Greenberg，J.（1993b）. The social side of fairness: Interpersonal and informational classes of organizational justice. In R. Cropanzano（Ed.），Justice in the workplace: Approaching fairness in human resource management（pp. 79–103）. Hillsdale，NJ: Erlbaum.

（47）Greenberg，J.（1993c）. Stealing in the name of justice: Informational and interpersonal moderators of theft reactions to underpayment inequity. Organizational Behavior and Human Decision Processes，54，81–103.

（48）Greenberg，J.Bies，R. J.，&Eskew，D. E.（1991）. Establishing fairness in the eye of the beholder: Managing impressions of organizational justice. In R. A. Giacalone & P. Rosenbield （Eds.），Applied impression management: How image-making affects managerial decisions（pp. 111–132）. Thousand Oaks，CA: Sage.

（49）Greenberg，J.，&Colquitt，J. A.（2005）. The handbook of organizational justice. Mahwah，NJ: Erlbaum.

（50）Greenberg，J.，&Folger，R.（1983）. Procedural justice，participation，and the fair process effect in groups and organizations. In P. B. Paulus（Ed.），Basic group processes（pp. 235–256）. New York: Springer-Verlag.

（51）Hackman，J. R.，&Oldham，G. R.（1976）. Motivation through the design of work: Test of a theory. Organizational Behavior and Human Performance，16，250–279.

（52）Hollenbeck，J. R.，Colquitt，J. A.，Ilgen，D. R.，LePine，J. A.，&Hedlund，J.（1998）. Accuracy decomposition and team decision making: Testing theoretical boundary conditions. Journal of Applied Psychology，83，494–500.

（53）Hollenbeck，J. R.，Ilgen，D. R.，LePine，J. A.，Colquitt，J. A.，&Hedlund，J.（1998）. Extending the Multilevel Theory of team decision making: Effects of feedback and experience in hierarchical teams. Academy of Management Journal，41，269–282.

（54）Hollenbeck，J. R.，Klein，H. J.，O'Leary，A. M.，&Wright，P. M.（1989）. Investigation of the construct validity of a self-report measure of goal commitment. Journal of

Applied Psychology，74，951–956.

（55）Huff，A. S.（2009）. Designing research for publication. Thousand Oaks，CA：Sage.

（56）Huseman，R. C.，Hatfield，J. D.，&Miles，E. W.（1987）. A new perspective on equity theory：The equity sensitivity construct. Academy of Management Review，12，222–234.

（57）Janz，B. D.，Colquitt，J. A.，&Noe，R. A.（1997）. Knowledge worker team effectiveness：The role of autonomy，interdependence，team development，and contextual support variables. Personnel Psychology，50，877–904.

（58）Kahn，W. A.（1990）. Psychological conditions of personal engagement and disengagement at work. Academy of Management Journal，33，692–724.

（59）Kanfer，R.，Frese，M.，&Johnson，R. E.（2017）. Motivation related to work：A century of progress. Journal of Applied Psychology，102，338–355.

（60）Konovsky，M. A.，&Pugh，S. D.（1994）. Citizenship behavior and social exchange. Academy of Management Journal，37，656–669.

（61）Kuhn，T. S.（1963）. The essential tension：Tradition and innovation in scientific research. In C. W. Taylor & F. Barron（Eds.），Scientific creativity：Its recognition and development，pp. 341–354）. New York：Wiley.

（62）LePine，J. A.，Colquitt，J. A.，&Erez，A.（2000）. Adaptability to changing task contexts：Effects of general cognitive ability，conscientiousness，and openness to experience. Personnel Psychology，53，563–594.

（63）Leventhal，G. S.（1976）. The distribution of rewards and resources in groups and organizations. In L. Berkowitz & W. Walster（Eds.），Advances in experimental social psychology （Vol. 9，pp. 91–131）. New York：Academic Press.

（64）Leventhal，G. S.（1980）. What should be done with equity theory? New approaches to the study of fairness in social relationships. In K. Gergen，M. Greenberg，and R. Willis（Eds.），Social exchange：Advances in theory and research（pp.27–55）. New York：Plenum Press.

（65）Lewicki，R. J.，&Bunker，B. B.（1995）. Trust in relationships：A model of development and decline. In B. B. Banker & J. Z. Rubin（Eds.），Conflict，cooperation，and justice（pp. 133–173）. San Francisco：Jossey-Bass.

（66）Lind，E. A.（2001）. Fairness heuristic theory：Justice judgments as pivotal cognitions in organizational relations. In J. Greenberg & R. Cropanzano（Eds.），Advances in organizational justice（pp. 56–88）. Stanford，CA：Stanford University Press.

（67）Lind，E. A.，&Tyler，T. R.（1988）. The social psychology of procedural justice. New York：Plenum Press.

（68）Lind，E. A.，&Van den Bos，K.（2002）. When fairness works：Toward a general theory of uncertainty management. In B. M. Staw& R. M. Kramer（Eds.），Research in organizational behavior（Vol. 24，pp.181–223）. Boston，MA：Elsevier.

（69）Mayer，R. C.，&Davis，J. H.（1999）. The effect of the performance appraisal system on trust for management: A field quasi-experiment. Journal of Applied Psychology，84，123–136.

（70）Mayer，R. C.，Davis，J. H.，&Schoorman，F. D.（1995）. An integrative model of organizational trust. Academy of Management Review，20，709–734.

（71）McAllister，D. J.（1995）. Affect- and cognition-based trust as foundations for interpersonal cooperation in organizations. Academy of Management Journal，38，24–59.

（72）Moorman，R. H.（1991）. Relationship between organizational justice and organizational citizenship behaviors: Do fairness perceptions influence employee citizenship? Journal of Applied Psychology，76，845–855.

（73）Outlaw，R.，Colquitt，J. A.，Baer，M. D.，&Sessions，H.（2019）. How fair versus how long: An integrative theory-based examination of procedural justice versus procedural timeliness. Personnel Psychology，72，361–391.

（74）Roberson，Q. M.，&Colquitt，J. A.（2005）. Shared and configural justice: A social network model of justice in teams. Academy of Management Review，30，595–607.

（75）Rodell，J. B.，&Colquitt，J. A.（2009）. Looking ahead in times of uncertainty: The role of anticipatory justice in an organizational change context. Journal of Applied Psychology，94，989–1002.

（76）Rodell，J. B.，Colquitt，J. A.，&Baer，M. D.（2017）. Is adhering to justice rules enough? The role of charismatic qualities in perceptions of supervisors' overall fairness. Organizational Behavior and Human Decision Processes，140，14–28.

（77）Scott，B. A.，&Colquitt，J. A.（2007）. Are organizational justice effects bounded by individual differences? An examination of equity sensitivity，exchange ideology，and the Big Five. Group and Organization Management，32，290–325.

（78）Scott，B. A.，Colquitt，J. A.，&Paddock，E. L.（2009）. An actor-focused model of justice rule adherence and violation: The role of managerial motives and discretion. Journal of Applied Psychology，94，756–769.

（79）Scott，B. A.，Colquitt，J. A.，&Zapata-Phelan，C. P.（2007）. Organizational justice as a dependent variable: Subordinate charisma as a predictor of interpersonal and informational justice perceptions. Journal of Applied Psychology，92，1597–1609.

（80）Spreitzer，G. M.（1995）. Psychological empowerment in the workplace: Dimensions，measurement，and validation. Academy of Management Journal，38，1442–1465.

（81）Thibaut，J.，&Walker，L.（1975）. Procedural justice: A psychological analysis. Hillsdale，NJ: Erlbaum.

（82）Thomas，K. W.，&Velthouse，B. A.（1990）. Cognitive elements of empowerment: An "interpretive" model of intrinsic task motivation. Academy of Management Review，15，666–681.

（83）Tyler，T. R.，&Bies，R. J.（1990）. Beyond formal procedures：The interpersonal context of procedural justice. In J. Carroll（Ed.），Applied social psychology and organizational settings（pp. 77–98）. Hillsdale，NJ：Erlbaum.

（84）Tyler，T. R.，&Blader，S. L.（2003）. The group engagement model：Procedural justice，social identity，and cooperative behavior. Personality and Social Psychology Review，7，349–361.

（85）Tyler，T. R.，&Lind，E. A.（1992）. A relational model of authority in groups. In M. P. Zanna（Ed.），Advances in experimental social psychology（Vol. 25，pp. 115–191）. San Diego：Academic Press.

（86）Weiss，H. M.，&Cropanzano，R.（1996）. Affective events theory：A theoretical discussion of the structure，causes and consequences of affective experiences at work. In B. M. Staw& L. L. Cummings（Eds.），Research in organizational behavior（Vol. 18，pp. 1–74）. Greenwich，CT：JAI Press.

（87）Weiss，H. M.，Suckow，K.，&Cropanzano，R.（1999）. Effects of justice conditions on discrete emotions. Journal of Applied Psychology，84，786–794.

第八章

随机漂移的职业生涯：一个人的坦白

斯坦福大学　哈吉·拉奥（Huggy Rao）

香港大学　颜示硼 翻译

一方面，一个人的职业生涯可能取决于此人的深谋远虑、坚毅抉择以及目标明确的行动；另一方面，职业生涯亦可能是随机之果。詹姆斯·马奇和他的兄弟曾合力撰写了一篇杰作，把职业生涯形容为"随机漫步"。虽然我想把我的职业生涯形容为深思熟虑的结果，但它其实就是随机漂移的结果——经由不期而遇的同行及事件而产生的某些对话，促成一些研究项目，并最终转化为一些期刊文章和书刊。我的目的并不是要详尽无遗地叙述我的职业生涯，而是要说明随机而至的机遇如何展现为漂移，即与人结伴的探险。简单起见，我将按照时间顺序来整理我的职业生涯。

偶然的相遇使我踏入学术界

我于 1978 年获得经济学本科学位，毕业后就去了当时印度最好的私立商学院之一——泽维尔劳资关系学院（XLRI）商学院。当时我是一个来自小镇的男孩，没见过什么世面。泽维尔劳资关系学院是一个神奇的地方，每年经过严格考核后只录取八十名学生，但学生的学科背景十分不同，工程学、科学、经济学、历史和文学的都有。我去泽维尔劳资关系学院就读是打算未来能成为一名公司高管，但没想到，我的八十位同学中有六十五位告诉我，其实，比起商界，我更适合学术界！我觉得他们说得有道理，因为那些 MBA 的课程对我来说的确很无聊。后来我说服了院长，让他允许我单独跟随吉图·辛格（Jitu Singh）博士修课程。吉图·辛格那时刚拿了沃顿商学院的博士学位，来到泽维尔劳资关系学院任教。他的到来虽为偶然，但对我的人生轨迹产生了深远的影响。吉图·辛格是一个十分慷慨博学的人，他让我阅读詹姆斯·汤普森（James Thomspon）的著作，让我听贝多芬的音乐，而我亦深深为此着迷。汤普森的命题就像梵文诗句，由赫伯特·冯·卡拉扬（Herbert Von Karajan）所指挥的贝多芬交响曲使人着迷。吉图·辛格还规定把杰弗里·菲佛的《组织的外部控制》一书（Pfeffer &Salancik，1978）作为我们组织设计课的课本。我难以想象在二十五年之后杰弗里·菲佛竟然会成为我在斯坦福大学的同事！

从泽维尔劳资关系学院毕业之后，我决定尽可能多地对不同的组织进行抽样调查。因此，我加入了 Tata 集团，并在那儿担任了三年的内部管理顾问。此间，两位从凯斯西储大学毕业的资深同事，苏布拉马尼亚姆·拉姆纳良（Subramaniam Ramnaryan）和文卡特拉曼·尼拉坎特（Venkatraman Nilakant），对我的发展也产生了深远影响。在 Tata 集团与他们的相遇也是一个偶然，但他们说服了我关于凯斯西储大学对我研究组织变革而言将是最好的去处。因此，1984 年我就去往凯斯西储大学攻读我的博士学位。学院在教学方面依赖小组培训法，所以不得不承认，我有点水土不服。第一学期有一门课程是社会分析学，由哈佛大学罗伯特·贝尔斯（Robert Bales）学院以前的学生埃里克·尼尔森（Eric Neilsen）教授，我觉得最有启发性。在这门课上，我们接触了涂尔干、马克思和韦伯的著作。如果我没记错的话，该课程的论文是要求我们写一篇与三位名人在餐厅共度一晚的记录，其中我是一名应侍，偷听了他们关于时事的交谈。这个经历让我感觉到组织的外部社会环境确实可以看作组织行动的驱动力。

机会带来的启发和我的论文

我的论文写了储蓄机构的兴衰。作为一名外国学生，其实一开始我并不知道什么是"储蓄机构"。我班上的好朋友热心地推荐我在圣诞节假期看《生活多美好》这部经典电影，我看了好几遍后，终于知道了储蓄机构是个什么东西。电影中展示了诸如储蓄机构这样的组织结构，基本是依靠其所在小区来监督管理人员。为了做论文，我通过埃里克和学校校友会的一名成员联系了克利夫兰波兰小区的一间互助储蓄机构，该机构因为有社区成员对经理的监督，经营得非常好。我做了访谈，了解了很多具体情况，以至于我后来怀疑储蓄机构在美国西部和南部的失败其实是由小区监督不力所导致的。这个观察之后成为我博士论文的主题，我用风险比率模型来理解储蓄机构互助模式的衰落以及储蓄机构股票模型的优势。

当时，组织行为部门紧挨着运营研究部门。当我被风险比率等东西弄得晕头转向时，一位名叫谢卡尔·凯特（Shekhar Khot）的印度理工学院校友问我在研究什么课题，我就告诉了他。他说他可以教我如何对他的五千辆公交车的数据集进行风险比率分析，并对变速箱的故障模式进行建模！后来另一位 IIT 校友可苏尼尔·达姆汉卡尔（Sunil Dhamhankar）更是教会了我解决本质问题的方法。正是这些偶然的机遇让我获益，使我可以用历史事件方法来研究储蓄机构的兴衰。

求职之旅的随机性

1988 ～ 1989 年，我逡巡于就业市场。为了武装自己，我购买了一套昂贵的西装（在 1988 年花费四百美元，对当时的我来说是一笔巨款）。我的朋友兼服装导师迈克·索科洛夫（Mike Sokoloff）告诉我不要担心。虽然现在回想起来是对的，但当时我怎么可能不担心呢！我已经在《管理学会评论》和《组织研究》（Neilsen & Rao，1987，1989）期刊上发表了理论文章，但我意识到我的学历背景可能会成为障碍，因为凯斯西储大学不够有名。我记得罗格斯大学的面试官曾对我说：“你很聪明，但你不是排名前十的学校的学生。虽无关个人，但学历背景确实很重要。”多年之后，罗格斯大学的教务长请我重新考虑一下这所学校，我笑了笑，跟他讲述了这个故事并婉言谢绝。

我接受了凯洛格商学院、埃默里大学和宾夕法尼亚州立大学的面试。我至今记得对凯洛格商学院的访问，那天天寒地冻，我在学院遇到了宏观经济学界的埃德·扎伊克教授和微观经济学界的马吉·尼尔（Maggie Neale）教授（后来她也成为我在斯坦福大学的同事）。我还遇到了阿特·斯廷奇库姆（Art Stinchcombe），并为他精辟的提问感到吃惊。那年有很多了不起的毕业生来此求职，如尼廷·罗利亚（Nitin Nohria）（现任哈佛商学院院长）、比尔·巴内特（Bill Barnett）（现为我在斯坦福大学的同事）和盖瑞·皮萨诺（Gary Pisano）（现就职于哈佛商学院），但到最后他们一个都没有被录用（我必须承认，我可能根本不在招聘者的考虑名单上）。快到 2002 年，凯洛格商学院聘请我担任讲座教授，埃德·扎伊克热情而亲切地告诉我，他们正在努力弥补以前犯下的错误！他真是胸怀雅量！

我当时能获得埃默里大学的面试机会，很大程度上要归功于凯伦·戈尔登·比德尔（Karen Golden-Biddle）的支持。她是一位有着敏锐眼光以及非凡自律性的人类学学者，在一年前从凯斯西储大学去了埃默里大学。埃默里大学让鲍勃·迈尔斯（Bob Miles）担任组织小组的领导，小组里还有鲍勃·德拉津（Bob Drazin）（从哥伦比亚大学加入埃默里大学）和鲍勃·卡赞金（Bob Kazanjian）（比我早几年从密歇根大学过来）两位教授。我仍然记得我第一次访问亚特兰大时，机场的庞大规模和交通状况令我紧张不安。更让人困惑的是，当我带着装有一套西装的破旧服装包来到巴克海特的丽思卡尔顿酒店时，迎宾员问我是否第一次到访丽思卡尔顿酒店。我心想："他们怎么会知道？！"

作为孵化器的埃默里大学

埃默里大学给了我一个很不错的聘书，于是我开着一辆小破车（一位朋友赠送的）、一个衣袋、一个手提箱、一台计算机和几箱书前去就职了。很快我就和其他系新来的初级教授成为朋友。我的第一个教学任务是教授一门战略课程，而我从未给 MBA 教授过这门课，所以鲍勃·卡赞金每周五都会和我见面，花九十分钟左右的时间带我完成下周的教学计划。为了在课堂上生存下来，我甚至疯狂背诵了他的笑话。令我感到惊喜的是，在他和蔼可亲的帮助之下，我开始慢慢变得擅长教学。鲍勃·德拉津在我入职后对我说，我是一颗原石形态的钻石。他耐心通读了我的所有研究成果，并挥舞着如同手术刀般的红色墨水笔，剖析了我从 30~35 页的论证。他的耐心与慷慨的指导对我的研究生涯可以说至关重要。

我的论文《代理安排的生态学》（*An Ecology of Agency Arrangements*）最终发表在《行政科学季刊》上（Rao & Neilsen，1992 年）。要知道，那可是我当时唯一的人生目标！约翰·弗里曼是当时的期刊主编，我记得我去纽约大学参加一场由乔尔·鲍姆（Joel Baum）组织的会议时，碰到约翰，他问我是否读过他的决定信（当时还是平邮时代）。我说没有，他则告诉我："恭喜你，我刚接受了你的论文。"我当时惊呆了，以至于完全不记得那个会议的内容了。我只知道我在《行政科学季刊》上发表了我的研究论文，我的人生圆满了！在那时，我根本不知道接下来的这些年我会与《行政科学季刊》的人共事。

在埃默里大学的早期，也是一个偶然的机会，杰伊·巴尼来系里做演讲。杰伊具有挑战性，兼具好奇心与幽默感。我们对新能力开发过程中的路径依赖进行了热烈的对话讨论，挑战人们普遍认为能力是蓄意管理行动的结果的认知。在这次谈话中，我向杰伊讲述了我是如何偶然发现一本名为《无马时代》（*Horseless Age*）的杂志，并发现汽车行业诞生之初汽车制造商通过在可靠性方面的竞争以展示他们的汽车适航性。如果公众认为这样的测试"能说明问题"，那汽车制造商就会被"周日赢，周一卖出"这一座右铭所激励。我向杰伊提到，我认为名声是可靠性竞争中路径依赖胜出的结果，而我也正在构筑一个数据集去测试这个想法。很快，埃德·扎伊克便发出邀请，说他和杰伊正在为《战略管理杂志》组织一次会议，并希望我在那里介绍这项研究的成果。会议结果在最后演变成一期特刊，埃德·扎伊克作为一名娴熟的编辑，指导出版了我的研究成果《名誉的社会建构》（*The Social Construction of Reputation*）（Rao，1994）。

早年在埃默里大学工作时，我还在管理学院的会议上遇见了希瑟·哈夫曼（Heather Haveman），希瑟告诉我，她曾是审阅我在《行政科学季刊》投稿的研究的审稿人之一。不久，我们对储蓄机构及其社会环境的共同兴趣使我们开始研究为何是选择而不是适应使得自清算储蓄机构被永久担保股票形式的储蓄机构所取代这个问题。在这种形式中，股东和成员之间存在差异。希瑟有着在研究被撰写之前就可以把很多结果可视化的天赋，她的敏锐、好奇心、慷慨和感染力给我留下了深刻的印象。我们在重读亚当·斯密关于道德情操的文章中收获了极大的乐趣，因为我们看到了储蓄机构的组织架构反映了道德情操，所以我们最终得以在 1997 年出版的《美国社会学杂志》上发表了我们的研究成果《建构道德情感理论》（*Structuring a Theory of Moral Sentiments*）（Haveman & Rao，1997）。她不仅是一位合著者，亦是我的老师和朋友。多年后，我们在 2007 年的《美国社会学评论》上又发表了另一篇关于进步主义运动如何推动加州储蓄机构转型的研究成果。

在埃默里大学的另一个偶然机遇，则是由同事杰夫·索南菲尔德所组织的一次会议创造的。杰夫社交广泛，邀请了很多有趣的人来参加会议；他还十分亲切地邀请我参加一个在佐治亚州海岛上举行的秘密会议，当时很多在纳斯达克上市公司的首席执行官和员工也列席其中。我在这次会议上了解到，纳斯达克的员工十分关注公司从纳斯达克转移到纽约证交所的现象，并意识到他们将这一过程视为一个社会过程，而不是由市场微观结构因素所驱动的过程。在这两天里，我清楚地看到，一家公司是否会离开纳斯达克并加入纽约证交所取决于董事会连锁的结构。无论这一个公司是否拥有纳斯达克公司、纽约证交所公司或从纳斯达克公司叛逃到纽约证交所的公司的董事会的董事。会后，按捺不住兴奋的杰瑞·戴维斯（Jerry Davis）来到埃默里大学进行演讲，他不仅同意分享他的连锁数据，亦同意和我一起探讨这个领域。杰瑞是整合董事会连锁数据的"飞人"博尔特。我们需要将向纳斯达克叛逃建模为一个扩散过程，因为其具有异质性。杰瑞把我介绍给亨里奇·格雷夫，亨里奇·格雷夫知道如何使用南希·图马（Nancy Tuma）开发的 RATE 包估计异质扩散模型，并且已经在《行政科学季刊》上发表了一项使用无线电台数据集的研究。亨利克耐心地解答了我的疑问，最终《嵌入性、社会认同和流动性》（*Embeddedness, Social Identity and Mobility*）一文被发表于《行政科学季刊》上（Rao, Davis, & Ward, 2000）。

论文发表后，杰瑞和我在学院约见格雷夫以感谢他的帮助，我们的晚餐交谈（乘着酒兴）引发了另一个研究想法。因为格雷夫是詹姆斯·马奇的学生，所以我们很快就聊起了有关决策后的遗憾的话题。我们发现，虽然已经存在有关它在购买背景（买方的悔恨）中的研究，但尚缺乏将其作为基于社会认同而做出决定的结果的研究。我们意识到，如果一间公司状态火热，金融分析师会更加关注该公司，而当他们这样做时，他们可能会对每股产生收益预测错误并放弃其他保护措施，继续投入该公司的股票。《傻子的金子》（*Fool's Gold*）后来于 2001 年发表在《行政科学季刊》上，它正是那场热烈的晚餐交流的产物。格雷夫很快成为一位长期不变的研究合作者和朋友，他知道理论、方法和编程，不像我，只知道前两者！直到今天，他一直是我亲切的朋友。

作为促进器的密歇根大学

到 1996 年前后，我已经在埃默里大学待了差不多七年，觉得是时候用一个休假来给自己充电了。我早前同鲍勃·德拉津到密歇根大学参加过一场关于组织基本原理的会议，在那里遇到了简·达顿和兰斯·桑德兰兹（Lance Sandelands）。简亲切地为我安排访问密歇根大学的事宜，这对我来说是一次改变人生的经历。我看到简正在开展她的积极心理学工作，也看到兰斯正在思考宗教在组织中的作用，还参加了用跨学科研究组织的团队（ICOS）。我在那里遇见了梅耶·扎尔德（Meyer Zald），他是一个有着博学的头脑，身材小但胸怀宽大的人；我们很快建立了友谊，并且经常一起吃午饭。他为我打开了社会运动的研究世界。我们的午餐像一场游戏：他会问我是否读过这篇或那篇文章，对我而言这是一个重新接触社会学的好方法。我在那里第一次教授了一门博士课程，还教授了一门 MBA 课程，这让我受益匪浅。密歇根大学拥有丰富的社会科学遗产和庞大的学者网络，因此为我打开了大门和窗户，引导我走上一条了解社会运动在组织世界中的作用的道路。梅耶在冬天离开寒冷的密歇根，并以访客身份到访亚利桑那大学的社会学学院，在那里他和人类学学者卡尔·莫里尔（Carl Morrill）一起教授一门课程。不久，梅耶、卡尔和我开始撰写关于社会运动的研究报告。第一篇是《权力游戏》，描述了社会运动如何重塑行业，后来发表在《组织行为学研究》（*Research in Organizational Behavior*）上（Rao，Morill，&Zald，2000）。最重要的是，我从观察梅耶，简以及其他学者诸如韦恩·贝克（Wayne Baker）、兰斯·桑德兰兹、吉姆·沃尔什（Jim Walsh）和苏·阿什福德的创造力中学到了很多东西。

新式料理研究

我于 1997 年回到埃默里大学，感觉自己充足了电，心里很踏实，所以开启了一系列的专题研究。鲁迪·杜兰德（Rudy Durand）以访客身份来教授一门本科生战略课程；他来自巴黎的高级商科大学（巴黎高级经济共同体）。他对于接下来要去法国里昂的 EM 里昂商院的事情感到失望，他慨叹那里缺乏生物技术、航空航天和其他高科技产业。作为一个美食爱好者，我问他关于里昂的高级美食，他却不感兴趣。但当我提出相较于挑选股票，人们更愿意花时间决定去哪家餐馆时，他马上变得健谈，并不断提起艾姆里昂商院的菲利普·莫南（PhiLip Monen）。我一直对法国精英厨师很感兴趣，并认为他们比很多共同基金的经理更有趣。如果说共同基金经理受制于回归平均值，那么法国精英厨师则更关注米其林指南授予的星级。其中有一名叫伯纳德·卢瓦索（Bernard Loire）的厨师，在他的餐厅从三颗米其林星降级为两颗星时自杀了。

鲁迪、菲利普和我觉得需要采访厨师和评论家以了解新式美食运动是如何在法国扎根的。我们抽样调查了高级精英餐厅和他们的平民同行——里昂的布琼餐厅，这对我们来说是一次不可思议的学习经历。我们很快收集了每家餐厅的招牌菜数据，并将其归类为古典菜肴或新式菜肴，而且对新式美食运动的影响进行建模。《托克维尔的制度变革》（*Institutional Change in Toque Ville*）一文后来发表在《美国社会学杂志》上（Rao，Monin，& Durand，2003）。托克维尔是指法国厨师的高帽。

来到西北大学

2001 年，凯洛格商学院的管理和组织系邀请我到西北大学工作。主要推动者是兰杰·古拉蒂（Ranjay Gulati）、保罗·赫希（Paul Hirsch）、威利·欧卡甲（Willie Occasion）以及埃德·扎伊克——他们都是了不起的学者。保罗有辨别人才的敏锐的眼光；兰杰引入网络概念来重新构思联盟研究，他有令人难以置信的生产力和影响力；威利和埃德则在积极扩展组织的制度模型。我曾在 1989 年到凯洛格商学院面试工作，但遭到拒绝，不过他们都说服我这次工作时机已经成熟。我和威利和埃德谈过一本关于组织理解关注、引导、动员和参与过程的教材。我去参加了会谈，很快收到了一封聘书，并在 2002 年秋季加入凯洛格商学院。凯洛格商学院也很著名，因为我在那里遇见了菲尔·科特勒（Phil Kotler）——他的有关营销学的教材是我 1978 年在印度商学院就读时的教科书，我从没想过他会成为我的同事！

就在我搬到西北大学之前，有天下午，多恩·帕尔默（Don Palmer）在他亚特兰大的家中给我打电话，我以为他要和我讨论为什么他刚刚拒绝了我的论文。没想到，他打电话来邀请我担任《行政科学季刊》的副主编！我吓了一跳——我想这大概是第一次收到拒稿信的作者被邀请做副主编，但我很快了解到其实被拒的情况比我想象的要普遍得多。

在凯洛格商学院，我对我的微观经济学同事有了更多的了解，并了解到一个顶尖的管理系在商学院中是如何运作的。例如，学生和同事都可以对教学进行评价！每个人都必须提高教学质量，并在研究方面精益求精。结合新式美食研究，我对社会运动的兴趣开始涉及反对和支持连锁店运动。我很幸运地与保罗·英格拉姆（Paul Ingram）成为合作者、朋友和合著者。保罗是一位热爱历史、制度和方法的学者。当我们仔细阅读历史记载和收集数据时，我们决定将这项研究命名为"商店大战"（"Store Wars"）。保罗写了很多令人难忘的电子邮件，标题为"帝国反击战"（"The Empire Strikes Back"），当中包含关于如何回应审稿人的意见。我们对连锁店形式如何受到反连锁店运动的冲击，如何导致敌对法律的颁布的研究，以及我们对连锁店的形式如何以支持连锁店运动来回应，并寻求盟友和法院干预的研究发表在《美国社会学杂志》上（Ingram & Rao，2004）。

我原本预计去凯洛格商学院与博士生和同事一起做研究，但令我惊讶的是，我学会了如何给高管们上课！我到任后不久，当时的院长迪帕克·贾因（Dipak Jain）让我教授一门关于企业兼并的课程，鲍勃·迪瓦尔（Bob Dewar）则让我教授一门聚焦于市场的组织学课程。鲍勃十分照顾我，真的教给我很多关于高管的知识，以及告诉我我需要做什么来让研究进入高管课堂。这让我感到既迷茫又充满挑战，因为我必须同时应对研究方面的难关并达到教学方面的要求。我很喜欢教学，但因为我初来乍到，找不到拒绝教授高管课程项目的方法，很快便不知所措。我的同事兰杰和埃德特别提醒我要有选择地说"不"。

我以为我会在凯洛格商学院待一辈子。直到2004年的某一天，奇普·海尔斯（Chip Health）从斯坦福大学打来电话，告诉我斯坦福大学正在寻求一位资深教授，并让我推荐一些人。我列出了三个人（我的合著者）。他说，他们已经和所有人谈过了，并感觉我才是适合这个职位的人。我很惊讶，起初不同意，但比我更聪慧的我的太太萨达约·迪万（Sadhna Diwan）对我说，加州的天气更好，而且她愿意放弃在芝加哥大学的工作并在圣何塞州立大学工作。于是我们去了斯坦福大学，更令人惊讶的是，我当年在印度泽维尔劳资关系学院商学院用的三本教科书都是由斯坦福大学的教授编写的：杰弗里·菲佛的《组织的外部控制》（*The External Control of Organizations*）、切克·亨格瑞（Chuck Horngren）的《成本会计》（*Cost Accounting*）和詹姆斯·C.范霍恩（James C. Van Horne）的《财务管理基础》（*Fundamentals of Financial Management*）。凯洛格商学院的院长迪帕克·杰恩说，他会先保留我在凯洛格商学院的教席，直到我在年底做出最后决定为止。

如迪士尼般的斯坦福大学

我很担心我能否在斯坦福大学取得成功。我与那些在那里没有取得和已经取得成功的助理教授，以及那些离开了组织行为领域和那些不仅拒绝了组织行为领域而且也拒绝了其他领域聘书的教授们进行了交谈。我清楚地认识到，斯坦福大学会给你自主权和资源，但却很少给予赞赏，因为每个人都被期望能够出类拔萃。我还参加了由吉姆·巴伦（Jim Baron）教授的课程，意识到我不能照搬我在凯洛格商学院的那一套，因为学生们的兴趣是不同的。（斯坦福大学的学生立志成为企业家，凯洛格商学院的学生则希望成为管理顾问或品牌建设者）。组织行为小组有杰弗里·菲佛、迈克·汉南（Mike Hannan）等著名的学者。

我记得我向来自哥伦比亚大学的迈克·托斯曼（Mike Tomans））寻求意见——他敦促我和这些学界明星商议我的角色。我问杰弗里·菲佛"我的角色是什么？"他说："你的工作就是做你自己。你能做得到吗？"我回答道："我有一个相对的优势，即我可以比其他人更容易地做自己。"这是我所收过的最好的礼物：做好自己！令人印象深刻的是，杰瑞·戴维斯、斯坦福大学的校友以及菲佛的学生，敦促我去探索。"斯坦福大学就像迪士尼乐园。这里有很多游乐设施。不要每天都坐同一个设施！"这个见解影响了我在斯坦福的生活方式。

我在凯洛格时，曾被选为斯坦福行为科学高级研究中心（Center For Advanced Study in the Behavioral Sciences，CASBS）的研究员。我甚至不知道自己在被考虑名单上，但有一天，我突然收到社会运动著名学者、当时的中心主任道格·麦克亚当（Doug McAdam）的一封信件，它通知我获选。我后来听说，这个评审过程类似于终身教授的程序。我与斯坦福大学的戴维·克雷普斯（David Kreps）商议，我会在斯坦福大学度过第一年，但后期将在斯坦福行为科学高级研究中心工作。根据伍迪·鲍威尔（Woody Powell）的建议，我选择了一间视野开阔、远离洗手间的办公室！该中心就像一座修道院。我从八点工作到十二点，然后与不同的学者共进午餐，接着再工作一会儿，打打篮球或者参加研究员的研讨会，最后以一杯酒结束一天的工作。斯坦福行为科学高级研究中心的环境让我完成了我在凯洛格商学院时已经开始的研究项目。

　　第一个研究是关于法国厨师混合类别和混合身份的，刊登在《美国社会学评论》上（Rao, Monin, & Durand, 2005）；它是对组织社会学家所拥护的单一身份观的一个纠正。在斯坦福行为科学高级研究中心看到曙光的第二个研究则是关于社会运动的，与亨里奇·格雷夫和乔·英伦·波兹纳（Jo-Ellen）（当时是凯洛格商学院的一名博士生）合著。在这项研究中，我们认为过去的一些论文，如格伦·卡罗尔（Gleen Carroll）和安纳德·斯瓦米纳坦（Anand Swaminathan）的工作主要着眼于"需求方面"：如何开辟一个新的消费领域和类别。而我们感兴趣的则是供应方：社会运动如何吸引更多的企业家。我们还想知道这些企业家的行为是否实质性地改变了一个行业。很快我们就开始研究作为对媒体链主导无线电波的回应的微型电台运动，我们还查看了申请被分配到微型广播电台的新频谱的申请者。我们观察了那些申请新频谱的微型广播电台，查看他们是否获得了许可证，以及他们的进入是否改变了无线电市场的收听份额。《人民的心声》刊登在《美国社会学杂志》上（Greeve, Pozner, & Rao, 2006）。几年后，《美国社会学杂志》通知我们，他们接受了一个对我们研究的批评，名为"王者之声"，声称我们忽视了监管的影响，并给我们几个星期时间去回应批评。我们惊讶的是编辑部一直没有告诉我们，直到他们接受了此文，而且给我们回应的时间很短。我感到一股咄咄逼人的气势，但最后冷静地整合了我们的回应，将其命名为"真理之声"，并用实证分析驳斥这些批评。在此过程中，我们学习到应该保持冷静，认识到对话之中的价值，并通过实证辩驳而非断言诽谤来驳斥批评。

　　接下来的几年我产出颇丰，而我也在2008年成了《行政科学季刊》的主编，事情更多了。我当时的目标是吸引比我更强的人。很快，杰瑞·戴维斯，我的斯坦福同事弗兰克·弗林（Frank Flynn）以及亨里奇·格雷夫加入了副主编的行列。即使在我忙于主编工作的时候，新的研究项目也仍意外地出现了。

　　作为《行政科学季刊》的主编，我觉得我们忽视了像沃尔玛这样的重要组织，编委会敦促我写一篇社论来邀请相关研究。我拒绝了。我认为呼吁别人来做研究是没有说服力的，对我来说最好的办法就是自己开始一个研究项目。我打电话给保罗·英格拉姆，邀请他将我们的链研究扩展到沃尔玛进入市场的研究。保罗比我更能看到其中的可能性。于是，保罗、洛里·悦（Lori Yue）（保罗在哥伦比亚的研究学生）和我就一起开始了一项对沃尔玛进入市场的研究课题。我们的出发点是，如果沃尔玛和反对者是理性的，那么他们都会专注于自己的优势领域，所以沃尔玛不会遭遇反对。然而实证记录显示，沃尔玛在进入市场时确实遭到了反对。我们研究三部曲中的第一篇论文发表在《美国社会学杂志》上（Ingram，Yue，& Rao，2010），后两篇则发表在《美国社会学评论》和《行政科学季刊》上（Rao，Yue，& Ingram，2011；Yue，Rao，& Ingram，2013）。

新研究生的到来也是种随机的机遇。当来自印度的苏纳西尔·杜塔（Sunasir Dutta）来到斯坦福大学读博时，我觉得终于可以对1857年印度军队的反英兵变进行研究了。苏纳西尔很聪明，对历史学和钱币学感兴趣，很快就收集了数据。我们在斯坦福大学政治学系介绍了一些初步的结果，其中一位听众是伊斯兰历史学家，他问了我们兵变的时间。瞬间，我们意识到我们应该回答什么使得兵变成为可能这个问题，而我们发现，重大宗教节日为兵变组织者招募和动员群众创造了"自由空间"：宗教游行经常演变成暴乱。《自由空间》一文后来发表在《行政科学季刊》上（Rao & Dutta，2012）。我们进行了许多没有显示在研究或附录中的稳健性测试。其中一个测试是什么让士兵们相信了英国人用牛油和猪油在子弹上做了手脚的谣言，从而激怒了印度教和穆斯林小区。苏纳西尔和我想知道，在谣言传播之前是否有一个外在的冲击激活了做手脚这个说法。我们发现，在1857年，为了使自己免受霍乱的感染，村民们会以连锁信件形式将食物（薄煎饼）送到下一个村庄。苏纳西尔发现传递薄煎饼的习惯与1856年霍乱引起的实际死亡人数不相关，但我们很快证明是传递薄煎饼激活了做手脚的说法，并为使用子弹的谣言奠定了认识论基础。这项研究以特刊形式发表在《组织行为与人类决策过程》上，感谢想象力丰富的客座编辑、哥伦比亚大学的迈克尔·莫里斯。迈克尔还帮助我们设计了一个实验以表明我们的解释具有普遍性，这是一次精彩的体验。

我在斯坦福大学的经历也因有约翰·迈耶、伍迪·鲍威尔、迪克·斯科特、史蒂夫·巴利以及鲍勃·萨顿而十分难忘。与约翰和迪克的共进午餐很具有启发性，与史蒂夫的清酒之夜以及与伍迪的酒吧之游亦是如此。在我十四年的斯坦福大学生涯里，我总是在伍迪最喜欢的葡萄酒商店或品酒室和他见面。

转向实践：让公司更卓越

就算在我最疯狂的梦境里，我也从未想过会为管理人员写一本书。这一切的发生都是因为在智识和个性上与鲍勃·萨顿的不断靠近。他住在离我家两条街远的门罗帕克，我们很快就成酒友，然后组织了一个受参与者所喜爱的关于创新的高管课程。当参与者问我们"我们怎样才能扩大规模"时，我们俩的回答都很模糊。这让我们意识到其实我们对此一无所知。于是我们有了更多饮酒的借口——写案例、教课程，并最终发展到为高管人员写书，《让卓越展翅》（*Scaling Up Excellence*）（Rao，2014）就是成果。我也因此决定辞去《行政科学季刊》主编的职位——因为我不想让期刊发展因为我的随机探索而受影响。

我从未向像兰登书屋（最终成为我们的出版商）这样的商业出版商写过提案，但我从鲍勃这位完美及成功的作家那里学会了如何为大众读者写作。杰弗里·菲佛"让我做自己"的鼓励以及杰瑞的"试试其他游乐设施"的建议，使我开始了这次的探险。这本书颠覆了我的许多假设。我原以为写书就是出书然后售卖，可是我发现当你写了提案后，你要有一个经纪人帮你去组织这本书的拍卖（鉴于鲍勃的成功），所以你必须先建立一个团体，而这本书就是团体的图腾。这些活动引人入胜，我尤为惊喜这本书很快成为华尔街的畅销书。虽然这本书卖得很好，但它大部分是被公司采购并发给员工，而《纽约时报》排名也不考虑这类采购，所以它没有名列榜首。

接近成功的失败和死胡同

任何对个人职业生涯作为一系列随机漂移的记叙都会谈及失败。然而，失败和成功都是事件发生后的追溯性判断；相反，事件本身是一个接近成功的失败或者一个死胡同，又或者感觉是一个普通的错误。与其列出我的许多失败（我有很多！），我想不如讲一些典型事例，以期它们能帮助读者理解其所透露的意味。

让我从一个接近成功的失败开始说起。去年，我的朋友兼合著者亨里奇·格雷夫访问了斯坦福大学。因为他曾是詹姆斯·马奇的学生，我就想，我们俩应该做一项研究作为送给詹姆斯的礼物。该研究试图向怀疑论者表明，垃圾桶理论是一个模型而不是一个比喻，而且它不需要包含确定性这个因素。1984年，当我第一次在凯斯西储大学读到垃圾桶理论的研究时，由于我和做运营研究的同事比较接近，就很想知道为什么詹姆斯和迈克尔·科恩（Michael Cohen）没有引用生产管理中排队理论的观点。几年后，当我和格雷夫重新审视垃圾桶理论的研究时，排队理论的概念已经出现，但我们仍不知道如何开发一个模型，在人员、问题和解决方案的队列中借鉴随机匹配。幸运的是，来自管理科学领域的彼得·格林（Peter Glyn）——排队理论的主要贡献者，加入了我们这个项目。最后这项研究是完成了，但它是一个接近成功的失败，因为我们在詹姆斯去世后才做完。詹姆斯当然知道学术工作的节奏，他曾经问过我们："我在死前能看到论文吗？"我们未能做到，这成为我们永远的遗憾。

做研究时会出现死胡同，而危险升级在于我们会在错误中越陷越深。有时人们不得不放弃研究。我记得自己在一个研究中无法使用汽车数据——这些数据是为声誉研究而收集的——来解释科技变革。我最初的想法是划定发酵和主导设计的年代，结果做了很多努力后，依然无法解决内生性问题，最终不得不放弃。做放弃的决定很艰难，但这也解放了自己，并让我因此可以专注于其他项目。

结语

让我再谈谈我把自己的职业生涯说成是一系列随机漂移的意义。我知道我的职业轨迹不同寻常，很少有人始于凯斯西储大学而终于斯坦福大学，所以机遇发挥了关键作用。与此同时，虽然机会很重要，但为把握机会所做的回应也很重要。我认识的那些卓越的学者都精心分配他们的时间，你必须向他们展示你的好奇心、能力、勤奋，以及最重要的是要对所做的一切感到兴奋。我分享了一些亲身体会，但我只用了一个样本——我自己的职业生涯，以说明一个人应对机遇的态度是何等重要。要点如下。

1. 每个地方都会给你一份意想不到的礼物，你要去拥抱它。我们带着期望到工作的地方，最后有可能落空或未达到最理想的状态，但在每个地方都可能得到意想不到的礼物。我以为泽维尔劳资关系学院会让我成为一名企业高管，它却让我开始了学术生涯。凯斯西储大学在支持我的同时，也给了我自学以及向其他同学学习的机会，如向做运营研究的同事学习。同样，我去了凯洛格商学院，本希望做更多的研究，但学会了如何教书。我以为在斯坦福大学能做更多研究，但它却打开了通过写作循证书籍（如《让卓越展翅》）来影响实践的大门。抱紧每个地方给你的礼物，不要花时间去对抗它！

2. 合著者是老师。我很幸运有很多合作者和合著者，他们是为我打开思想新窗的老师。每位合著者都教会了我一些具体的东西；如希瑟能很快地把一堆结果可视化；杰瑞可以为一项研究写出很好的导言和动机；保罗总能举出反例；而格雷夫在我们研究挪威的文化遗产和组织建构时能带我阅读和理解挪威的历史。

3. 诚信是关系所结的果实。我们认为诚实是一种个人特质。虽然情况可能如此，但我们投身项目的合著者网络让我们恪守诚信。可以想象，商学院的教授们可以把时间花在研究事业上，也可以把时间花在咨询和其他活动上赚钱。那么，是什么使你能够保持对研究的承诺？是你的合著者！你必须向他们交付结果——无论是数据分析、书面文档还是视频通话。所有这些都确保研究的活力，而不是被咨询挣钱的诱惑扼杀。

4. 你的人生伴侣很重要。在生活的所有随机漂移中，对人生伴侣的选择至关重要。如果可能，应该选择一个比你更慷慨，可以激发你最好的一面，并且能让你自嘲愚笨的人。我很幸运能够遇到我的另一半，以上她都可以做到。她也是我最好的批评者。当我让她阅读一份我的研究初稿，她却睡着了的时候，我就知道我写得不行！

5. 做你自己。最重要的是，正如杰弗里·菲佛告诉我的那样，做你自己！当你把工作描述成你自己时，你就会花时间投在你喜欢的事情上，并且回避你不喜欢的事情。当我在斯坦福大学的一些资深同事敦促我开始某个研究计划时，杰弗里的这份礼物让我能够告诉自己和别人："不好意思，我想要做其他的事情。"

参考文献

（1）Dutta，S.，& H. Rao.（2015）. Infectious diseases，contamination rumors，and ethnic violence: Regimental mutinies in the Bengal Native Army in 1857. Organizational Behavior and Human Decision Processes，127，36–47.

（2）Greve，H.，J. Posner，& H. Rao.（2006）. Vox populi: Resource partitioning，organizational proliferation and the cultural impact of the insurgent micro-radio movement. American Journal of Sociology，112，802–837.

（3）Ingram，P.，& H. Rao.（2004）. Store wars: The enactment and repeal of anti–chain store legislation in America. American Journal of Sociology，110（2），446–487.

（4）Ingram，P.，L. Yue，& H. Rao.（2010）. Troubled store: Probes，protests and store openings by Wal-Mart: 1998–2005. American Journal of Sociology，116，53–92.

（5）Haveman，H.，H. Rao，& S. Parachuri.（2007）. The winds of change: Political culture and the diversity of organizational forms in the early California thrift industry. American Sociological Review，72（1），114–172.

（6）Haveman，H.，& H. Rao.（1997）. Structuring a theory of moral sentiments: Institutional and organizational co-evolution in the early California Thrift industry. American Journal of Sociology，102，1606–1651.

（7）Neilsen，E.，& H. Rao.（1987）. The strategy-legitimacy nexus: A thick description. Academy of Management Review，12（3），523–533.

（8）Pfeffer，J.，& G. R. Salancik.（1978）. The external control of organizations: A resource dependence perspective. Stanford，CA: Stanford University Press.

（9）Rao，H.（2014）. Scaling up excellence: How to get to more without settling for less. New York: Crown.

（10）Rao，H. The social construction of reputation: Contests，credentialing and legitimation in the American automobile industry: 1895–1912.（1994）. Strategic Management Journal，15，29–44.

（11）Rao，H.，G. M. Davis，& A. Ward.（2000）. Embeddedness and social identity: Why organizations leave NASDAQ and join NYSE. Administrative Science Quarterly，45，268–292.

（12）Rao，H.，H. Greve and G.M. Davis（2001）Fool's Gold: Social Proof in the Initiation and abandonment of Coverage by Wqall Street Analysts. Administrative Science Quarterly，46，502–526.

（13）Rao，H.，& S. Dutta.（2012）. Free spaces as organizational weapons of the weak: Religious festivals and regimental mutinies in the Bengal Native Army，1857. Administrative Science Quarterly，57，627–668.

（14）Rao，H.，P. Monin，& R. Durand.（2003）. Institutional change in Toque Ville:

Nouvelle cuisine as an identity movement in French gastronomy，American Journal of Sociology，108（4），795–843.

（15）Rao，H.，P. Monin，& R. Durand.（2005）. Border crossing：Bricolage and the erosion of culinary categories in French gastronomy. American Sociological Review，70，9868–9991.

（16）Rao，H.，& E. Neilsen.（1992）. An ecology of collectivized agency：Dissolutions of savings and loan associations；1960–1987. Administrative Science Quarterly，37，448–470.

（17）Rao，H.，& W. Pasmore.（1989）. Knowledge and interests in organization studies：A conflict of interpretations. Organization Studies，10（2），225–239.

（18）Rao，H.，L. Yue，& P. Ingram.（2011）. Laws of attraction：Regulatory arbitrage in the face of activism in right-to-work states. American Sociological Review，76（3），365–385.

（19）Yue，L.，H. Rao，& P. Ingram.（2013）. Informational spillovers from protests against corporations：A tale of Walmart and Target. Administrative Science Quarterly，58（4），669–701.

第九章

打造一个有关员工创造力与创新的系统化研究项目

莱斯大学　周京（Jing Zhou）

中国社会科学院工业经济研究所　高中华　翻译

在 20 世纪 90 年代中期，当我还是一名博士生时，就已经深深地被员工如何产生创造性想法这个话题所吸引，并开始着手设计系统的研究方案。当时组织与管理研究领域对员工创造力的兴趣刚刚萌芽，所以这是开启研究项目的好时机。哈佛大学的阿玛贝尔发表了一篇力作，强调特定情境对创造力的影响（Amabile，1996），这大大改变了社会心理学领域关于创造力研究的焦点，也极大地影响了管理学领域对于员工创造力的研究。之前的许多心理学研究都关注个人天赋或特质，并以此来区分有创造力的人和无创造力的人，但这种对天赋和特质的关注并不能直接回答如何在工作场所培养员工的创造力，因为组织中的很多因素，如组织文化、架构、过程、管理实践、任务特征和员工所处的社会环境，都没有被考虑进去。虽然很多员工不是天才，但在合适的条件下，他们有可能会提出关于产品、服务和流程的新颖且有用的想法，而这就是对工作场所创造力的定义（Amabile，1996）。反过来说，如果工作环境设置了很多限制，即使员工有很强的潜力或天生富有创造性，也可能被环境扼杀。因此，支持创造力的环境可以培养和促进员工的创造力，而不支持的环境可能会阻碍和削弱创造力。

这个强调环境因素的理论加深了我对工作场所创造力的理解。我当时觉得关于员工创造力的研究领域就像一个储量丰富的油田，让我无比兴奋。我一开始并没有一个明确的钻井路线图，只是兴奋地不断钻井。久而久之，我发现了三口"油井"，即三条研究路线，因为它们看起来大有希望，所以我之后就聚焦于挖掘这三口"油井"。最终，我通过这种聚焦努力形成了一个系统的研究项目，揭示了一系列与员工创造力有关的环境因素或管理实践。在接下来的四个小节，我将首先概述这项研究项目，总结其主要的成果和贡献。然后，在三个独立的小节中，我将更为详细地介绍这个研究项目中的每一个方面，讲述其背景故事来展现研究者的思考或决策过程。最后，我将对本章进行总结，分享在这次探索和发现知识财富之旅中的经验教训。

有关创造力与创新的系统研究项目概述

我的研究项目之所以具有系统性，第一个原因是我运用人和情境的交互理论来揭示主体（如个体或团队）和情境是如何相影响创造力的。无论是通过独立工作还是与合作者一起工作，我和我的合作者们共同探讨过的个体属性都包括创造性个性特征（Gough，1979）；大五性格模型中与创造力相关的四个特征（Costa & McCrae，1992）——体验开放、认真谨慎、内向；目标导向；自我规范的焦点；价值观（如从众和不确定性规避）（e.g.，George & Zhou，2001；Zhang & Zhou，2014）。我们所探讨过的情境因素包括多种类型的反馈（如正负反馈和反馈风格、主管的建设性反馈以及同事的有用型反馈），领导行为与领导属性（如变革型领导、授权型领导、主管监控行为、情商和可信度），员工—管理者关系（如关系管理），顾客的影响，有创造力同事的存在，任务特征（如任务自主性、任务复杂性、启发式任务），以及团队情境、社交网络和人力资源管理系统（e.g.，Dong，Liao，Chuang，Zhou，& Campbell-Bush，2015；Hirst，van Knippenberg，& Zhou，2009；Hirst，van Knippenberg，Zhou，Quintane，& Zhu，2015；Liu，Gong，Zhou，& Huang，2017；Shin & Zhou，2003，2007；Zhou，1998a，2003；Zhou & George，2003）。这种有条理的研究扩展并加深了我们在预测创造力上对主体和环境之间存在的复杂交互作用的理解。研究的系统性促进了我们对不同组合的主体—情境交互作用如何提升或阻碍创造力进行归类。比如，补救型交互作用描述的是，原本创造力较低的员工比原本创造力高的员工在某些特定情境下能表现出更大的创造力，因而在这种情境中受益更多。相反，协同型交互作用则描述了这样一种情况，即先天有更高创造力倾向的员工在某种能够触发和加强这种先天倾向的环境中表现出更大的创造力。这样的归类为我们提供了一个新颖和全面的概念性透镜，用于理解和预测与创造力相关的特质高低如何与积极或消极的环境相互作用，从而促进或降低员工的创造力。

　　我的研究项目之所以具有系统性的第二个原因是通过与詹妮弗·乔治（Jennifer George）教授进行合作，揭示了在什么条件下不满和负面情绪会促进创造力。这条研究路线首先揭示了员工对工作的不满如何触发和维持他们的创造性努力，然后揭示了负面情绪是如何在其中起作用的（George & Zhou，2002；Zhou & George，2001）。在我们的研究之前，大部分关于情绪与创造力关系的研究都聚焦于正面情绪与发散性思维之间的正向关系上。我们的理论认为，在组织中产生创造性想法是一个超越发散性思维的过程。这个过程包括发现问题，进行发散性思考并提出改进意见。因此我们强调在创造性过程中负面情绪其实会促进员工发现问题，持续努力思考，并去找到真正新颖的、有用的解决办法。我和乔治在做了一系列研究之后，提出了创造力的双音调谐理论，指出负面情绪和正面情绪能够对创造性想法激发过程的不同方面产生促进作用；在支持创造力的工作情境中，这两种情绪状态能够协同发挥作用，提高整体创造性输出（George & Zhou，2007）。

　　我的研究项目之所以具有系统性的第三个原因在于对创造力接收方的研究。基于社会认知视角，我们揭示管理者对员工创造性想法的认可所涉及的因素（Zhou & Woodman，2003），包括个体、人际和组织多个层次。我和合著者（Zhou，Wang，Song，& Wu，2017）对此开展了四项有系统的研究，结果发现，那些把自我规范的焦点放在提升上的人对充满创意的想法能感知到更大的创造力，有创新文化的组织也能使员工对充满创意的想法感觉到更大的创造力。而对于那些把自我规范的焦点放在防御上的人，用"得"而不是"失"的方式来提供情境线索，会让他们更能感知到充满创意的想法中的创造力。我们后来写了一篇关于创造力得到认可的综述文章（Zhou，Wang，Bavato，Tasselli，& Wu，2019），考查了核心知识员工的创造力对企业绩效产生影响的条件（Gong，Zhou & Chang，2013），研究了人力资源管理系统对员工创造力的影响，以及员工创造力对企业新产品引进创新的影响（Liu，Gong，Zhou & Huang，2017）。总之，从只关注创造力的前因到引入一个全新的研究方向——创造力的接收方，这大大拓宽了创造力的研究范围。

　　下面我将分别讲述这三个方面是如何发展的。在每个小节，我将详细描述一些具有代表性的研究，揭示在研究的概念化、设计和执行过程中，如何在关键决策点做出决策。

创造力的前因：理解主体和情境之间的相互作用

我通过关注对创造力前因的理解建立了研究项目。我的专业领域是组织中的行为管理，所以我对管理者会做什么，组织应该创造什么样的条件来促进而不是限制员工的创造力特别感兴趣。同时，我在心理学领域受到的训练让我认识到，个体差异可以影响员工对周围环境的反应。这种双重兴趣让我着迷于主体和环境之间的相互作用，从而认识到应该从相互作用的视角来理解创造力的前因。千里之行，始于足下。让我来讲述一下我研究项目中的第一个研究是如何形成的。

第一个研究是怎么做出来的？

当我开始做创造力研究时，并没有想过要设计一个有影响力的研究项目。相反，我当时非常困惑，并且真的很想解开一个谜团。这个谜团始于伊利诺伊大学香槟分校给博一学生开设的两个研讨课程：格雷格·奥尔德姆（Greg Oldham）教授的组织行为学和侯赛因·莱布莱比吉（Huseyin Leblebici）教授的组织理论课程。每周我们都有一个非常长的文献阅读列表，然后在课堂上讨论，特别是讨论自己从这些书籍或文章中产生的新颖的研究想法。我很喜欢阅读这些文献，因为它们通常是经典和当代作品的完美结合，我喜欢学习这些论文中讲述的理论和实证发现。当我单独阅读它们时，我常常被作者提出的精彩研究问题以及他们为了检验假设在设计研究时所用到的巧妙方法所吸引。然而，当我们要讨论自己的新研究想法时，我就比较害怕，因为其他的学生似乎总是有很多有趣的想法，而我往往是唯一没有任何想法的人。用"沮丧"来形容我当时的心情都算是轻描淡写。

虽然我直到几年后才意识到这一点，但在上那两门课的时候，这颗种子就埋下了。我开始渴望了解人们是如何产生创造性想法这个难题。我试图回答这个难题的第一块拼图变成了我的博士论文题目。这个研究题目源自我在读博期间对反馈意见的着迷。当时收到的各种反馈，主要是关于我们所完成的课程作业、学期论文以及我们作为研究助理或参与导师项目所做的部分研究工作。作为一名国际学生，我从来没有参加过研讨会类的课程，也没有担任过研究助理，因此我能够花大量的精力来关注教授们给我的反馈。也许因为这是我人生中第一次作为非英语母语者生活在一个全新的环境中，所以我同样非常关注我的同学们对教授反馈的看法。我很快意识到反馈对于学生的后续努力非常重要。不同学生得到的反馈非常不同，这一点都不奇怪。但让我感到困惑的是，在收到反馈后，学生们会产生不同的结果：有的学生之后想出了更好的想法，而有的学生没有表现出很大的进步。

对这一现象的直接解释是，有些学生可能比其他人更适合攻读博士学位，但我对这个传统的答案不满意。虽然在课堂上我大多时候都很安静，因为我还不太适应以英语和讨论为主的学习方式，但我的思维是活跃的。每次课后，我都会去图书馆阅读大量的论文。那时还需要翻阅纸质的期刊和书籍，而不是像今天可以直接获取电子版的论文。回想起来，去亲自查阅期刊促进了我对文献的阅读，拓宽了我的知识面。这是因为如果在一本期刊的某一期找到一篇文章后，我还经常发现同一期发表的其他文章也很有趣，并且也会去阅读它们。这样做的效果很好，因为要找到一个好的研究问题，需要一个人善于观察，以便从现实世界中识别出值得研究的重要现象。对许多研究者来说，这样的观察往往需要依赖于他们的个人经历。然而，要从个人的观察和经验中提取一个有价值的研究问题，人们需要将观察和个人经验与广泛的知识基础结合起来。这个知识基础能够帮助我们识别现象，并把隐藏在特定事件或经验细节中的关键构念分离出来。虽然在几年之后我开始着手博士论文的写作，但我一直保持着一个习惯，那就是坚持对其他同学对反馈做出的反应进行关注与解读，并广泛地进行文献阅读。这个在我博士第一年课程期间就形成的习惯让我找到了作为研究者的身份认同，并对我构建第一个系统的研究项目起到了很大的促进作用。

与我对反馈效果的兴趣相比，我对创造性活动的着迷持续了更长的时间。最初与其说是对知识的追求，不如说是对个人爱好的追求。我从小在北京长大，对视觉艺术非常感兴趣，尤其是绘画。在那个时代，人们更加期待学生们把时间和精力投入比艺术更"实用"的领域，如数学、物理、化学和生物。从初中到高中时期，理科成绩好的学生都受到尊敬。我理科成绩很好，所以我在高中时就走上了理科的道路。我的高中课程中没有设置艺术类课程，所以我不得不通过去博物馆和从书本上来学习画画和上色等技巧。我甚至还画了一个卡通系列，并试图把这些画变成一个自制的动画电影，不过后来都没有成功。我作为理科生通过高考进入北京大学之后，拥有了更多的自由，在得知学校里有课外社团时，我喜出望外。我加入了一个社团学习弹吉他，参加了一个关于如何解读和欣赏古典音乐的系列研讨会；还加入了胶片摄影社团，花了大量时间拍照以及在暗房里冲洗胶卷。虽然我在从事艺术或创造性活动的时候并没有意识到这一点，但回想起来，多年前我参与的所有创造性活动都让我体会到了创造性活动所带来的价值、乐趣和跌宕起伏的感受，甚至可能让我在人类和创造性想法的激发过程中产生了一些直觉。因此，在我开始准备写博士论文的时候，虽然创造力在组织行为学中还不是一个成熟的主题，但我早年个性形成时期的经历使我对创造性活动变得非常敏感，并在我心中播下了一颗种子。我对创造力产生了浓厚的求知欲，并使这颗种子在我攻读博士期间开花结果。

在伊利诺伊大学香槟分校读博的第一年，我对创造力的迷恋与日俱增。在我思考论文选题的时候，有一天这两件事被我联系了起来：我可以研究反馈如何对创造力产生影响，即如何激发原创和有用的想法。我从我自身和博士同学们的经历中观察到一个具有一致性的模式：正面反馈从本质上是促进我们继续前进的动力。但我也注意到，很多得到正面反馈的学生在后续研究中并没有提出创造性的想法，所以一定还有其他东西在发挥作用，而不仅仅是正面反馈。我深入研究了有关创造力的文献，在已发表的文章和未发表的学位论文中，我都找不到这种"别的东西"是什么。我当时觉得这是一个我可以做出贡献的机会，因为反馈已被广泛研究过了，但它对创造力的影响却还没得到多少关注。

然而，在我决定把我博士论文的研究重点放在反馈和创造力之前，我也考虑到创造力是否会成为组织行为学这个广阔领域中的一个合法领域。我的直觉是，它会的。我之所以考虑这个问题，是因为如果学者在这个领域进行研究，互相交换意见，并从彼此的研究中获得见解，那将是一件非常令我兴奋的事情。那时，我已经意识到我将享受在学术界发展职业生涯的生活。我阅读了所有伊利诺伊大学香槟分校教授或我此前崇拜的教授所发表的研究：格雷格·奥尔德汉姆，巴里·斯道，杰弗里·菲佛，杰瑞·萨兰西克（Jerry Salancik），基思·莫宁汉姆（Keith Murningham），戴夫·惠顿（Dave wheaton），杰瑞·费里斯（Jerry Ferris），哈里·特里安迪斯，鲍勃·韦尔（Bob Weil），查克·胡林（Chuck Hulin），弗里茨·德拉斯哥（Fritz Drasgow）和卡罗尔·库利克。我注意到他们都建立了系统的研究项目。他们往往专注于一种特定的行为或现象，旨在对其从广度和深度上形成全面的理解。他们通过开展概念创新和进行多项实证研究来实现这一目的，以揭示某种行为或现象背后的解释机制、预测因素或其后果。这种系统的研究方式对我很有吸引力，因为我认为这对于真正理解一种行为或现象而言是最有希望的途径，与之截然相反的做法是试图抓住"热门话题"，以尽可能多地获得发表机会。

　　我想知道我是否可以通过研究员工创造力来建立一个研究项目。一方面当时是在 20 世纪 90 年代中期，很少有组织行为学领域的研究者专门探讨创造力，也很少有关于员工创造力的文章出现在顶级管理期刊上，同时很少有同学对研究工作场所的创造力表现出兴趣。另一方面，我的论文导师格雷格·奥尔德姆开始研究员工的创造力，他曾是工作特征理论和物理工作环境设计方面的思想领袖。格雷格教授的另一名学生安妮·卡明斯（Anne Cummings）也正在写关于员工创造力的博士论文。当时互联网正从根本上改变商业运作方式和人们的生活方式。然而在那个时候，人们很难准确预测会发生什么变化。因此，人们对创造新事物的无限可能性感到非常兴奋，创造力和创新似乎成为个人和公司在动态环境中逐渐适应并茁壮成长的关键驱动力。一开始我并没有完全预见到员工创造力研究领域会成为今天这样蓬勃发展的领域，我早期在创造性活动中的经验可能帮助我理解了分散在伊利诺伊大学学术环境中的各种信息，并真正被员工创造力研究这一新兴领域所吸引。

　　在慎重选择这个研究领域后，我的兴趣越来越浓厚，于是我认真地进行了我的论文研究工作。我对关于反馈对创造力影响现象的识别，以及结合对反馈和创造力文献的深入研究，使我从概念上对反馈效价（正面还是负面）和反馈风格（信息的还是控制的）做出了区分（Zhou，1998a）。我运用认知评价理论进行了理论分析，预测到以信息风格传递的正面反馈将通过提升内在动机来促进创造力，而工作任务自主性将加强这种交互效应。为了检验关于反馈效价和反馈风格的假设关系，我做了一个实验来确定因果关系的方向。实验结果支持了上述假设。基于交互效应的视角，我还假设作为个体差异变量的成就导向会与情境条件之间产生交互作用，也就是高成就导向的个体会对以信息风格传递的正面反馈在任务自主性高的情境下做出更积极的反应，但这个假设没有得到支持。在对本研究的理论分析和实证进行反思后，我得出的结论是，这并不是因为交互视角无效，而是因为我假设的是一种四维交互效应，这种效应是极难被检测出来的。从这次经历中我得到的学习体会是，我之后再也不要假设四维交互效应了！

总之，论文选题从根源上使我开始了对员工创造力和创新的系统研究。在选择论文题目时，我考虑的是更长远的问题，即想要找到一个真正有趣的、宏大的和复杂的难题，值得我用我的整个学术生涯来解答。在某种程度上，设计一个有影响力的研究项目类似于原油勘探。在石油勘探中，目标是找到一个可能有大量石油储备的油田，而不是钻许多已经干涸或即将枯竭的油井。要创建一个有影响力的研究项目，目标是确定一个研究领域。这不仅对研究人员来说是有趣的，还能够提供一个创造新知识的丰富体系的机会。这给博士生的启示就是，要将你的博士论文作为机会，首先选择一个研究领域，然后再确定论文选题。在选择研究领域时，植根于你的社会和知识环境中的信息至关重要。然而，你积累的个人经验会将你的注意力导向特定信息，并且影响你对这些信息的解释。这种情境影响和个体作用的结合解释了我对于博士论文题目的选择是如何成为开发一个系统的研究项目的第一步。

我的博士论文捕捉到了使用反馈作为一种工具来培养创造力的现象。得益于格雷格·奥尔姆和我的答辩委员会成员弗里茨·德拉斯哥、杰瑞·费里斯和卡罗尔·库利克对我学位论文提出的高标准，我的这篇论文（Zhou，1998a）很顺利地通过了期刊的评审过程。经过两轮审查和修改，这篇论文被我提交的第一个期刊发表了。更重要的是，这个研究为一系列利用反馈来培养创造力的系统化研究奠定了基础。比如，我和合著者后来把员工对工作的不满意视为反馈来研究它如何成为促进创造力的必要条件之一（Zhou & George，2001）。在另一项实地研究中，我发现主管的建设性反馈和有创意同事的存在对于提升员工创造力所共同发挥的作用。主管的建设性反馈是指主管向员工提供信息的程度，而这些信息能够使员工在工作中进行学习、发展和改进，我们发现这个提升作用在那些缺乏创造性个人特质的员工身上特别明显（Zhou，2003）。

反馈与创造力这个方向的研究一直在持续发展中。特别令人兴奋的是，随着组织越来越多地使用团队来进行工作，关于反馈和创造力的研究已经扩展到团队创造力方向。霍爱芙（Hoever）在第一个关于反馈与团队创造力的研究中进行了大规模的实验室实验，检验了反馈对团队创造力的影响，这是她博士期间研究的三篇高质量论文之一。她发现了反馈效价的不同效应：正面反馈促进了信息同质团队的创造力，而负面反馈促进了信息异质团队的创造力（Hoever，Zhou，& van Knippenberg，2018）。

构建现象驱动的研究问题

为了探究主体—情境的交互作用作为前因对创造力产生的影响，我倾向于通过对现实世界现象的观察来构建研究问题。我发现这种现象驱动的研究问题是有意义的，会有更大的机会对管理实践产生影响，而只通过阅读期刊论文提出的研究问题是做不到这一点的。一个代表性例子就是《什么时候工作不满能够带来创造力：鼓励建言的表达》（*When Job Dissatisfaction Leads to Creativity*：*Encouraging the Expression of Voice*），（Zhou & George，2001）。在提出这项研究的核心观点之前，我一直纠结一个问题：对于创造力来说，工作满意度高是好还是坏？引发对这个问题思考的是我与一位人力资源经理的对话，她提到了公司的年度员工调查情况。在调查别的事项之余，年度员工调查中还要求员工报告他们的工作满意度。一个基本的假设是，员工的工作满意度高对公司来说是件好事。如果在某一年中有很高比例的员工对自己的工作感到满意，人力资源经理就会因为工作做得好而得到上级的表扬。这种做法似乎与组织行为学领域数十年的研究保持一致：许多期刊论文将工作满意度作为一个因变量，其基本前提就是工作满意度高会导致高绩效。在某个时刻，我脑海中突然把两件事建立起了关联：我开始怀疑工作满意度是否会带来创造力。该公司的人力资源实践和组织行为学文献似乎肯定了这一点。然而，我觉得有些地方不太对劲，但又说不清楚到底是什么。这困扰了我好长一段时间。

在这段困扰我的时间里，我继续我的工作和日常活动。除了研究性论文和书籍，我还经常阅读小说和非小说类作品，我喜欢各种体裁的作品。也许是由于这种观察、思考和阅读在我脑海中的混合，有一天我突然想到了一个更好的问题：工作满意或工作不满意是否会导致创造力？我感到很兴奋，并和同事詹妮弗·乔治聊了聊，她的办公室就在走廊的另一边。我仍然记得我们坐在她的办公室里，讨论工作满意度是否会导致创造力的情形，随着我们的研究想法变得越来越具体，我们变得越来越兴奋。我们觉得我们可以从两方面进行论证：

工作满意度会带来创造力，因为当员工对自己的工作感到满意时，他们可能会投入时间和精力来想出创造性的想法。相反，对工作不满也会促进创造力，因为只有当员工感到自己工作的某些方面不令人满意时，他们才会发现问题，并开始尝试新的、更好的做事方式，这就是创造力的本质。我们觉得，如果仅仅依靠个人直觉，预测这两种情况中哪一种会发生是一个挑战。之后我们意识到赫希曼的著作（Hirschman，1970）能够提供一个有用的概念视角。

赫希曼认为，员工面对不满的感受会产生四种不同的反应：退出、建言、忠诚或忽略。员工可以采取积极的方式来回应他们对工作的不满，要么从组织中辞职（退出），要么留在组织里并努力使事情变得更好（建言）。或者，他们也可能会被动地回应他们对工作的不满，他们会留在组织中，但要么接受现状而不表示任何反对（忠诚），要么表现出退缩类型的行为（忽略）。我们的思路逐渐变得清晰了。于是我们提出，创造性想法是通过建言回应不满的一种形式。不满往往是由工作过程中的实际问题引起的。在不满时，员工可能会主动找出问题的根源，并提出新颖的、有用的想法来消除问题的根源，改善工作流程。我们进一步推断，因为员工面对工作不满时会有四种选择，所以他们在特定条件下才会选择建言这个选项。我们认为，持续承诺是一个必要条件，因为选择建言这个选项需要员工能够继续留在组织中。持续承诺是指员工出于需要而对组织做出的承诺，而不是基于情感依附或者对组织价值观和目标的认同而做出的承诺。我们将赫希曼的理论框架与创造力的交互视角结合起来，并从理论上推断，来自同事的有用反馈、同事的帮助及组织支持创造力能够作为附加条件，分别和组织承诺对创造力产生共同影响，以促进员工将他们的不满转化为创造力。

我们在一家石油钻井工具制造公司进行了实证调查，然后撰写论文并发表了这项研究（Zhou & George，2001）。该论文自发表在《管理学会杂志》以来，已被引用2410次（截至2020年1月28日，谷歌学术）。对于实证研究来说，这是一个相对较高的引用数字，这表明读者觉得这篇论文是有趣的和有用的。他们之所以觉得这篇论文有趣，可能是因为其中心思想挑战了现有的假设（这一点我将在下一节进行更详细的解释）。他们还可能觉得这篇论文是有用的，这是因为我们发现工作不满可以作为触发因素来提升创造力，表明创造力的第一步和关键步骤是识别问题，因此与问题识别相关的因素则是创造力的重要触发因素。该研究还认为，若要将工作不满转化为创造力，组织情境需要支持员工表达建言。这一观点激发了后来的去检验可能触发创造力的其他负面事件或因素的研究，以及检验对建言的表达具有支持作用的情境因素的研究。除了对创造力文献的贡献外，这项研究还表明创造力和建言之间存在联系。因此，从概念和实证角度而言，这项研究都是有用的。

这项研究的趣味性和实用性可能是这篇论文具有影响力的主要原因，正如它的高被引数所表明的那样（Zhou & George，2001）。一种重要的行为或现象的确定是开展一个有影响力的研究项目必不可少的第一步。在这个过程的某个时刻，从理论的角度进行思考可以让研究者找到一个有趣的角度来理解这一现象，并将一个特定的研究问题具体化，从而推进对这一现象的认识。虽然赫希曼的概念框架并不是专门为预测工作不满能否触发创造力而提出的，但这个框架提出建言是人们面对工作不满时的一种积极应对方式的观点，这为我们发展理论推理来揭示在什么条件下工作不满会促进创造力提供了帮助。与此同时，如果我们没有在一开始就发现这个框架，那么我们就不会继续捕捉到一个有趣的、人们知之甚少但又很重要的现象。如果没有赫希曼的概念框架和创造力的交互视角，我们可能很难捕捉这种现象，并形成一个具体的研究问题来解决它。因此，虽然我对现象驱动的研究很感兴趣，但我也很感谢理论在研究过程中所发挥的作用。

有时候，在非西方环境中发现的现象会面临来自期刊审稿人的抗拒，作者需要做好准备以克服障碍来让这类研究得到发表。从作者的角度来看，将这样的论文投到一个特刊可能会增加发表机会，让审稿人发现他们作品的趣味性、有效性和有用性。从期刊主编的角度来看，发起一个特刊是一种富有成效的方式，可以来吸引聚焦于特定现象或在特定情境中开展的现象驱动型论文投稿。一个例子是我和合著者在《组织行为和人类决策过程》发表的对内向性格和创造力的关系研究（Zhang，Zhou，& Kwon，2017）。我们对这个现象很感兴趣：个体的内向性格与创造力之间具有一定的关系。通过对这种现象的仔细推敲以及对相关因素的认真分析，我们提出一个研究问题：当很内向的员工处理复杂程度较高的任务，并且不需要顾虑自己与主管的关系时，他们是否能够想出更多新颖的想法？从本质上讲，我们认为任务复杂性和关系管理是影响性格内向者的创造力的关键情境条件。关系管理是我们研究的构念之一，它最初是在对中国情境下的研究中发现的（Chen & Chen，2004）。关系是指员工通过参与工作和非工作活动，与主管建立、管理和保持的非正式的私人关系（Law，Wong，Wang，& Wang，2000）。我们知道有些审稿人可能不容易理解这个构念的全部含义，因此我们努力地把我们的论证过程做得更为透彻和令人信服。基于我们的观察和在关系方面的以往研究基础，我们对关系管理的概念进行了解释，这个概念强调了员工与他们主管之间关系的动态属性。关系管理意味着，为了与主管建立积极的、高质量的关系，员工通常需要投入大量的时间和精力。在关系建立好之后，员工仍需要投入大量的时间和精力来维持现有的基础。关系管理要求员工与主管保持互动，努力在工作场所内外都与主管建立并保持良好的关系。我们强调，关系管理具有一个显著特征：员工为建立和维护关系而参与的活动往往与工作场所之外的事宜有关，通常包括员工在一些与家人和朋友有关的事情上帮助上司（Chen，Friedman，Yu，Fang，& Lu，2009）。

正如我所提到的那样，将已识别的现象与之前的理论和相关研究联系起来，以发展构念并预测不同构念之间的关系，对于形成现象驱动的研究问题至关重要。当一种现象最初在非西方情境中被发现时，这对以往理论和研究进行彻底的回顾和查阅变得尤为重要，因为这会给研究者带来信心，让他们认识到他们所捕捉到的现象将可能引起读者的广泛兴趣。此外，我们在这篇论文获得的经验表明，将针对非西方环境中捕捉到的现象所撰写的论文投稿到一个专刊，可能会增加让论文得到评审团队更为认真的考虑的机会。

另外，有些时候，在非西方情境中捕捉到的现象可能会在西方的评审人和读者中引起共鸣，所以当作者准备向期刊投稿时，如果没有合适的专刊，也不应该气馁。例如，我们通过任务塑造捕捉到与创造力相关的就业不足现象（Lin，Law，& Zhou，2017）。尽管本文所报告的研究是在中国开展的，但《管理学会杂志》的期刊评审人似乎对这一现象和这项研究都非常感兴趣。所以这项研究被我们提交的第一个期刊接受了，而且不属于专刊。有趣的是，在这项研究发表在学术期刊上后，大众媒体迅速报道了这个故事，并报道了研究结果。

总而言之，通过阐述基于现象的研究问题，并使用交互视角作为主要的理论视角，让我的研究项目的第一个方面能系统地检验主体（一个个体员工或一个团队）和情境之间的相互作用。这种系统性的研究努力促使我形成了关于员工创造力前因的研究方向，而且总的来说，我在这一研究方向上积累了丰富的成果。基于这些成果，研究者对主体—情境交互的类型进行了概念化，描述了九种主体—情境交互对员工创造力产生的影响（Zhou & Hoever，2014）。

别类思考，让新概念破土而出

除了现象驱动研究这个原则外，我用于指导研究问题形成的另外一个原则是，它们是否挑战了广泛持有的假设或传统智慧。做研究耗财、耗时，也耗人的精力和体力。行为研究者需要从员工和管理者那里收集数据，因此还需要参与者贡献时间和精力。由于每个研究项目都有有形的成本和无形的成本，所以我认为研究者应该致力于解决富有意义的研究问题，而这通常涉及挑战广泛持有的假设或传统智慧。这一目标与负责任研究的理念是一致的。为了实现这一目标，借用苹果公司著名的口号，研究者需要采用"别类思考"，并敢于让新概念破土而出。我的研究项目的第二个方面反映了我对这一目标的追求。

这方面的研究主要着眼于揭示不满或负面情绪如何对创造力产生有利影响（George & Zhou，2002，2007；Zhou & George，2001）。之前提过的阐述了创造力的建言学说就是典型的例子（Zhou & Geogre，2001），在此不再赘述。

负面情绪情感在创造力中的角色：参与具有挑衅性的理论对话

受到来自我们对工作不满和创造力研究的启发，我和合著者进行了更多的研究，系统地建立和扩展了我们第一个揭示不满对创造力影响的研究。在这方面，我们还有另外两个项目也特别值得关注，这两项研究主要集中揭示情绪情感对创造力产生的影响，而不是像工作不满中既包含情感又包含认知成分，以便对创造力这个新兴研究领域以及情感研究文献做出更广泛的贡献。在这些项目中，我有幸与詹妮弗·乔治合作，她是情感、情绪和心境研究领域的顶尖学者。我们的研究兴趣和专业领域互补，这对合作完成这些项目至关重要。

我们以情感文献中的情绪输入模型为基础（e.g., Martin & Stoner，1996）提出假设，推测在特定条件下负面情绪会促进创造力而正面情绪则会阻碍创造力（George & Zhou，2002）。这个推理挑战了多样化思维和创造力研究领域的传统观点。根据情绪输入模型，个体的情绪状态会为他们提供信息（e.g., Schwarz & Clore，2003），而信息的重要性和结果又取决于情境（Martin & Stoner，1996）。我们把这个模型运用于创造力研究，提出员工工作环境或情境给他们提供了关于他们正在表现出来的创造性行为的线索。这些线索对他们很有价值，因为在工作中从事创造性活动时，一般很难获得客观信息。当他们尽力提出新颖的、更好的方法来完成任务时，必须自己判断。我们的实证结果与理论推理一致，当组织对创造力给予认可和奖励，而且个体清晰了解自己的情绪状态（元情绪）时，负面情绪与创造力呈正相关；但在同样条件下，正面情绪与创造力呈负相关。该研究对创造力文献的贡献在于：（1）论证了组织中使负面情绪提升创造力，使正面情绪抑制创造力的条件；（2）检验了元情绪过程对创造力的影响。

形成双音调谐理论视角

我们继续探索情绪状态和创造力之间的复杂关系。通过提出和检验双音调谐理论，我们揭示了正面情绪、负面情绪和支持性情境对创造力的交互作用，这是一个更大的理论贡献（George & Zhou，2007）。

情绪信息理论认为，情绪可以对个体的认知过程产生调谐效应。因此，正面和负面情绪都可能对工作场所的创造力发挥作用。正面情绪标志着事件处于令人满意的状态，这可以促进员工更多地使用整合性的自上而下策略，简化直觉、认知图式和脚本（e.g.，Fiedler，1988；Kaufmann，2003；Schwarz，2002；Schwarz & Clore，2003），能够让信息处理过程变得不那么系统化和费力。负面情绪标志着事件处于问题状态，因此可以推动个体来解决并纠正这些问题。这个状态激发人们使用自下而上、细节导向和分析式的方法来理解情境，并更多聚焦在对手头数据的理解上，而较少地关注预先存在的直觉、认知图式和脚本（Kaufmann，2003；Schwarz & Clore，2003）。正因如此，正面情绪、负面情绪均有利于创造力的提升。负面情绪提醒我们注意问题，使我们专注于当前的情况，并激励我们付出高水平的努力来做出改善（George & Zhou，2002；Kaufmann，2003；Martin & Stoner，1996；Schwarz，2002）。正面情绪让我们充满快乐地去提出创造性的想法，并且愿意冒险并探索新的做事方法，这有助于促进发散型思维。

重要的是，正面情绪和负面情绪的联合作用只会出现在主管提供的支持性情境中，这与我前面提到的个体—情境交互观点是相一致的。也就是说，我们的双音调谐视角预测了正面情绪、负面情绪和支持性情境对创造力的交互影响，当正面情绪和支持性情境都很高时，负面情绪与创造力的正向关系最强。我们的数据支持了这个假设。通过描述和检验双音调谐理论，我们对创造力文献做出了以下开创性的贡献：（1）从理论上解释了正面情绪、负面情绪和情境对创造力的交互作用；（2）对正面情绪、负面情绪和创造力之间的关系提供了一种对以往看似矛盾的观点所进行的整合。

总之，双音调谐视角为创造力研究开辟了新的概念基础。使得这一视角的发展成为可能的原因是我们尝试了不同的思考方式，并且一直沿着系统化的研究道路开展研究。这条道路开始于我们对普遍持有的假设的挑战，即工作满意度是员工在工作场所的理想结果，按照同样的逻辑，工作不满则是不受欢迎且有害的。我们在这条道路上取得了重大进展，并参与了一场具有挑衅性的对话，这场对话是关于负面情感在创造性想法产生过程中的作用。最终我们将负面情绪和正面情感对创造力的不同影响整合到了创造力的双音调谐视角之中。

开拓新领域：创造力受众的感知

我的系统研究项目的第三个方面是关注硬币的另一面：创造力接收。这开始于一个简单的愿望，即希望产生一些全新的想法，并且我觉得这很有乐趣。接下来我会讲述形成这一研究方向的里程碑、转折点和思考过程。

管理者对员工创造性想法的认可

1998 年，当我还是德州农工大学管理系的助理教授时，一位资深同事迪克·伍德曼邀请我在一个关于组织变革的会议上发言。迪克是组织变革领域的顶级学者。据我所知，这次会议的缘起是他与密苏里大学的教员们进行的一次讨论，当时他们正筹备在组织变革领域建立一个卓越中心。组织变革与工作场所创造力这个研究领域是相互关联的，因为新颖的、有用的想法可以带来有意义的变革。我对这个机会很感兴趣，因为这样可以与邻近领域的研究者进行对话，于是我接受了邀请。可下一个问题是：我的发言应该讲什么？在那段时间，我从事了几项关于创造力前因的实证研究。我可以选择其中任意一项在大会上陈述，但我却有一种想冒险的冲动，即想通过创作一篇全新的、不同的论文来寻找乐趣。我想让自己的想象力能够自由地驰骋，而不是把自己限制在顶级期刊发表所必需的校准工作上。作为一名助理教授，我已经做了很多有关后面这种类型的工作，所以我想从创作一篇全新的、不同的论文中找到乐趣。

我给了自己一周的时间去思考这篇全新的、不同的论文会是什么样子。我每天晚上都在办公室工作，那时候我总在校园附近唯一一提供外卖服务的中餐馆点餐。我每天晚上都点麻婆豆腐，因为菜单上没别的东西能让我胃口大开。我不记得吃了多少个晚上的麻婆豆腐，但有一天晚上，在吃麻婆豆腐的时候，我突然有了一个想法：能够激发创造性想法的行动并不一定会带来组织的变革。变革是实施新想法带来的结果。然而，在想法实施之前，管理者需要认可员工的创造性想法。我越思考这个想法，就越让我感到兴奋。最后，我写了一篇题为《管理者对员工创造性想法的认可：一种社会认知方法》的论文（Zhou，1998b），并在会议上进行了陈述。本文对管理者的个人特征、社会情境以及预测管理者对员工创造性想法认可的认知机制进行了理论分析。参会者对这个想法非常感兴趣，迪克建议我进一步发展这个研究，并投稿给管理学会年会。我这么做了，并且邀请迪克作为我的合作者。我的这项研究被接受并在 1999 年管理学会年会上由我进行了陈述（Zhou & Woodman，1999）。后来，迪克收到了为《国际创新手册》（*The International Handbook on Innovation*）撰写一章的邀请，所以我们的这篇论文在那里得到了发表（Zhou & Woodman，2003）。在完成这个概念性工作后，我换了工作，组建了家庭，在专业组织中担任了一系列领导职务，并担任了《应用心理学杂志》的副主编。从论文发表的角度来看，我在这个话题上的研究工作经历了几年的平静时期。回想起来，这段平静时期是有价值的，正如在这里所描述的，因为这段时期孕育了大量与众不同的实证研究。

"员工创造力能提升企业绩效"，这是真的吗？

自从学者开始研究工作场所的创造力以来，其主要聚焦于识别创造力的前因。为了把创造力作为因变量来研究，许多论文在第一段中就断言员工创造力有助于企业创新和绩效。有一天，我突然意识到这还是一个需要加以检验的重要假设，就和人力资源管理系统领域的专家龚亚平联系，合作设计了一项关于企业人力资源管理系统如何影响员工创造力的研究。幸运的是，我们合作的第一项成果是检验核心知识型员工创造力对企业绩效的影响。我们发现员工创造力和公司绩效之间的相关性是 -0.03，即几乎没什么关系。这意味着我们亟需了解员工在产生创造性想法后发生了什么（Gong et al.，2013）。

在一项研究中，我和合著者发现，员工创造力和企业创新之间的相关性是0.23，这里的企业创新指标是由新产品数量来进行衡量的（Liu et al.，2017）。尽管相关系数在统计上具有显著性，但实际的影响规模并不大。这表明员工创造力与企业创新虽然相关，却并不意味着员工的创造力可以转化成组织创新。把这两篇论文的结果放在一起来看之后，表明需要深入分析当个体作为创造力的接收方遇到别人的创造性想法时，会产生什么样的反应。这两篇论文是我开始研究项目的第三个方面的转折点。

关于创造力接收的系统化研究

我一直在做关于创造力接收的理论性和实证性工作，目的是建立一个既科学严谨又实用有效的系统性的知识体系。比如，我写了一篇报告四项研究的实证论文，系统地检验了对个人新颖性和创造力感知产生影响的个体和情境因素。创造力被定义为激发新颖且有用想法的过程（Amabile，1996）。我和合著者认为，对新奇事物的认知是从他人产生的想法中提取价值的关键起点（Zhou et al.，2017），但对此提出的理论并不多。因此，我们决定先发展一种关联评价学说来解释个人和情境因素如何促进或抑制个体对新颖性和创造力的感知。然后做了四项实证研究，为基于此新理论提出的假设提供了系统验证。研究一是一项实验室实验，发现知觉者的调节焦点会作为一种实验诱导的状态，影响他们对新颖性的感知。研究二是一项以制造业背景下工作的员工群体为样本开展的实地研究，发现知觉者（员工）的调节焦点作为特质会与新颖性（或创造力）的标准水平产生相互作用：更聚焦于提升的知觉者更可能从具有新颖性（或创造性）的想法中感知到创造力；相反，更聚焦于防御的知觉者会从具有新颖性（或创造性）的想法中感知到更低的创造性力。研究三是一个使用了管理者样本的实地研究。结果表明，组织文化会对管理者新颖性和创造力感知产生影响，即创新文化能够促进管理者对新颖性和创造力的感知。研究四是一个实验室实验，结果发现了知觉者、想法以及情境之间的三维交互作用：对于聚焦防御的知觉者而言，如果用"失"而不是"得"的框架，比起用"得"而不是"失"的框架，那么新颖性规范水平与创造力评价之间正向关系的关联程度显著减弱。

我们的合作开始于 2011 年，论文发表出来是在 2017 年。虽然我和合作者花了多年时间来构建理论，开展四项研究，撰写论文，并通过期刊评审过程，但我觉得这种系统性的研究设计加深了我们对现象的深入理解，提高了研究的科学性和严谨性，并促进了真正有用的知识体系的创造。然而，进行系统性研究并非没有成本。最明显的代价就是很耗时，多年的努力最终只产生了一篇实证论文。即便如此，我还是坚持认为，研究者应该努力做能够产生真知灼见的高质量研究。事实上，我们通过这四项研究得到的见解为该领域的发展勾勒出了一幅路线图，这后来发表在另一篇综述文章中（Zhou，Wang，Bavato，Tasselli，& Wu，2019）。

结语

我在本章讲述了在建立一个有关员工创造力和创新的系统化研究项目上的历程。我主要描述了三个支柱，代表了这个系统项目的三个方面，同时着重讲述了这个旅程是如何发展和前进的"背景故事"。我很感激在建立这个研究项目的过程中得到了来自参与者、导师、合作者、同事、期刊主编和审稿人的帮助。我相信回馈社会是很重要的事情，回馈社会的一种方式就是通过教学来实现。事实上，我已经开发了一些课程来传播通过系统研究积累的知识。我的学生，特别是高管，很感谢这个知识体系的系统性，因为这为他们打造创新型组织提供了全面的见解和工具，在这样的组织中，员工可能会实现他们的创造性潜力，而客户乃至整个社会也可能会受益于这些员工的创造力。在接下来的两个小节中，我总结一下我是如何通过编辑著作和撰写综述文章来回馈学术界的，同时我还将分享我在这个过程中取得的关键收获。

书籍和综述文章

我回馈社会是通过编书、撰写综述文章以及发表能够为未来研究指出方向的研究的方式。这些通常并不会被认为是"在顶级期刊上发表"，但能够给同行研究者以及雄心勃勃的博士生们提供帮助，帮助他们节约时间。否则他们需要花费大量时间进行文献整理和综述，并且这还能帮助他们实现智力激发，以便于加快知识创造，推动创造力和创新领域的研究发展。

在编书和撰写综述文章时，我依然尽力通过创建一个系统化的路径来实现。比如，我已经与别人合作编辑了两本书（Zhou & Shalley，2008b；Shalley，Hitt，& Zhou，2015）：第一本聚焦于组织创造力研究，第二本建立了创造力、创新和创业者之间的联系。

我和合著者克里斯·沙利（Chris Shalley）在系统化地撰写综述文章上投入了大量时间，对创造力领域的文献进行了广泛的回顾，并且为未来研究指出了相应的方向。我们对定义、理论、研究设计以及测量进行了详细的综述（Zhou，Shalley，2003），创造力研究领域的新人能够通过这些内容快速地了解这个领域；我们指出了扩大组织创造力的范围和影响力的新方向，呼吁学者更多地关注多层次和跨层次的理论构建与研究（Zhou，Shalley，2008a），这篇文章激发了学者对于识别创造力的多层次或跨层次前因方面的兴趣；我们聚焦于创造力的情感、认知和动机机制（Zhou，Shalley，2011），在上篇论文的基础上做出了实质的扩展。通过回顾和分析情感、认知和动机这三种机制，这篇文章能够促进学者开始进入对创造力的系统化理解的下一个阶段：揭示用于解释为何不同前因能够对创造力产生影响的不同类型心理机制。霍弗和我在 2014 年提出了一种新的类型学来理解主体和不同层次分析环境之间的相互作用，从而提供一个全面的理论视角，将创造力的多层次或跨层次理论方面的多种交互视角整合起来。刘、蒋、沙利、基姆（Keem）和我在 2016 年对现有文献做了元分析并综述创造力动机机制，通过聚焦于创造力的三种动机驱动因素，这篇定性综述扩展了我们对创造力不同动机驱动因素的理解。通过把对创造力研究的关注焦点转向创造力的接收方，我们在 2019 年在对管理学的少量现有研究进行回顾的基础上，又对在艺术、教育、心理学、社会学以及营销领域的多学科研究进行了回顾。这篇文献综述指出，管理学领域研究者用于这个话题上的注意力还很有限，并提出研究者应该结合其他领域的知识来研究这个话题。

最后，我和合作者还撰写了一些综述文章，发表在《管理杂志》年度综述类专刊上，这期专刊颇具影响力。沙利、奥尔德汉姆和我在 2004 年对创造力研究进行回顾，并且对未来研究方向进行了展望；而安德森、波托科尼克和我在 2014 年对创造力和创新领域文献进行了综述与整合，并且提出了六十个新的研究问题。由于《管理杂志》年度综述专刊的评审过程非常严格，因此通过修改的过程也非常具有挑战性，并且很耗时。我和合作者的这些重大投入带来了回报——引用次数表明读者发现这些文章是有用的。截至 2020 年 1 月 28 日，2004 年发表的文章的被引次数达到 2599 次，2014 年发表的综述的被引次数达到了 1655 次（两者都是谷歌学术引用次数）。令人欣慰的是，这两篇论文分别在 2009 年和 2019 年获得了该杂志的年度最佳论文奖。

关键要点

我对自己在打造系统化研究中最重要的原则和方法进行了汇总，特别强调以下要点。

- 创建一个系统化研究项目（如员工创造力和组织创新的微观基础），以便通过创造连贯的知识体系对特定领域的行为、话题或现象进行深入分析，而不是试图就不同的、分散的话题发表论文。
- 选择一个新兴的研究领域（如创造力和创新）是建立系统化研究项目的第一步，也是非常关键的一步。
- 选择研究领域后，在自然背景下观察相应的人类行为，捕捉有趣的现象（如员工在经历工作不满意后会做什么），以便在选定领域开展研究。
- 在做出有关研究项目的决定以及明确要解决的具体研究问题之前，要保持强烈的好奇心，进行大量的观察、阅读和思考（如工作不满导致创造力的条件）。
- 进行广泛多样的阅读，让自己对相邻的领域也有所涉猎。
- 对通常持有的假设质疑，持续地对能够挑战这些假设的研究问题进行探究（如工作不满可能对于识别问题来说是有价值的）。
- 保持系统化：明确每个项目如何与更广泛的视野相联系，如哪些情境和个人因素能激发员工创造力，哪些情境或个人因素会阻碍员工创造力，心理机制是什么？创造力是如何被他人认可和接受的，
- 向那些对研究有较高的标准并且致力于开展负责任研究的学者请教与学习。
- 最终目标是加深我们对研究问题的理解，而不是积累大量的论文。精心创作每一篇论文，以解决每一个有趣的问题，并发表创造性的见解。

参考文献

（1）Amabile，T. M.（1996）. Creativity in context：Update to the social psychology of creativity. Boulder，CO：Westview Press.

（2）Anderson，N.，Potocnik，K.，&Zhou，J.（2014）. Innovation and creativity in organizations：A state-of-the-science review，prospective commentary，and guiding framework. Journal of Management，40，1297–1333.

（3）Chen，X-P.，&Chen，C. C.（2004）. On the intricacies of the Chinese guanxi：A process model of guanxi development. Asia Pacific Journal of Management，21，305–324.

（4）Chen，Y.，Friedman，R.，Yu，E.，Fang，W.，&Lu，X.（2009）. Supervisor-subordinate guanxi：Developing a three-dimensional model and scale. Management and Organization Review，5，375–399.

（5）Costa，P. T.，&McCrae，R. R.（1992）. Revised NEO Personality Inventory（NEO PI-R）and NEO Five-Factor Inventory（NEO-FFI）professional manual. Odessa，FL：Psychological Assessment Resources.

（6）Dong，Y.，Liao，H.，Chuang，A.，Zhou，J.，&Campbell-Bush，E.（2015）. Fostering employee service creativity：Joint effects of customer empowering behaviors and supervisory empowering leadership. Journal of Applied Psychology，100，1364–1380.

（7）Fiedler，K.（1988）. Emotional mood，cognitive style，and behavior regulation. In K. Fiedler and J. Forgas（Eds.），Affect，cognition and social behavior，101–119. Toronto：J. Hogrefe.

（8）George，J. M.，&Zhou，J.（2001）. When openness to experience and conscientiousness are related to creative behavior：An interactional approach. Journal of Applied Psychology，86，513–524.

（9）George，J. M.，&Zhou，J.（2002）. Understanding when bad moods foster creativity and good ones don't：The role of context and clarity of feelings. Journal of Applied Psychology，87，687–697.

（10）George，J. M.，&Zhou，J.（2007）. Dual tuning in a supportive context：Joint contributions of positive mood，negative mood，and supervisory behaviors to employee creativity. Academy of Management Journal，50，605–622.

（11）Gong，Y.，Zhou，J.，&Chang，S.（2013）. Core knowledge employee creativity and firm performance：The moderating role of riskiness orientation，firm size，and realized absorptive capacity. Personnel Psychology，66，443–482.

（12）Gough，H. G.（1979）. A creative personality scale for the Adjective Check List. Journal of Personality and Social Psychology，37，1398–1405.

（13）Hirschman，A. O. 1970. Exit，voice，and loyalty：Responses to decline in firms， organizations，and states. Cambridge，MA：Harvard University Press.

（14）Hirst，G.，van Knippenberg，D.，&Zhou，J.（2009）. A cross-level perspective on employee creativity：Goal orientation，team learning behavior，and individual creativity. Academy of Management Journal，52，280–293.

（15）Hirst，G.，van Knippenberg，D.，Zhou，J.，Quintane，E.，&Zhu，C.（2015）. Heard it through the grapevine：Indirect networks and employee creativity. Journal of Applied Psychology，100，567–574.

（16）Hoever，I. J.，Zhou，J.，&van Knippenberg，D.（2018）. Different strokes for different teams：The contingent effects of positive and negative feedback on the creativity of informationally homogeneous and diverse teams. Academy of Management Journal，61，2159–2181.

（17）Kaufmann，G.（2003）. The effect of mood on creativity in the innovation process. In L. V. Shavinina（Ed.），The international handbook on innovation，191–203. Oxford，UK：Elsevier Science.

（18）Law，K. S.，Wong，C-S.，Wang，D.，&Wang. L.（2000）. Effect of supervisor-subordinate guanxi on supervisory decisions in China：An empirical investigation. The International Journal of Human Resource Management，11，751–765.

（19）Lin，B.，Law，K.，&Zhou，J.（2017）. Why is underemployment related to creativity and OCB? A task crafting explanation of the curvilinear moderated relations. Academy of Management Journal，60，156–177.

（20）Liu，D.，Gong，Y.，Zhou，J.，& Huang，J.（2017）. Human resource systems，employee creativity，and firm innovation：The moderating role of firm ownership. Academy of Management Journal，60，1164–1188.

（21）Liu，D.，Jiang，K.，Shalley，C.，Keem，S.，&Zhou，J.（2016）. The underlying motivational mechanisms for employee creativity：A meta-analytic examination and theoretical extension of the creativity literature. Organizational Behavior and Human Decision Processes，137，236–263.

（22）Martin，L. L.，&Stoner，P.（1996）. Mood as input：What we think about how we feel determines how we think. In L. L. Martin & A. Tesser（Eds.），Striving and feeling：Interactions among goals，affect，and self-regulation，279–301. Mahwah，NJ：Lawrence Erlbaum.

（23）Schwarz, N.（2002）. Situated cognition and the wisdom of feelings：Cognitive tuning. In L. Feldman Barrett and P. Salovey（Eds.），The wisdom in feelings，144–166. New York：Guilford.

（24）Schwarz，N.，&Clore，G. L.（2003）. Mood as information. Psychological Inquiry，14，296–303.

（25）Shalley，C. E.，Hitt，M. A.，&Zhou，J.（Eds.）.（2015）. The Oxford handbook of creativity，innovation，and entrepreneurship. New York：Oxford University Press.

（26）Shalley，C. E.，Zhou，J.，&Oldham，G. R.（2004）. The effects of personal and contextual characteristics on creativity: Where should we go from here? Journal of Management，30，933–958.

（27）Shin，S.，&Zhou，J.（equal contribution）.（2003）. Transformational leadership，conservation，and creativity: Evidence from Korea. Academy of Management Journal，46，703–714.

（28）Shin，S.，&Zhou，J.（2007）. When is educational specialization heterogeneity related to creativity in research and development teams? Transformational leadership as a moderator. Journal of Applied Psychology，92，1709–1721.

（29）Zhang，X.，&Zhou，J.（equal contribution）.（2014）. Empowering leadership，uncertainty avoidance，trust and employee creativity: Interaction effects and mediating processes. Organizational Behavior and Human Decision Processes，124，150–164.

（30）Zhang，X.，Zhou，J.，&Kwon，H. K.（Zhang and Zhou contributed equally）（2017）. Configuring challenge and hindrance contexts for introversion and creativity: Joint effects of task complexity and guanxi management. Organizational Behavior and Human Decision Processes，143，54–68.

（31）Zhou，J.（1998a）. Feedback valence，feedback style，task autonomy，and achievement orientation: Interactive effects on creative performance. Journal of Applied Psychology，83，261–276.

（32）Zhou，J.（1998b）. Managers' recognition of employee creative ideas: A social-cognitive approach. [Paper presentation]. The 21st Century Change Imperative: Evolving Organizations & Emerging Networks Conference，Center for the Study of Organizational Change，University of Missouri-Columbia，Columbia，MO，United States，12–14.

（33）Zhou，J.（2003）. When the presence of creative coworkers is related to creativity: Role of supervisor close monitoring，developmental feedback，and creative personality. Journal of Applied Psychology，88，413–422.

（34）Zhou，J.，&George，J. M.（2001）. When job dissatisfaction leads to creativity: Encouraging the expression of voice. Academy of Management Journal，44，682–696.

（35）Zhou，J.，&George，J. M.（2003）. Awakening employee creativity: The role of leader emotional intelligence. Leadership Quarterly，14，545–568.

（36）Zhou，J.，&Hoever，I. J.（equal contribution）（2014）. Workplace creativity: A review and redirection. Annual Review of Organizational Psychology and Organizational Behavior，1，333–359.

（37）Zhou，J.，&Shalley，C. E.（2003）. Research on employee creativity: A critical review and directions for future research. In J. J. Martocchio and G. R. Ferris（Eds.），Research in personnel and human resource management，165–217. Oxford，UK: Elsevier Science.

（38）Zhou，J.，&Shalley，C. E.（2008a）. Expanding the scope and impact of organizational creativity research. In J. Zhou and C. E. Shalley（Eds.），Handbook of organizational creativity，

347–368. Hillsdale，NJ：Lawrence Erlbaum.

（39）Zhou，J.，&Shalley，C. E.（Eds.）.（2008b）. Handbook of organizational creativity. Hillsdale，NJ：Lawrence Erlbaum.

（40）Zhou，J.，&Shalley，C. E.（2011）. Deepening our understanding of creativity in the workplace. In S. Zedeck et al.（Eds.），APA handbook of industrial-organizational psychology，275–302. Washington，DC：American Psychological Association.

（41）Zhou，J.，Shin，S. J.，Brass，D. J.，Choi，J.，&Zhang，Z.（2009）. Social networks，personal values，and creativity：Evidence for curvilinear and interaction effects. Journal of Applied Psychology，94，1544–1552.

（42）Zhou，J.，Wang，X.，Bavato，D.，Tasselli，S.，&Wu，J.（2019）. Understanding the receiving side of creativity：A multidisciplinary review and implications for management research. Journal of Management，45，2570–2595.

（43）Zhou，J.，Wang，X.，Song，J.，&Wu，J.（2017）. Is it new? Personal and contextual influences on perceptions of novelty and creativity. Journal of Applied Psychology，102，180–202.

（44）Zhou，J.，&Woodman，R. W.（1999）. Managers' recognition of employee creative ideas：A social-cognitive approach. [Paper presentation]. Academy of Management Annual Meeting，Chicago，IL，United States，6–11.

（45）Zhou，J.，&Woodman，R. W.（2003）. Managers' recognition of employees' creative ideas. In L. V. Shavinina（Ed.），International handbook on innovation. Hillsdale，NJ：Lawrence Erlbaum.

第十章

造就企业：旅途就是目的地

马里兰大学　　拉吉西丽·阿加瓦尔（Rajshree Agarwal）

曼尼托巴大学　魏一帆　翻译

在瞬息万变的时代，不断学习的人能够在地球上长存，而停止学习的人会发现自己学到的知识只适用于一个不复存在的世界。

有人说，才能创造机会；但其实有时候机会来自一个人的强烈渴望，这种渴望不仅可以创造机会，还可以滋生才能。

——埃里克·霍弗

我的人生目标是能在知识、心理和财富三方面不断上进，所以我的旅途本身就是我的目的地。作为成长的引擎，创新和创业的话题一直让我着迷。就内容而言，我的旅途反映了对这两个引擎所释放出来的动态的学习状态，它跨越了个人、团队、公司、行业和经济体的所有层面。就过程而言，我的旅途表现为一个学者生涯：那是一种与导师、合著者和学生之间长期互动的有意义的充实关系，我们有着高度一致的价值观和相辅相成的能力互补。

让我首先感谢一下迈克尔·戈特（Michael Gort）。迈克尔不仅是我的博士生导师，还在我的婚礼上充当了我父亲的角色。他开创性著作（Gort & Klepper，1982）的合著者史蒂文·克莱珀（Steven Klepper）在一次采访中曾说到自己是如何受益于迈克尔·戈特而写出有影响力的著作（Agarwal &Braguinsky，2015）。我后来也模仿了他们的研究过程，即对重要而有趣的现实世界现象的深入探究。现象和数据启发了理论的发展，但这些数据常常不是现成存在的，而是要从头开始艰苦地创建数据库，挖掘多个来源并进行多重检验，从而开发出一个全面而完整的"地形走向"。而能够对理论和数据进行孜孜不倦的开发，必须具备跨越分析层面（和学科）的求知欲。

我也受益于不断偿还这笔"人情债"的驱使，那就是用此方法指导我的学生。这些学生，许多已成为该领域的优秀学者。他们也是我的老师，因为他们每个人都进行了自己的实证深入探究，并创造了新的理论观点，为我提供了许多关于演化动力学的知识。

作为一名持演化论观点的学者，我也用同样的视角来回望我的学术之旅。我用四个阶段来讨论该学术旅程的内容（总结于表 10.1）和过程（总结于表 10.2）。[①]

表 10.1　旅途就是目的地：内容

	阶段一：产业组织（1992～2002 年）	阶段二：战略管理（1999～2012 年）	阶段三：战略创业（2007～2017 年）	阶段四：企业和市场（2014 年至今）
主导视角	结构—行为—绩效；演化经济学	公司的演化理论	人力资本生命周期理论；创业的知识背景	个人、公司、产业、和市场的演化论视角；动机的心理学理论
理论基础	Caves & Porter（1977）；Gort & Klepper（1982）	Penrose（1959）；Nelson & Winter（1982）；Teece（1986）	Mincer（1958）；Schultz（1961）；Becker（1962, 1972）	Chase & Simon（1973）；Maslow（1954）；Locke（1968）；Rosenberg（1982）；Coleman（1986）；North（1990）
分析单位	产业、公司	公司	个人、公司	个人、公司、产业
方法工具	跨多个产业的大样本趋势和生存分析	单一产业背景下的大样本趋势和生存分析	对关联员工—雇主数据集的面板数据分析	定性方法，历史方法、对产业内个体公司"普查"的面板数据分析
主要驱动因素	生命周期阶段，公司特征（规模、年龄、过往经验）	生命周期阶段，公司特征和能力（技术、市场、综合能力）	生命周期阶段，公司特征和能力，人力资本（教育、经验）	实验。知识分享，人力企业（人力资本、动机和偏好）
关注的主要后果	进入、退出和生存	创业进入，生存、更新和成长	公司生存和成长，个人流动，创业和收益	创新（产业）出现和扩散，公司进入，生存和成长，个人流动，创业和收益

---

① 在行业演化研究中亦如是（Gort & Klepper，1982；Christensen，1997），这些阶段在时间上并没有明显的间断；相反，存在着两个阶段之间不同焦点共存的年份，以及在前一阶段中新的研究兴趣萌发时的"孵化"年份。

	阶段一：产业组织（1992～2002 年）	阶段二：战略管理（1999～2012 年）	阶段三：战略创业（2007～2017 年）	阶段四：企业和市场（2014 年至今）
研究文章范例	Agarwal（1994，1997，1998）；Agarwal & Gort（1996，2002）；Agarwal & Audretsch（2001）；Agarwal & Bayus（2002）	Agarwal，Sarkar，& Echambadi（2002）；Agarwal，Echambadi，Franco，& Sarkar（2004）；Agarwal，Audretsch，& Sarkar（2007，2010）；Ganco & Agarwal（2009）；Agarwal & Helfat（2009）；Agarwal，Croom & Mahoney（2010）；Chen，Williams，& Agarwal（2012）；Qian，Agarwal，& Hoetker（2012）	Campbell，Ganco，Franco，& Agarwal（2012）；Carnahan，Agarwal，& Campbell（2012）；Agarwal & Ohyama（2013）；Agarwal & Braguinsky（2014）；Agarwal & Shah（2014）；Ganco，Ziedonis，& Agarwal（2015）；Agarwal，Campbell，Franco，& Ganco（2016）；Shapiro，Hom，Shen，& Agarwal（2016）	Mindruta，Moeen，& Agarwal（2016）；Moeen & Agarwal（2017）；Greenwood，Agarwal，Agarwal，& Gopal（2017，2019）；Byun，Frake，& Agarwal（2018）；Shah，Agarwal，& Echambadi（2019）；Agarwal，Braguinsky，& Ohyama（2020）；Shah，Agarwal，& Sonka（2019）；Wormald，Agarwal，Braguinsky，& Shah（2021a，2021b）；Kim，Agarwal，& Goldfarb（2021）；Agarwal，Ganco，& Raffiee（2021）

表 10.2　旅途就是目的地：过程

	阶段一：产业组织（1992～2002年）	阶段二：战略管理（1999～2012年）	阶段三：战略创业（2007～2017 年）	阶段四：企业和市场（2014 年至今）
基本前提	产业生命周期阶段（结构）决定了公司战略（行为）和产业/公司动态（绩效）	产业不做决策，而是公司做	产业和公司都不做决策，而是个人做	产业和公司都不做决策，而是个人做，同时考虑他们的操作背景及其能力和愿望
愿望或"迫切需要"	深入探究产业变化动态	深入探究公司之间能力上的（可支配）差异，以解锁公司的"黑匣子"	深入探究个人之间能力上的（可支配）差异，以解锁战略人力资本市场的"黑匣子"	深入探究动机和"拥抱"选择，以考查个人能力和愿望之间的相互依赖关系以及企业和市场之间的互动
关键影响人	Michael Gort	Raj Echambadi；MB Sarkar	Ben Campbell；Sonali Shah	Ed Snider；Steve Sonka

	阶段一：产业组织（1992～2002年）	阶段二：战略管理（1999～2012年）	阶段三：战略创业（2007～2017年）	阶段四：企业和市场（2014年至今）
（新）互补者	David Audretsch；Barry Bayus	Janet Bercovitz；Rachel Croson；April Franco；Connie Helfat；Glenn Hoetker；Joe Mahoney；Charlie Williams；Rosemarie Ziedonis	Serguey Braguinsky；Debra Shapiro	Ritu Agarwal；Gilad Chen；Miriam Erez；Brent Goldfarb；Anand Gopal；Ella Miron-Spektor；Evan Starr
学生—老师		Pao-Lien Chen；Denisa Mindruta；Martin Ganco；Lihong Qian；Kumar Sarangee	Seth Carnahan；Mahka Moeen；Atsushi Ohyama；Shweta Gaonkar	Heejung Byun；Joonkyu Choi；Justin Frake；Brad Greenwood；Seojin Kim；Moran Lazar；Najoung Lim；Dan Olson；Audra Wormald
关键学习收获	对新颖丰富的数据集进行数据构建的投资具有很高的长期回报	在能力互补的同事之间确定共同兴趣并确保目标一致，以及愿意共同培养付出同样努力的博士生	通过遴选和培养博士生，打造高度资源互补、人际吸引力强、目标一致的项目团队	指导项目团队开发历史数据集和方法，依此定性和定量分析可以一起来确定更深层次的影响因素；愿意对早期研究中得出的推论提出疑问

第一阶段是我在经济系进行产业组织的研究，首先是在纽约州立大学布法罗分校（SUNY）（我的母校），然后是我职业生涯的起点佛罗里达中部大学（UCF）的经历。第二阶段对应着我向战略管理的过渡和转往伊利诺伊大学。第三阶段是对战略创业的逐步整合，以及另一次变动——去到马里兰大学。第四阶段，也就是我目前的阶段，反映在我决定成为马里兰州埃德·斯奈德企业与市场中心的创始主任——这是一家整合了研究、教学以及参与研究和传播创业型个人和组织通过贸易创造价值的前因后果的跨学科中心。

阶段一：产业经济学和产业演化研究

来自新商品、新技术、新的供给来源与新组织形态的竞争，所打击的并不是现有厂商的利润和产量边际，而是它们的生存基础。从长远来看，此类竞争会导致产出扩张并拉低价格。

——约瑟夫·熊彼特

20 世纪 90 年代初的主流经济学博士学位项目中大量使用了新古典主义均衡理论，以稳态、边际分析为主要特征。微观经济学和产业组织（IO）的课本（Carlton & Perloff，1990；Varian，1992）则使用线性的"结构—行为—绩效"（SCP）范式来区分市场结构（如完全竞争、垄断），并由此决定的公司战略行为，以及在公司盈利能力和社会福利方面对公司绩效产生的影响（Bain，1951；Schamalensee，1989）。这些基本不顾及熊彼特在 20 世纪早期就指出的现象。此外，博弈论是主导视角——创新研究基本上局限于对"专利竞赛"和"非赢即输"的企业动态描述，如现有公司与初创公司的博弈，大公司与小公司的博弈（Reinganum，1981）。真正的创业研究几乎不存在，正如鲍莫尔（Baumol）所言："理论上的公司是没有企业家的——丹麦王子已经从《哈姆雷特》的讨论中删除了。"[①]（Baumol，1968：68）

在这样的背景下，迈克尔·戈特成了一根出头椽子。他的微观经济学和产业组织课程（研究创新）课程启发我选择了 IO 这个专业领域，而不是劳动经济学（研究人力资本）领域进行研究。他涵盖了 SCP 理论，也介绍了产业动态理论。在实证方法上，早在主流计量经济学家还未强调其价值时，他就接受了溯因即基于数据和事实来推论最佳理论解释（Heckman & Singer，2017），而且他非常关心实践；他经常就监管和反垄断问题为公司提供观点和建议。就过程而言，迈克尔非常高效。我脑海中无法消除的记忆是他在走廊上坚定的步伐，关于行政问题清晰而简洁的通话，以及对学术上棘手问题的长时间讨论。他在挑选学生方面非常挑剔。在我准备去找他的时候，系里的行政主管给了我很好的建议："迈克尔会依据你的努力程度来匹配他的付出，如果他看到你努力工作，他会和你一起努力。如果你松懈，他也会配合你。"

戈特和克莱伯在 1982 年发表的论文记录了产业演化中的"典型化事实"，跟踪从行业初始阶段（阶段 1）到成熟阶段（阶段 5）的公司净进入率、专利、

[①] 熊彼特 (1945:86) 在谈到经济学未能研究创造性破坏过程的失败时，做了一个类似的类比："一个忽略了这一基本要素的理论建构，即使在逻辑上和事实上都是正确的，它就像没有丹麦王子的《哈姆雷特》。"

主要和次要创新，以及产业的产出和价格。他们逆推了五个相互竞争的理论解释，最后得出了一个新的理论解释，即从产业外到产业内知识库的转向。这个理论解释超越了当时占主导地位的新古典主义理论及各种变体。我的博士论文在他们这篇论文产业层面分析的基础上，考查了公司层面的深层动态对公司层面和产业层面的意义。这需要重新创建从 1883 年到 1991 年中包括三十三个行业的不平衡面板数据，以确定哪一家公司在什么时候进入，它的显著特征（公司规模、年龄、过往经验），以及它在所在产业中生存和退出方面的绩效表现（Agarwal，1994）。这还需要在多个数据源之间（如托马斯登记册、制造业普查、劳工统计局和美国专利数据）进行多重检验，以获得额外的公司和产业层面的特征认知。虽然在微缩胶片和纸质拷贝的数字化前时代，这些数据收集工作花了整整三年时间（并使我的毕业日期至少延长了一年），但这些数据使我在接下来的十年里发表了十篇学术论文。

对我来说，经历这个过程的一个重要收获就是认识到这种数据构建投资的重要性。虽然一开始带有一些研究的想法去构建数据库，但随着对数据和数据情景的深度了解，一些新的研究想法也自然出现了。例如，有些论文根据最初的假设检验了产业特征（生命周期阶段、技术强度、中间或最终产品部门）和公司特征（规模、年龄、初创公司或成熟大公司）对公司进入和生存的影响（Agarwal，1996，1997；Agarwal &Audretsch，1999，2001；Agarwal & Gort，1996，2002）。我对产业兴起的研究关注和兴趣，而不是其后期阶段（如淘汰）的其他研究，则是从数据构建的努力过程中浮现的。比如，我在汇总数据和进行分析时意识到一个重要的事实：公司起势需要的时间（阶段一的尾声），即创业"先行者"进入的时段，似乎在随着时间的推移而有序缩短。一个鲜明的例子是，19 世纪晚期，爱迪生留声机公司在该产业出现竞争者进入前已经享有三十三年的垄断地位；相比之下，在一个世纪后出现的 CD 播放机产业的垄断地位仅维持了三年。在迈克尔和我探讨了这一有趣现象背后的原因；我们排除了诸如产业资本密度和需求特征等明显的解释，并得出结论，即由于人才流动（随着时间的推移急剧上升）出现的知识扩散是一个合适的解释（Agarwal & Gort，2001）。

这些数据还促成了我与市场营销学者巴里·巴尤斯（Barry Bayus）卓有成效的合作。在市场营销中，销售扩散和开拓企业的（不利）优势是持久的兴趣。在我和巴尤斯在 2002 年发表的文章中，我们以我博士论文数据为基础，通过整合两种关于为什么在一个产业中公司起势是销售起势的必要前提的学科视角，得出了新的观点。[①] 在强调通过技术、基础设施和合法性的加强投资来实现需求转移的重要作用的同时，我们对市场营销的主导解释提出了质疑，因为我们证明了通过降低价格引发市场影响力来增加公司销售的模型与实证分析根本不符。

这些研究为我研究生涯的下一个阶段奠定了基础，并让我认识到两个关键点。第一，尽管那时我是一名产业组织学者，但我的兴趣似乎并不在于产业本身，而在于作为产业动力源泉的公司。简单地说，我在这个时刻意识到：产业不做决策，公司做决策（体现于他们的战略行动中）。第二，联系到前面提到的我在管理学（Lieberman & Montgomery，1988）和市场营销学中（Kerin，Varadarajan，& Peterson，1992；Robinson，Kalyanaram，& Urban，1994）并行的先发优势研究方面的更多认识，我意识到自己特别喜欢与这些领域的同事在走廊上交谈（经济学系是在 UCF 的商学院）。我与拉杰·埃尚巴迪和萨卡尔两位助理教授也在这个过程中成了好朋友。鉴于我们共同的研究兴趣，我与拉杰和萨卡尔已经开始了两个基于我博士论文数据的研究项目（Agarwal，Sarkar，&Echambadi，2002；Sarkar，Echambadi，Agarwal，& Sen，2006）。拉杰引用了一句至今让我印象深刻的话："研究想法并不知道它们属于什么学科。"于是我们（Agarwal，Sarkar，& Echambadi，2002）整合了经济学、管理学和社会学中的不同研究流派来调查各种组织和环境变量的影响和公司的生存结果。萨卡尔还鼓励我写一些针对管理学期刊的文章，让我申请战略管理的职位，这致使我去伊利诺伊大学任教。

阶段二：战略管理和对产业和公司演化的研究

每一条商业战略的真正重要性只有放在做决策过程和具体情况的背景下才能体现出来。这种重要性只能从它在创造性破坏的持续风暴中所扮演的角色中

---

① 作一个有趣的旁注，当时已经是一名有成就的学者和正教授的巴里"冷电"我，要看我的论文数据。鉴于共同的研究兴趣（以及当时 UCF 市场营销系助理教授拉杰·埃尚巴迪对巴里的高度肯定），我提议我们一起工作。我们的合作主要是通过电话、电子邮件和常规邮件进行的——巴里（Barry）和我第一次面对面见面是在首封电子邮件发送的六年之后，也是在我们首次发表文章的一年后。

体现；无视这一风暴或假定一切太平，是无法理解其意义的。

——约瑟夫·熊彼特（1942：83—84）

　　我对公司作为产业演化内生驱动力的兴趣，让我在研究演化的下一个阶段成为战略管理领域的"多元化进入者"。在理论上，我的知识基础扩展到公司成长（Penrose，1959）、公司演化（Nelson & Winter，1982）和从创新中获益（Teece，1986）的框架。[①] 实证分析上，虽然我在考查公司和产业面板数据时对公司异质性给予了一些关注，但是跨行业聚合必然会将研究限于考查公司特征，如公司规模、年龄或先前经验的哑变量。这是因为产业特定的差异妨碍创造更丰富的对能力或战略的测量。因此，我需要用对单一产业的深度挖掘来补充多行业的数据集，以更好地理解如熊彼特所指出的，商业战略的每一部分是如何成为创造性破坏过程的前因或后果的。这些产业数据集（如生物乙醇、磁盘驱动器、个人计算、半导体和无线电）也需要通过在多个数据来源之间的多重检验来进行汇总整理。

　　从过程上来说，一个重要的收获就是，原来我主要与资深学者一起做研究，但现在转变为与同辈和博士生一起打造研究项目。格伦·霍特克（Glenn Hoetker）和查利·威廉斯（Charlie Williams）是伊利诺伊大学的助理教授，与我有着共同的兴趣。[②] 我会永远感谢伊利诺伊大学的合作文化，在那里资深教授为年轻教授的成功而投入，所有人都花心血培养博士生。基于我在第一阶段的经历，我已经养成了一个"习惯"：不单干，而是确定并积极寻找与有共同兴趣、目标一致和能力互补，以及愿意共同培养并向付出同样努力的博士生学习的学者一起合作。这个习惯包含三个要素。第一，我有意识地选择将注意力转移到管理学期刊，因为这是我的新领域并且与我目前合作者的目标一致。第二，

① 由于是在文理科的主流经济系获得了博士学位（以及迈克尔·戈特和史蒂芬·克莱伯的关系疏远），我直到 2003 年才知道与我毕业同一年（1994 年）诞生的竞争力与合作联盟（CCC）运动。CCC 是由一些商学院的进化经济学家引领的，他们通过将他们目前的博士生募集在年会上来共同投资人才发展。

② 确定对等贡献甚至更难。举个例子，我可能在所有和迈克尔的合作研究中贡献了大约 90% 按小时计算的时间投资。然而，他 10% 的时间投资所带来的质量和影响使价值创造真正对等。这甚至还没有考虑宝贵的学习过程所产生的对我在没有他的情况下开始的后续项目的溢出效应，并且研究项目代表的是"相乘"，而不是"相加"的生产函数：当劳动分工和比较优势与"是—然后"这样解决问题的思维方式在头脑风暴的会议中结合在一起时，团队的互补性才会真正发挥作用。

有影响力的学问是怎么炼成的

在所有作者同等贡献的合著研究中，[①] 作者顺序不是按字母顺序排列的，而是基于年轻团队成员的职业需求。虽然这两个要素都意味着我通常不会被列为第一作者，但它们在确保友好和双赢方面很重要，并有助于减少潜在的冲突。第三，为了资助数据收集工作和支持博士生和其他合著者，我会投入精力撰写研究经费申请。我还学会了如何通过确保他们是基于我计划研究的想法，无论他们是否被资助，以及将这个申请写作本身作为一个约束机制和一个临时截止日期来让研究项目保持正轨，从而减少这些申请的"运营支出"。[②]

将公司和产业的演化相联系促使几个相关研究主题的出现，以及由此产生的多篇论文和合著研究。第一，在上述产业演化研究的基础上，可以在一个产业的进入者中区分创业型初创公司和多元化公司，以及在成熟大公司中区分多元化进入者和产业既有公司。当在单一产业数据集研究的丰富背景数据中考查这些区别时，我和我的合著者就能揭示公司进入关联产业的原因和后果。例如，巴尤斯和阿加瓦尔在 2007 年的研究中记录了在个人电脑行业，多元化进入者在早期进入者中比创业型初创公司具有生存优势，但在后来者中则相反。考虑到与过往经验和进入时机的交互作用，我们的解释这是基于公司产品技术战略的变化。在伊利诺伊大学校园散步时与查理或格伦的激烈讨论形成了我们共同指导博士生的关系状态。我和查理担任陈宝莲博士论文的共同导师，她搭建了无线通信产业的数据，并从理论上整合了公司和产业的演化视角，这产出了我们在 2012 年发表的这篇文章，在文章中我们将早期进入者中多元化公司的优势与他们在过渡到拥有产业既有地位并面临由更大规模、更长产业任期和技术不连续性引起的增长障碍时重新配置公司力量的能力联系起来。钱立红搭建了生物乙醇产业的数据，并在我与格伦的共同指导下整合了交易成本和能力视角，来考查在产业生命周期阶段中，多元化进入者和初创公司垂直整合的决策（Qian，Agarwal，&Hoetker，2012）。另外，在 2009 年和海尔法特发表的研究中，康妮·海尔法特（Connie Helfat）和我通过深入研究一家已经存活了一百多年的

① 虽然我在 UCF 的经济系已经获得了终身教职和晋升，但我放弃了这些，并于 2001 年在伊利诺伊大学工商管理系重新开始终身教授的考核。格伦是在同一时间加入的，查理是在一年后。
② 我对考夫曼基金会的早期慷慨支持深怀感激——创造出的包含多项目、多作者的数据申请和对博士学习的支持，帮助延续了我的惯例。在这个过程中，特别要提及的是保罗·马盖利（Paul Magelli），他是我向考夫曼提交的研究的支持者；以及鲍勃·斯托姆（Bob Strom），他是考夫曼的研究主任，后来也成为我非常好的朋友。

公司，如 IBM，考查了由于战略更新而不是依赖基于传统优势公司的寿命。此外，我们研究了磁盘驱动器产业中使公司跨越五个不连续点但依旧与新技术和市场保持同步的能力情况（Franco，Sarkar，Echambadi，& Agarwal，2009）。

第二，一些研究项目考查了公司本身的战略决策。这些研究通过合作和竞争动态分解了价值创造和获取，而不是关注竞争优势本身。在这里，我和格伦·霍特克鼓励我们共同指导的学生德妮莎·明德鲁塔（Denisa Mindruta）在研究公司—大学科学家关系中的价值创造（Mindruta，2009）时，去探索她对匹配模型理论（Becker，1973）和方法论（Fox，2007）的兴趣。在这个过程中，我从德妮莎那里学到了很多，这些经验也被用到了后来的项目中（Agarwal & Ohyama，2013；Mindruta，Moeen，& Agarwal，2016）。另外，与乔·马奥尼（Joe Mahoney）的走廊对话让我们得以使用社会困境博弈论的视角和经济学实验来考查激励协调和沟通的作用，以确保联盟中实现的价值创造符合预想的潜力。事后看来，阿加瓦尔、克罗森和马奥尼（2010）体现其提出的观点是值得注意的（Agarwal，Moeen，Croson，& Mahoney，2010）。在我努力学习实验研究设计的过程中，我联系了我的老熟人瑞秋·克罗森（Rachel Croson），她在这个领域拥有深厚的专业知识，并获得大量认可。[①]在我意识到她有增加重要价值的能力（更高的质量、更低的时间成本）时，我邀请她成为合著者，而反过来，瑞秋与我的目标一致是源于她对实验理论和方法的战略管理学应用的兴趣。我们也非常注意建立有效的协调和沟通惯例，这对我们在未来的合作中讨论实验方法在战略研究中的应用（Croson，Anand，& Agarwal，2007）以及正式和非正式互动在并购后整合中的作用（Agarwal，Anand，Bercovitz，& Croson，2012）都起到了良好的作用。

第三，一些研究项目考查了塑造公司和产业演化的知识扩散机制，这对我研究演化的下一阶段有很大帮助。在协助巴尤斯和我在 2007 年的研究时，马丁·甘科因为其对复杂性理论上的知识和兴趣而产生了一个研究想法。我和他用模拟法展示了后来者是如何利用早期进入者所建立的关于特定产业的知识库（Ganco & Agarwal，2009），使具有强大学习机制的创业型初创公司能够超越

---

① 意外的好运在创建这种"网络关系"的过程中发挥了巨大的作用。早在 1997 年，瑞秋和我在参加美国经济协会女性经济学职业地位委员会组织的研讨会时被随机分配为室友。考虑到极为不同的研究兴趣，我们那时的互动是社交上的，而不是学术上的。

多元化进入者。霍特克（Hoetker）和我在 2007 年追踪了已倒闭的创新型公司所创造知识的扩散路径，展示了获取私有知识如何以及为什么是对公共领域知识的有力补充的回答。回顾我和戈特在 2001 年所提出的观点，有一个关键的扩散机制便是员工的跳槽和创业。值得一提的是，我们在 2004 年发表的一文获得了《管理学会期刊》年度最佳论文奖（Agarwal，Echambadi，Franco，& Sarkar，2004）。阿葡丽尔·佛朗哥（April Franco）那时已经获得了磁盘驱动器产业的数据，用来考查当现有组织的员工在同一产业中从事创建新企业时进行分拆子公司的现象。基于在某次经济学会议上与我的谈话，她同意与拉杰、萨卡尔和我一起合作。我们研究了现有组织作为个人获得相关技术和市场开拓能力的关键知识环境的作用：这种知识传承使他们能够创建新的企业，从而获得相对于业内其他进入者的绩效优势。当我在密歇根大学介绍这项研究时，罗斯玛丽·齐多尼斯（Rosemarie Ziedonis）挑战了这项研究的一个隐含假设，即既有公司是被动的知识存储库。我们由此产生的头脑风暴促成了联合研究，进一步考查公司如何能够并确实在加强知识产权保护方面建立声誉，从而阻止通过员工跳槽而出现的知识扩散（Agarwal，Ganco，and Ziedonis，2009）。在这里，马丁开始作为一个研究助理汇总半导体行业的数据，随后因为他的学术参与，它获得了同等合著者的地位。最后，在我与奥德斯和萨卡尔在 2007 年和 2010年发表的研究中，我们将来自员工创业的观点与来自内生增长理论的经济学模型的观点相结合，将知识共同创造者的创业行为与产业和经济的增长联系起来。

　　这些对单一产业背景下公司能力和战略的深入探究，让我产生了三个重要的体悟，使我几乎无缝过渡到下一个阶段。第一，尽管所有上述研究都是在公司层面的分析，但驱动力往往是在个体层面。简而言之，我认识到，产业和公司都不做决策，个体做决策。然而，经济学和战略学的演化研究都不考虑个体。即使是我自己对员工创业的研究中，也对创业者本身进行了抽象。第二，本·坝贝尔（Ben Campbell）在伊利诺伊大学应聘访问时和我建立了联系，我们意识到利用关联员工—雇主数据库来解决战略和创业核心问题的巨大潜力。[1]第三，德尼莎关于大学科学家—公司关系的博士论文的阅读，以及在与索纳利·沙阿（Sonali Shab）（她在伊利诺伊大学商学院的组织行为组）的对话中我

---

① 本拥有劳动经济学博士学位，曾担任美国人口普查关联雇主家庭动态数据集收集工作的研究助理。他博士论文的其中一章考查了那些选择重返有偿工作个体的创业回报现象 (Campbell, 2013)。

们比较了用户和员工创业的观点，这使我认识到有必要考查知识环境中的差异如何塑造个体创新和创业的能力和战略。这些领悟在我将职业生涯转到马里兰大学的过程中也发挥了重要作用，那里的组织管理系拥有从产业、公司、团队到个体跨分析层面深厚的理论专家和实证专家。

阶段三：战略创业和对产业、公司和个体演化的研究

> 创业者的功能是对现有生产方式进行变革或革命……当然这很难……第一是因为它超越了大众可以理解的常规事务，第二是因为外在环境会对它造成许多方面的阻力。想要看见别人看不见的东西，充满信心地行动，并克服环境的阻力，需要特别的天分和能力……而正是这种天分和能力，定义了创业的类型和功能。
>
> ——约瑟夫·熊彼特

对作为创新和创业源头的个体的研究兴趣的萌芽重新点燃了我对（战略）人力资本的兴趣。因为我认为产业动态所呈现的创新模式通过个体—公司关系和个体层面的内在动态来理解是最合适的。因此我需要扩展知识基础，学习劳动经济学的经典著作（Becker，1962；Mincer，1958；Schultz，1961），并将其纳入我们的战略管理和创业理论。实证上，对战略创业的关注需要用个人职业经历的数据来绘制流动性和新企业的创建。除了建立这样的数据库外（如通过对创始人的访谈磁盘驱动器数据被用来发展出定性数据，在半导体数据源之间进行多重检验），也可以通过二手数据源得到。美国人口普查的关联雇主家庭动态数据库（LEHD）和美国国家科学基金会的科学家和工程师统计数据系统（SESTAT）等数据库都为此提供了丰富的面板信息，但我们需要投入大量时间来确保得到数据并理解使用它们的方法。

从过程上来说，我尤为重要的收获是学习了如何建立有效的项目团队。数据汇编与分析工作的范围和规模需要勤奋的合著者团队，每个团队都体现了熊彼特所描述的创业类型。在前几个阶段已建立的惯例的基础上，我们又发展了选择和培训博士生的有效策略，这些博士生在获得资历后可以反过来培训其他学生。例如，在"LEHD团队"中，本首先培训马丁，然后他们一起培

训赛斯·卡纳汉（Seth Carnahan）；这三个人成为后来几届学生的核心，包括丹·奥尔森（Dan Olson）、贾斯廷·弗雷克（Justin Frake）和弗洛伦斯·奥诺雷（Florence Honore）（Martin 的第一个博士生）。惯例的重要元素也是索纳利、拉杰和我后来在研究磁盘驱动器团队形成中观察到的情况（Shah，Agarwal，& Echambadi，2019）：在那些同样经历了强烈的"人际吸引力"并保持目标一致的个体之间构建具有高度"资源互补性"的团队。虽然这是一个试错的过程，但专注于发展和坦诚反馈的合作氛围是成功的关键组成部分。反馈是双向的，我怀着感激之心记得我的学生勇敢挑战我的想法和行动的所有例子。

在这个阶段，对战略人力资本市场内个人职业决策的考查出现在几个主题关联的研究中。第一个主题是，结合产业演化的视角，我和索纳利考查了塑造个人创业的知识背景。我和沙阿（2014）整合了学术创业、员工创业和用户创业这些各自发展的文献内容。我们的理论模型将学者和用户描述为产业发展早期的外部信息的来源——虽然戈特和克莱伯（1982）注意到了外部信息的重要性，但他们没有真正把它考虑进去。随着产业的发展和成熟，掌握"内部信息"的员工在新企业中所占的比例越来越大。此外，我们还将创始人的知识背景与他们参与产品与过程创新的能力以及与成熟大公司的竞争或合作战略联系起来，这对公司和产业的演化都具有新的意义。

第二个主题是深入研究高绩效的个体。作为"LEHD 团队"的学者，坝贝尔、甘科、佛朗哥和我于 2012 年对此进行了理论阐述并提供证据表明，高绩效的个体更有可能留在成熟的大公司，但如果他们离职，则更可能去创业，而不是跳槽去其他公司，因为这么做会给他们的"母"公司造成更大的竞争压力。卡纳汉、我和坝贝尔于 2012 年考查了公司的薪酬结构对员工离职和创业的影响——尽管高绩效的个人会被绩效薪酬吸引，但令人惊讶的是，他们情愿承担薪酬下降去创业。我、坝贝尔、佛朗哥和甘科在 2016 年的研究中将创业公司的卓越表现归因于高绩效个体的能力：能把经验老到的人聚在一起创建联合创始人团队。另外，甘科、齐多尼斯和我在 2015 年的研究中利用手工搜集的半导体行业数据，提出并测试了一些假设，即成熟大公司的知识保护策略通常会阻止员工的离职，但并不能阻止他们的离职创业。

第三个主题则是关注职业的生命周期。对员工根据爱好和非金钱因素改变职业的研究兴趣在学界刚刚萌芽，这恰好为我研究生涯的下一阶段铺平了道路。

阿特苏什·欧亚马是我的导师迈克尔生前的最后一个学生,他选择做我的博士后(完美循环)。在我和欧亚马于 2013 年发表的研究中,我们将来自人力资本生命周期模型的观点与匹配理论相结合来考查科学家进入不同职业(学术界或工业界、基础或应用研究)的排序模式。SESTAT 面板数据库与众不同,它不仅提供了关于人力资本,而且提供了关于金钱和非金钱偏好的丰富定量信息。正是这些信息让我们产生了关于最初职业选择的原因和由此演化出来的人力资本和个人收益的丰富观点。另外,夏皮罗(Shapiro)、霍姆(Hom)、沈和我在 2016 年的研究中还根据微观组织行为学的视角提出一个关系视角来解释领导离职后下属离职的可能性,其考虑到焦点员工对离职领导、团队和组织的情感因素。

在这个研究节点我清晰地意识到:产业和公司都不做决策,决策是个人做出的,并考虑到他们的行动背景及其能力和愿望。这个意识有两方面的含义。第一,公司的操作情景不仅包括知识背景,还包括是否进入市场来实现商业化目标、资源(包括人力资本和想法)和企业控制的程度。此外,我的研究迄今都是聚焦于美国,把它作为我进行实证研究的国家背景。但是,创业型个人和公司之间互动的关键假设是促进贸易运转良好制度的基础。大约在这个时候,我在伊利诺伊大学时候的前辈史蒂夫·桑卡(Steven Sonka)邀请我研究洛克菲勒基金会的"产量明智"行动,以解决丰收后的损失问题,这是一个在许多发展中国家中具有重要意义的问题。重点不是援助本身,而是专门为创造市场而提供的援助,以期在援助努力结束后能促进贸易和为产业增长发展强劲的供应链。第二,考查个人能力和偏好之间的相互依赖需要远离在"控制"选择的研究设计中只研究"处理"效应,转向拥抱将选择(和排序)的研究本身作为个人和公司层面战略的关键原因和结果。此外,对二手数据和档案数据的定量分析使对能力的研究成为可能,但不一定是动机,特别是那些与金钱无关的原因。在这里,我对整合研究、教学和社区参与的渴望,在马里兰大学校友和费城飞人队创始人埃德·斯奈德(Ed Snider)的大力支持下得以实现。埃德体现出了所有的创业者品质——出色的能力、远大的抱负和强烈的价值观——我不仅研究这些品质,而且从他个人身上得到了启发。我们会面(思想上、心灵上和灵魂上)的结果是他给予我们慷慨捐赠,因此我们创建了埃德·斯奈德企业和市场中心,我成为该中心的创始主任。

阶段四：企业、市场和对创业系统和过程的研究

　　在这个世界上，存在着创造的快乐、完成任务的快乐，或简单地让自己的能量和才能发挥出来的快乐。而创业类的人呢，他们则喜欢自找苦吃，为改变而变化，并在尝新中获得乐趣。

——约瑟夫·熊彼特

　　（创造性破坏是一个）产业变异的过程……它从内部不断地变革经济结构，不断摧毁旧的，创造新的。这一创造性破坏的过程就是资本主义的本质。

——约瑟夫·熊彼特

　　一个"系统观点"要求人们同时关注创业型个人的能力和抱负，以及他们所在的组织、市场和体制。因此我的知识结构也向这两个方向扩展。我现在还借鉴社会、认知心理学和组织行为学来更好地理解熊彼特在本节引语中所表达的心理动机（Chase & Simon，1973；Coleman，1986；Locke，1968；Maslow，1954）。为了真正理解经济结构是如何从内部变革的（Schumpeter，1942），我借鉴了制度经济学和经济史学（North，1990；Rosenberg，1982）。实证上，对企业和市场的聚焦需要搜集创业个体或公司的丰富的微观层面数据，以及可以捕捉到的相关体制和市场层面因素的数据。这些数据库没有现成的，所以必须通过对一手或二手来源进行多重检验并汇总。

　　在过程方面，我的特别收获是围绕着项目团队的参与（和指导博士生）来开发历史数据库和方法，用定性和定量分析一起确定更深层次的原因。还有一个收获是，接受这样一个事实，即如此深入的研究往往会挑战自己早期研究中的结论。在我目前的研究过程中，这两点变得越来越重要。虽然我一直依靠面板数据来考查演化现象，但我现在感兴趣的许多研究问题的深度和广度使我无法仅使用一种分析方法就获得可信的答案。因此，方法工具的"武器库"必须包括随机控制实验或可信的外生冲击来推断因果关系，利用定性和归纳理论来产生新的解释，以及定量和定性分析的混合来考查在所研究的动态现象中起作用的内生性和选择因素。与此同时，这意味着我们要避免经常强加于自己的用假设—演绎框架进行研究的"紧身衣"，而转向"基于问题"的研究，并真正拥抱溯因法。这种多重检验可能涉及或跨越不同时间点的多个研究，因此需要

使用更加微观的视角重新审视并从宏观分析中得出的推论。

于是，有几个主题就像拼图的碎片一样浮现出来。第一个与我对人力企业的概念有关。正如我在 2019 年发表的研究中所写的，尽管人力资本理论集中在过去对能力储备投资的金钱回报（通常是通过教育和经验获得的）中，但是人力企业包括金钱和非金钱的驱动以及对当前和未来活动的投资（流动），这些活动最后形成潜在的人力资本，并创造财富。因此，尽管人力资本关注的是在个人身上体现出怎样的能力及其潜在的经济利益，但人力企业关注的却是为什么个体会追求不同的活动，以及它是如何塑造和受益于人的能力的。对这个理论的构思来源于最近的两篇文章。在 2019 年发表的研究中，我们重新审视了我在 2004 年发表的研究和其他拆分研究做出的推论，即创业的想法或创新项目是员工团队创业的基础，因为它们要么优化了经济回报，要么利用了知识溢出效应（Kaul，Ganco，& Raffiee，2018 的回顾）。由于索纳利优秀的定性方法技能，因此我们对磁盘驱动器创始人的采访发现了一个不同的过程。我们的归纳研究显示决定创业的领头人在面对丰富机会时产生创造的意愿，这个意愿在他们经历人际或道德摩擦时，与别人有战略意见分歧时，或在公司里条条框框太多行政程序太复杂时，会大大加强。此外，那些更成功的创业公司，是领头人有战略眼光并且善于团建的结果。他们有意选择具有互补功能知识，同时都具有卓越的解决问题的能力、一流的才华和共同的职场价值观的人作为联合创始人来创建工作场所。因此，这项研究恰好印证了埃德·斯奈德的两句箴言："金钱是奖励，而不是原因"，"雇佣好人，让他们做自己的工作"。另外，一篇对经济学、心理学和社会学关于创业团队形成的不同学科观点的综述论文表明，当创始人在小世界网络中同时使用"人际相似性吸引"和"资源寻求"策略以确保职能各异的团队之间顺利协作时，创业过程和绩效就会受益（Lazar，Miron-Spektor，Agarwal，Erez，Goldfarb，and Chen；2020）。

第二个主题强调了个人和团队作为公司、产业和经济演化的微观基础的作用。随着公司的演化，他们的高层管理团队（TMT）也在不断演化。威廉斯、陈和我在 2017 年的研究中考查了无线电信产业中公司战略更新是如何被拥有不同特定公司或特定产业知识的高层管理团队新增力量，以及作为高层管理团队成员的过往经验而影响的。我们假设并表明"外部新秀"，对高层管理团队层面和公司来说都是高层管理团队新增力量，与其他类型的高管和更高的公司增长相关；而经验丰富的外来者，即那些拥有所在产业之外高层管理团队经验的人，只有在现有高层管理团队拥有较长的任期，并且他们之间的关系资本因而较高时，才有助于增长。这里，我们使用了现有最好的定量分析的方法来建立结果的可信度，包括秉持溯因法精神进行的一系列测试，以排除可能的替代解释和反向因果关系的问题。在另一项由熙正·拜恩和贾斯廷·弗雷克[1]两位博士生牵头的研究中，我们深入研究了广义知识和专业知识在影响游说者通过之前与国会议员的工作经验获得的关系资本回报方面发挥的作用（Byun，Frake，& Agarwal，2018）。熙正汇总了一套全面的关于游说产业的数据集，该研究利用一个对游说者关系资本的外生冲击来产出因果推论。值得注意的是，在这个过程中，我和贾斯廷整合了经济学和社会学的观点并发展出了这个概念框架，让该研究在 2016 年获得了战略管理学会战略人力资本兴趣组颁发的"最佳跨学科论文奖"。同样，我们通过对认知心理学和经济学话语之间的整合，产生了关于在医疗支架产业领域由于不同类型的专业知识，并基于组织使命和激励的差异而出现的创新和组织实践扩散的观点（Greenwood，Agarwal，Agarwal，& Gopal，2017，2019）。在我、布拉金斯基和欧亚马在 2020 年发表的研究中，我们通过考查日本棉纺行业中稳定共享高层管理团队领导力对公司成长、该产业在国际上的成功，以及 20 世纪初日本作为唯一的东方发达国家的崛起的作用，将多个层面的分析联系在一起。这项研究利用了由塞尔盖·布拉金斯基牵头的大量数据收集工作。[2] 这些工作展示出丰富的公司层面的定量数据和详细的商业历史，得以将计量经济学和历史方法整合起来。这些数据启发了我们的理论构建，挑战普遍存在的文化"玻璃天花板"假设，并聚焦于价值创造和人才提拔，将此与极少数实现稳定共享领导力的创业公司联系起来。正是这种稳定的共享领导力使这些企业得以进行长期扩张，成为这个产业中产出和人才的"重心"。

第三个主题落在通过市场的杠杆作用来实现公司和产业演化的交界点上。

---

[1] 虽然我的许多合著者和博士生后来在没有我的情况下一起发表了文章，但我仍自豪地提到熙亚和贾斯廷可以"带头"一个项目，并邀请我作为合著者。

[2] 作为在小世界网络中同时使用人际吸引和资源寻求策略的反映，我第一次见到塞尔盖是在 2007 年为敬贺阿特苏什山我参与组织的一次会议上，当时塞尔盖是迈克尔在纽约州立大学布法罗分校的同事，也是阿特苏什的联合顾问。随后，塞尔盖转到卡内基梅隆大学与史蒂文·克莱伯一起工作。多次互动之后，以及在史蒂夫去世后，塞尔盖同意加入马里兰大学，作为对我用招聘埃德·斯奈德中心教职员工的资金进行积极招募努力的回应。

这里值得注意的是马卡·莫因（Marka Moin）所教给我的知识。在她深入探究农业生物技术产业的博士论文中，马卡揭示了关于产业孵化期的一个关键事实：在戈特和克莱伯1982年所发表的研究中的产业生命周期模型中完全被遗漏的前商业化时期。虽然我和巴里在2002年发表的研究中注意到这一时期可能会持续几十年，但我们和其他学者在产业孵化方面都基本上没做过研究，并且往往是拥有综合能力的产业先驱进入市场的事实让戈特和克莱伯（1982：632）认为："信息市场的特殊属性等，让创新者除了进入市场之外别无选择，如果他希望实现其信息资本的全部价值的话。"这就提出了一个关于先驱者是如何整合必要能力的问题。莫因和我在2017年发表的研究中表明，与处于休耕状态的孵化期相反，创业型学术科学家、多元化进入者其实做了很多事，他们既参与有种子公司的重大试验，也借助活跃的市场并通过联盟获得技术或者通过收购来控制公司。我、莫因和沙阿在2017年发表的研究因此强调了产业应如何孵化以应对不同的触发因素：未满足的用户需求，学术发现或任务导向的挑战。莫因、我和沙阿在2020年发表的研究中将创业者之间的实验和知识交流的潜在过程与产业知识的构建和因此而出现的跨越技术、市场、生态系统和制度层面的不确定性下降联系起来。我现在的博士生西津·金（Seojin Kim）[①]通过对一手和二手数据的汇总，在她的博士论文中考查了仿生假肢产业的孵化和初期产业阶段。在基姆、我和戈德法布在2021年发表的研究中，我们将既有公司、多元化进入者和初创公司（用户、学术和员工）的能力与创立这个产业所需的技术融合联系起来。

最后一个主题是考查为创造市场和促进贸易的制度在产品和资源市场中所起的作用。这包含将视野扩展到世界的发展中地区。我们使用定性案例比较的方法，阐明非营利组织在创造市场和促进产业启动过程中遇到制度缺失时，如何帮助解决制度缺失问题，而不只是帮助自己。这些努力包括给创业公司种子资金，比如，帮拉丁美洲国家的金属筒仓公司思考如何减少丰收后的损失，或通过匹配拨款帮助现有的电信公司在肯尼亚创造移动货币产业（Shah，Agarwal

---

① 在一次不幸和令人心碎的命运转折中，萨卡尔由于一起事故意外去世了。西津在那段时间还是他的研究生。西津曾被录取的天普大学和马里兰大学的教授们毫不犹豫地支持她在博士项目中期转校，这也反映了他们的善意。这是在我们追求学术目标的过程中，我们的心灵和思想是如何相互交织的一个令人心酸的例子。

& Sonka，2019）。与后者问题相关，我的另一位博士生奥德拉·沃莫尔德（Audra Wormald）正在积累一个关于全球移动货币产业的丰富数据集。沃马尔德、我、布拉金斯基和沙河在2021年发表的研究中利用历史方法和对定量和定性数据的多重检验考查了创业型初创公司和多元化进入者在开拓平台以及将这些平台推广到其他国家（主要是发展中国家）时，是如何类似地解决技术、市场、生态系统和制度的不确定性的。在这里，我们还看到先驱者们利用资源市场并通过联盟和收购获得互补能力。最后，制度限制也塑造了美国的人力资本市场。目前，马里兰大学助理教授埃文·斯塔尔（Evan Starr）正对美国多个产业和地区的竞业禁止协议的发生和使用情况进行一项独特而开创性的调查。埃文邀请贾斯廷和我来考查竞业禁止协议对不受约束的个人产生的外溢性影响，即那些不签署竞业禁止的人。斯塔尔、弗雷克和我在2019年发表的研究中假设并提供证据表明，在强制执行竞业禁止发生率较高的地区，即使是不受约束的人，也会获得更少的工作机会，因此，他们更不可能换工作，工资也更低。另一个制度限制，也是今天热议的话题，涉及关于工作的移民限制。在阿加瓦尔、甘科和拉菲（即将出版）中，我们使用了 SESTAT 关于从美国大学毕业的科学家和工程师的数据，探索与移民相关的制度限制是如何制约早期职业创业，并使个人在他们最初择业时转向与其教育密切匹配的工作。当移民——在创业动机方面代表着积极的选择——从这些限制中解脱出来时，他们可以利用自己较高的工作教育匹配水平，在最初就创建具有更大就业规模的新企业。

结语

　　我至今清楚地记得在通过博士资格考试后的读博的第三年，经历了"迷失之谷"——在我博士论文选题上的挣扎。一位不太友好的教授佯装对另一位说话，但故意让我听见，"我不理解这些博士生，他们实在没有能力知道自己想做什么——我马上就能确定四五个博士论文题目"。我听了十分不安和绝望，心里只想着："一个！我只需要一个题目。"

　　几年后，我也能脱口而出多个博士论文题目。但是，如果我回到过去，我会对自己说："我们知道的越多，就越多地知道我们所不知道的。"这句话是诺贝尔物理学奖得主安东尼·莱格特教授在我们共同参与指导的一个伊州夏令营中，对一群正在学习创业的中学生说的。我觉得这句深刻的论述并不是关于宇宙的"不可知性"。相反，由于思想是人类生存的最重要工具，这句话是指人类必须持续学习积累知识以达到更高的高度。此外，我现在也经常对我的博士生们说，"任何我确定的题目，无论多么值得，可能都不是最适合你的。让我们在你阅读的所有题目中找出你最有激情的那个，这会是开路的好地方"。

所以我说，旅途才是真正的目的地，因为它是一个学者从作为学徒的博士生变成终身学习者的过程。对于我们每个人来说，这段旅途就是我们带着学过的知识进入，被强烈的求知欲推动，然后通过与志同道合的同行者合作而进一步加强积累新知识的过程。

鸣谢

以下这些不断进取的人为我的学术之旅提供了动力，我很感激他们丰富了我的人生：里图·阿加瓦尔（Ritu Agarwal），约翰·艾利森（John Allison），阿南德·阿南达林甘（Anand Anandalingam），戴维·奥德斯（David Audretsch），杰伊·巴尼，巴里·巴尤斯，谢尔盖·布拉金斯基（Serguey Braguinsky），卞熙贞（Heejung Byun），本·坎贝尔，塞思·卡纳汉（Seth Carnahan），陈婷婷（Gilad Chen），陈宝莲（Pao-lien Chen），崔俊圭（Joonkyu Choi），普里斯维拉吉·乔杜里（Prithwiraj Choudhury），瑞秋·克罗森，玛丽莉·达尔（Marilee Dahl），艾德·戴（Ed Day），拉吉·埃尚巴迪（Raj Echambadi），克里斯蒂娜·埃尔森（Christina Elson），贾斯廷·弗雷克，阿葡丽尔·佛朗哥，马丁·甘科（Martin Ganco），什维塔·冈卡尔（Shweta Gaonkar），阿维吉特·戈什（Avijit Ghosh），布伦特·戈德法布（Brent Goldfarb），布拉德·格林伍德（Brad Greenwood），迈克尔·戈特，康妮·海尔法特，格伦·霍特克，理查德·霍夫勒（Richard Hofler），史提芬·克莱珀，西津·金，鲁迪·拉蒙（Rudy Lamone），莫兰·拉扎尔（Moran Lazar），林纳琼（Najoung Lim），约瑟夫·马奥尼（Joseph Mahoney），保罗·马盖利，杰奎琳·曼格（Jacqueline Manger），拉维什·马亚（Raveesh Mayya），德妮莎·明德鲁塔，艾拉·米隆 - 斯佩克托（Ella Miron-Spektor），马卡·莫恩（Mahka Moeen），大山·敦志（Atsushi Ohyama），丹·奥尔森，钱立宏（Lihong Qian），约瑟夫·拉菲

（Joseph Raffiee），布莱恩·朗格林（Brian Rungeling），萨卡尔（MB Sarkar），亨利·绍尔曼（Henry Sauermann），索纳利·沙阿（Sonali Shah），黛布拉·夏皮罗（Debra Shapiro），史蒂夫·松卡（Steve Sonka），埃德·斯奈德（Ed Snider），埃文·斯塔尔，罗伯特·斯特罗姆（Robert Strom），保罗·特斯卢克（Paul Tesluk），查理·威廉斯，莎拉·沃勒克（Sarah Wolek），奥德拉·沃马尔德和罗斯玛丽·齐多尼斯。在这一切中，我对我的丈夫兼挚友罗伯特·特罗内蒂（Robert Tronetti）的长期支持感激不尽。

参考文献

（1）Agarwal，R.（1994）. The evolution of product markets [Unpublisheddoctoral dissertation]. State University of New York at Buffalo.

（2）Agarwal，R.（1996）. Technological activity and survival of firms. Economics Letters，52（1），101–108.

（3）Agarwal，R.（1997）. Survival of firms over the product life cycle. Southern Economic Journal，63（3）: 571–584.

（4）Agarwal，R.（2019）. Human enterprise. In A. Nyberg & T. Moliterno（Eds.），Handbook of Research on Strategic Human Capital Resources. Edward Elgar，. Ch. 30，482–501.

（5）Agarwal，R.，Anand，J.，Bercovitz，J.，& Croson，R.（2012）. Spillovers across organizational architectures: The role of prior resource allocation and communication in post - acquisition coordination outcomes. Strategic Management Journal，33（6），710–733.

（6）Agarwal，R.，&Audretsch，D. B.（1999）. The two views of small firms in industry dynamics: A reconciliation. Economics Letters，62（2），245–251.

（7）Agarwal，R.，&Audretsch，D. B.（2001）. Does entry size matter? The impact of the life cycle and technology on firm survival. The Journal of Industrial Economics，49（1），21–43.

（8）Agarwal，R.，Audretsch，D.，& Sarkar，M. B.（2007）. The process of creative construction: Knowledge spillovers，entrepreneurship，and economic growth. Strategic Entrepreneurship Journal，1（3–4），263–286.

（9）Agarwal，R.，Audretsch，D.，& Sarkar，M. B.（2010）. Knowledge spillovers and strategic entrepreneurship. Strategic Entrepreneurship Journal，4（4），271–283.

（10）Agarwal，R.，& Bayus，B.（2002）. The market evolution and take-off of new product innovations. Management Science 48（8），1024–1041.

（11）Agarwal，R.，&Braguinsky，S.（2015）. Industry evolution and entrepreneurship: Steven Klepper's contributions to industrial organization，strategy，and technological change. Strategic Entrepreneurship Journal，9（4），380–397.

（12）Agarwal，R.，Braguinsky，S.，& Ohyama，A.（2020）. Centers of gravity: The effect of shared leadership and stability in top management teams on firm growth and industry evolution. Strategic Management Journal 2020，41（3）: 467–498.

（13）Agarwal，R.，Campbell，B. A.，Franco，A. M.，&Ganco，M.（2016）. What do I take with me? The mediating effect of spin-out team size and tenure on the founder–firm performance relationship. Academy of Management Journal，59（3），1060–1087.

（14）Agarwal，R.，Croson，R.，& Mahoney，J. T.（2010）. The role of incentives and communication in strategic alliances: An experimental investigation. Strategic Management Journal，31（4），413–437.

（15）Agarwal，R.，Echambadi，R.，Franco，A. M.，& Sarkar，M. B.（2004）. Knowledge transfer through inheritance: Spin-out generation，development，and survival. Academy of Management journal，47（4），501–522.

（16）Agarwal，R.，& Gort，M.（1996）. The evolution of markets and entry，exit and survival of firms. Review of Economics and Statistics 78（3），489–498.

（17）Agarwal，R.，& Gort，M.（2001）. First mover advantage and the speed of competitive entry: 1887–1986. Journal of Law and Economics 44（1），161–178.

（18）Agarwal，R.，& Gort，M.（2002）. Products and firm life cycles and firm survival. American Economic Review 92（2），184–190.

（19）Agarwal，R.，Ganco，M.，Raffiee，J.（forthcoming）. Immigrant entrepreneurship: The effect of early career immigration constraints and job-education match on science and engineering workforce. Organization Science.

（20）Agarwal，R.，Ganco，M.，&Ziedonis，R. H.（2009）. Reputations for toughness in patent enforcement: Implications for knowledge spillovers via inventor mobility. Strategic Management Journal，30（13），1349–1374.

（21）Agarwal，R.，&Helfat，C. E.（2009）. Strategic renewal of organizations. Organization Science，20（2），281–293.

（22）Agarwal，R.，Moeen，M.，& Shah，S. K.（2017）. Athena's birth: Triggers, actors，and actions preceding industry inception. Strategic Entrepreneurship Journal，11（3），287–305.

（23）Agarwal，R.，& Ohyama，A.（2013）. Industry or academia，basic or applied? Career choices and earnings trajectories of scientists. Management Science，59（4），950–970.

（24）Agarwal，R，Sarkar，M. B.，Echambadi，R.（2002）. The conditioning effect of time on firm survival: An industry life cycle approach. Academy of Management Journal 45（5），971–994.

（25）Agarwal，R.，& Shah，S. K.（2014）. Knowledge sources of entrepreneurship: Firm formation by academic，user and employee innovators. Research Policy，43（7），1109–1133.

（26）Bain，J. S.（1951）. Relation of profit rate to industry concentration: American manufacturing，1936–1940. The Quarterly Journal of Economics，65（3），293–324.

（27）Baumol，W. J.（1968）. Entrepreneurship in economic theory. The American economic review，58（2），64–71.

（28）Bayus，B. L.，& Agarwal，R.（2007）. The role of pre-entry experience，entry timing，and product technology strategies in explaining firm survival. Management Science，53（12），1887–1902.

（29）Becker，G. S.（1962）. Investment in human capital: A theoretical analysis. Journal of political economy，70（5，Part 2），9–49.

（30）Becker, G. S.（1973）. A theory of marriage: Part I. Journal of Political economy, 81（4）, 813–846.

（31）Byun, H., Frake, J., & Agarwal, R.（2018）. Leveraging who you know by what you know: Specialization and returns to relational capital. Strategic Management Journal, 39（7）, 1803–1833.

（32）Campbell, B. A., Ganco, M., Franco, A. M., & Agarwal, R.（2012）. Who leaves, where to, and why worry? Employee mobility, entrepreneurship and effects on source firm performance. Strategic Management Journal, 33（1）, 65–87.

（33）Carlton, D. W., & Perloff, J. M.（1990）. Modern industrial organization. Scott, Foresman.

（34）Carnahan, S., Agarwal, R., & Campbell, B. A.（2012）. Heterogeneity in turnover: The effect of relative compensation dispersion of firms on the mobility and entrepreneurship of extreme performers. Strategic Management Journal, 33（12）, 1411–1430.

（35）Chase, W. G., & Simon, H. A.（1973）. Perception in chess. Cognitive psychology, 4（1）, 55–81.

（36）Chen, P. L., Williams, C., & Agarwal, R.（2012）. Growing pains: Pre‐entry experience and the challenge of transition to incumbency. Strategic Management Journal, 33（3）, 252–276.

（37）Coleman, J. S.（1986）. Social theory, social research, and a theory of action. American journal of Sociology, 91（6）, 1309–1335.

（38）Croson, R., Anand, J., & Agarwal, R.（2007）. Using experiments in corporate strategy research. European Management Review, 4（3）, 173–181.

（39）Fox, J. T.（2007）. Semiparametric estimation of multinomial discrete‐choice models using a subset of choices. The RAND Journal of Economics, 38（4）, 1002–1019.

（40）Franco, A. M., Sarkar, M. B., Agarwal, R., &Echambadi, R.（2009）. Swift and smart: The moderating effects of technological capabilities on the market pioneering–firm survival relationship. Management Science, 55（11）, 1842–1860.

（41）Ganco, M., & Agarwal, R.（2009）. Performance differentials between diversifying entrants and entrepreneurial start-ups: A complexity approach. Academy of Management Review, 34（2）, 228–252.

（42）Ganco, M., Ziedonis, R. H., & Agarwal, R.（2015）. More stars stay, but the brightest ones still leave: Job hopping in the shadow of patent enforcement. Strategic Management Journal, 36（5）, 659–685.

（43）Gort, M., & Klepper, S.（1982）. Time paths in the diffusion of product innovations. The Economic Journal, 92（367）, 630–653.

（44）Greenwood, B. N., Agarwal, R., Agarwal, R., & Gopal, A.（2016）. The when and why of abandonment: The role of organizational differences in medical technology life cycles. Management Science, 63 (9), 2948–2966.

（45）Greenwood, B. N., Agarwal, R., Agarwal, R., & Gopal, A. (2019). The role of individual and organizational expertise in the adoption of new practices. Organization Science, 30 (1), 191–213.

（46）Heckman, J. J., & Singer, B. (2017). Abducting economics. American Economic Review, 107 (5), 298–302.

（47）Hoetker, G., & Agarwal, R. (2007). Death hurts, but it isn't fatal: The postexitdiffusion of knowledge created by innovative companies. Academy of Management Journal, 50 (2), 446–467.

（48）Kerin, R. A., Varadarajan, P. R., and Peterson, R. A. (1992). First-mover advantage: A synthesis, conceptual framework, and research propositions. Journal of Marketing 56, 33–52.

（49）Kaul, A., Ganco, M., &Raffiee, J. (2018). A general theory of employee entrepreneurship: A knowledge-based view. University of Wisconsin working paper, Presented at Academy of Management meetings, August 10–14. https: //mackinstitute.wharton.upenn.edu/wp-content/uploads/2018/03/Ganco-Martin-Kaul-Aseem-and-Raffiee-Joseph_A-General-Theory-of-Employee-Entrepreneurship.-A-Knowledge-Based-View.pdf.

（50）Kim, S., Agarwal R., & Goldfarb, B. (2021). Mapping (radical) technology evolution onto firm capabilities. (Management and Organizations Working Paper). University of Maryland.

（51）Lieberman, M. B., & Montgomery, D. B. (1988). First‐mover advantages. Strategic Management Journal, 9 (S1), 41–58.

（52）Locke, E. A. (1968). Toward a theory of task motivation and incentives. Organizational Behavior and Human Performance, 3 (2), 157–189.

（53）Maslow, A. (1954). Motivation and personality. Harper & Row.

（54）Mincer, J., (1958). Investment in human capital and personal income distribution. Journal of Political Economy, 66 (4), 281–302.

（55）Mindruta, C. D. (2009). Markets for research: A matching approach to university-industry research collaborations [Unpublished doctoral dissertation]. University of Illinois at Urbana-Champaign.

（56）Mindruta, D., Moeen, M., & Agarwal, R. (2016). A two‐sided matching approach for partner selection and assessing complementarities in partners' attributes in inter‐firm alliances. Strategic Management Journal, 37 (1), 206–231.

（57）Moeen, M., & Agarwal, R. (2017). Incubation of an industry: Heterogeneous knowledge bases and modes of value capture. Strategic Management Journal, 38 (3), 566–587.

（58）Moeen，M.，Agarwal，R.，& Shah，S. K.（2020）. Building industries by building knowledge: Uncertainty reduction through experimentation，knowledge release and knowledge acquisition Strategy Science，5（3）: 147–291.

（59）Nelson，R. R.，& Winter，S. G.（1982）. An evolutionary theory of economic change. Harvard University Press.

（60）North，D. C.（1990）. The path of institutional change.

（61）North，D. C.（1990）. Institutions，institutional change and economic performance. Cambridge: Cambridge University Press.

（62）Penrose，E.（1959）. The theory of the growth of the firm. Wiley.

（63）Lazar，M.，Miron-Spektor，E.，Agarwal，R.，Erez，M.，Goldfarb，B.，& Chen，G.（2020）. Entrepreneurial Team Formation Academy of Management Annals 14（1）: 29–59.

（64）Qian，L.，Agarwal，R.，&Hoetker，G.（2012）. Configuration of value chain activities: The effect of pre-entry capabilities，transaction hazards，and industry evolution on decisions to internalize. Organization Science，23（5），1330–1349.

（65）Reinganum，J. F.（1981）. On the diffusion of new technology: A game theoretic approach. The Review of Economic Studies，48（3），395–405.

（66）Robinson，W. T.，Kalyanaram，G.，& Urban，G. L.（1994）. First mover advantages from pioneering new markets: A survey of empirical evidence. Review of Industrial Organization 9，1–23.

（67）Rosenberg，N.（1982）. Inside the black box: Technology and economics. Cambridge University Press.

（68）Sarkar，M. B.，Echambadi，R.，Agarwal，R.，& Sen，B.（2006）. The effect of the innovative environment on exit of entrepreneurial firms. Strategic Management Journal，27（6），519–539.

（69）Schmalensee，R.（1989）. Inter-industry studies of structure and performance. Handbook of Industrial Organization，2，951–1009.

（70）Schultz，T. W.（1961）. Investment in human capital. The American Economic Review，51（1），1–17.

（71）Schumpeter，J. A.（1934）. The theory of economic development. Harvard University Press. First published in German in 1911.

（72）Schumpeter，J. A.（1942）. Capitalism，socialism and democracy. Allen & Unwin.

（73）Shah，S. Agarwal，R.，&Echambadi，R.（2019）. Jewels in the crown: Motivations and team building processes of employee entrepreneurs. Strategic Management Journal，40（9）: 1331–1514.

（74）Shah，S.，Agarwal，R.，& Sonka，S.（2017）. A time and a place: Non-profit engagement in market creation and industry emergence. SSRN 2959714.

（75）Shapiro，D.，Hom，P.，Shen W.，& Agarwal，R.（2016）. How do leader departures affect subordinates' organizational attachment? A 360-degree Relational Perspective Academy of Management Review 41（3），479–502.

（76）Starr，E.，Frake，J.，& Agarwal，R.（2019）. Mobility constraint externalities. Organization Science，30（5）：869–1123.

（77）Teece，D. J.（1986）. Profiting from technological innovation: Implications for integration，collaboration，licensing and public policy. Research Policy，15（6），285–305.

（78）Varian，H. R.（1992）. Microeconomic analysis（3rd ed.）. New York: Norton.

（79）Williams，C.，Chen，P. L.，& Agarwal，R.（2017）. Rookies and seasoned recruits: How experience in different levels，firms，and industries shapes strategic renewal in top management. Strategic Management Journal，38（7），1391–1415.

（80）Wormald，A.，Agarwal，R.，Braguinsky，S.，& Shah，S.（forthcoming）. David Overshadows Goliath: Specializing in Generality for Internationalization in the Global Mobile Money Industry Strategic Management Journal.

（81）Wormald，A.，Agarwal，R.，Braguinsky，S.，& Shah，S.（2021）. Pioneering multi-sided digital platforms: The effect of firm characteristics and platform strategies on pioneer outcomes.（Working Paper）. University of Maryland.

第十一章

大器晚成者的故事：有影响力学术研究的十项准则

不列颠哥伦比亚大学　桑德拉·鲁宾逊（Sandra Robinson）

不列颠哥伦比亚大学　钟锐　翻译

　　我坐在这里，用文字记录下我的学术之旅。三十一年前，我还是一名刚刚入学的博士生，被安排坐在一个小小的格子间里，由此开启了我的学术生涯。有时候，我感觉这个场景就好像发生在昨天一样，因为脑海中的每一帧画面都那么生动，而我也好像仍然是画面里那个二十四岁的年轻人。有时候，我也会感觉这一切都好像一场电影，那影片里的日程表在荧幕上飞转，我的时光流逝也不再复返。啊，这期间我经历了那么多事情，其中大多是我未曾预料到的。

　　当我收到邀请为本书写一章时，我倍感荣幸和兴奋。我立即接受了邀请，因为我相信这既是一项令人愉快的任务，也是一项有价值的任务，而这正是目前指导我进行所有工作任务的两个标准。虽然我仍然沉浸在获得这个机会的兴奋中，但我也意识到完成这一任务比我预期的要困难得多。事实证明，写自己——尤其是写自己的成功——比写学术文章要难得多。一是我从未写过自传一类的文章，第一次尝试用这样一种对他人可能有用的方式分享我的故事让我感到有一丝不安；二是我感觉如何构建我的故事是一个难题，我本打算按照时间顺序讲述我的职业生涯，但我随即意识到我的旅程更像是一个螺旋。换句话说，我感觉自己一直都在前进，但过程中我也会反复经历相似的事件、成功或挑战。因此，为了能让我的故事对其他学者更有启发，我感觉我应以自己一路上学到的东西为架构，并附上个人故事来说明。

　　言归正传，我的故事将从这里开始。首先，我将简要介绍一下我的职业生涯，文中所述的见解大多源于我的这段职业经历。本章的其余部分将集中讨论十个相互关联的准则，我认为这些准则对我作为一个学者的影响力至关重要。

对于每条准则，我都提供我职业生涯中的典型事例，不过需要注意的是，我早年的学习曲线非常陡峭，所以许多最关键的时刻或顿悟都来自我早年的经历。

我的职业生涯简述

我是我家六口人中唯一一个拥有高中文凭的人，更不用说上大学了。多亏了加拿大的公共教育体系，我才得以在不列颠哥伦比亚大学求学并自费获得了几个学位。整个上学期间，我都在做兼职工作，这些工作影响了我的职业选择。做研究助理这样有趣的工作让我发现了我对行为学研究的喜爱，而各种糟糕的暑期打工经历则更坚定了我想要留在学校继续求学的决心。在某个暑假的末尾，我和许多同来兼职的学生在一对双胞胎的家里举行派对。这对双胞胎也是和我们一起做兼职工作的同事，他们有一个很酷的父亲，这位父亲在娱乐室里给我们表演了弹吉他。他的名字叫拉里·穆尔（Larry Moore），是不列颠哥伦比亚大学组织行为学系的教授。他向我介绍了这个领域，并鼓励我申请其组织行为学的硕士项目。

就这样我跟着拉里攻读了这个硕士学位，随后在克雷格·平德（Craig Pinder）教授的引领下，我申请了博士项目。1988 年春天，我选择了西北大学，因为克雷格说"这个地方精英荟萃"，而且我喜欢我在那里访问时所遇到的人。我在做决定时并没有什么高瞻远瞩的想法，但我相信，只要我遵循自己的兴趣，以及比我父母接受更多的教育，我就会有一个更好的生活。

在西北大学学习期间，德妮丝·鲁索（Denise Rousseau）和珍妮·布雷特（Jeanne Brett），以及市场营销系的道恩·亚科布奇（Dawn Iacobucci）三人共同担任我的导师。当时有人跟我说，如果我的博士论文委员会只有女性的话，会招人说闲话，所以我就邀请了保罗·赫里希教授加入。虽然西北大学的学术文化是以谈判和冲突解决的实验研究为主，但这并没有左右我的研究兴趣，我仍对使用调查问卷法的研究更加感兴趣。

当时我们博士生需要在四年内毕业，这点我做到了。第一天上课时，他们说毕业时每个人都需要为就业市场准备好 1.5 篇论文，而我却没有做到这点。尽管如此，我还是于 1992 年在纽约大学找到了一份助理教授的工作。在纽约的那几年，我收获颇丰，晋升为副教授，但我还是在 1998 年选择离开纽约，回到了温哥华和不列颠哥伦比亚大学。回到故乡工作一直是我重要的人生目标，我有幸能够比预期更早地实现它。当时是因为不列颠哥伦比亚大学有人退休而空出一个职位。是谁退休了呢？就是拉里·摩尔，这个十三年前把我引入组织行为学领域的前辈。时至今日，我已经在不列颠哥伦比亚大学待了几十年，目前是一名正教授，拥有杰出学者的头衔，并曾担任不列颠哥伦比亚大学商学院的博士生项目主管。

我一直致力于从事基于现象的研究。我几乎只研究职场"阴暗面"领域中较新的现象。职场"阴暗面"是指那些明显偏离规范、具有破坏性以及有害的职场行为。在研究生阶段，我开始关注心理契约的研究项目，我是第一个研究心理契约破坏和背叛的人，并持续了大约十年。我相信我最初的研究（Morrison & Robinson，1997；Robinson，1996；Robinson & Rousseau，1994），尤其是那些发表在《管理学会杂志》《管理学会评论》和《行政科学季刊》上的研究成果，会让心理契约的构念和理论在组织行为学领域中被人认可，并为接下来几十年这个方向的研究铺平道路。另外，作为开创者，我和我的合作者在这些文章中厘清了关于心理契约的一系列实证、理论和概念上的问题，比如，如何区分心理契约破坏和背叛，什么因素会诱导它们的发生，被破坏的心理契约为何不仅仅只是未满足的期望，以及信任在对心理契约破坏的识别和反应中扮演怎样的重要角色。

在随后的几年里，我和我的合作者丽贝卡·贝内特（Rebecca Bennett）提出了职场偏差行为这个宽泛的构念（Robinson & Bennett，1995；Bennett & Robinson，2000）。我们当时的目标是："嘿，同行们，你们总是关注类似于承诺、动机和公民行为这样的积极的构念，是不是也应该思考一下具有破坏性和有害的职场行为？"于是我们提出了职场偏差行为的构念并给出了具体定义，通过分类将不同的偏差行为整合起来，同时为这些行为开发了测量量表。我们在当时的文章中首次界定和强调了职场中的负面行为，这随后成为极为热门的研究方向。我们提出的职场偏差行为这个构念也给接下来提出其他类似负面构念的文章打下了基础，比如反生产行为、不文明行为、人际贬损行为和辱虐管理等。在我的遐想中，我们早期关于职场偏差行为的文章让整个领域注意到"负面行为"这个现象，开辟了一个崭新的、开阔的研究领域，激发人们关注其他负面构念的研究，以及随后关注积极偏差行为的研究。但同时，有点讽刺的是，虽然我们早期的分类想要整合大量不同的偏差行为，但这个研究领域反而分裂成十几个不同的子领域。

后来我和我的博士生格雷厄姆·布朗（Graham Brown）依据环境心理学中空间领地的研究，提出了"领地行为"这个构念，并最早开展了关于这一现象的研究。那时的我非常希望我在这一领域发表的文章——特别是在《管理学会评论》上发表的提出这一构念的文章（Brown，Lawrence，& Robinson，2005）——能够像我早期关于心理契约和职场偏差行为的文章那样，催生出一个大的研究方向。但遗憾的是，迄今为止，这些文章只获得了大约八百五十次的引用。最近，我在重点关注职场排斥现象，所以我还无法判断这些研究会产生怎样的影响，但是职场排斥正逐渐受到了越来越多的关注。

我的研究兴趣往往来源于对外部世界的观察，特别是对组织情境中的现象的观察。我的研究也常常涉及对一个新构念的定义、概念化以及测量，并去解决一个新构念在发展初期所涉及的一些基本研究问题。在研究主题上，我一直对员工的真实工作体验很感兴趣，比如他们的心理契约以及他们在工作中受到的待遇。因此，为了研究这些现象，我常常会采用问卷调查法去实地开展研究。然而，像大多数学者一样，我也会为了实现不同的研究目标而采用其他可能的研究方法，比如开发多维度量表进行构念分类，我会通过做实验来检验因果关系，或者做内容分析来解析一个新的现象。

我一直致力于让研究能产生长久的影响力。当然，产生影响力的方式和衡量影响力的标准都是多样的。就我而言，我常常会用有两个指标来衡量我的潜在影响力。一个指标是我收获的学术奖项的数量和种类，或者我的研究对其他学者产生的价值。我的研究目前的被引用量为35000次左右，其中包括九篇超过1000次被引用量的文章，以及五篇超过3000次被引用量的文章。我也收获了各种各样的学术奖项，其中一些奖项针对具体的文章，另外一些则与我的职业生涯挂钩，比如美国管理学会组织行为学分会的康明斯奖以及美国西部管理学会的JMI杰出学者奖。另一个指标体现在我的研究是否得到了大众媒体的关注，以及是否得到了公众的共鸣。当我发现非学术界人士也认为我的研究是有趣和有意义的时候，我会感到无比的充实。有时候，有热心的读者通过评论或者通过直接联系来感谢我的研究验证了他们的工作体验或者解决了他们的困惑时，我会受到巨大的鼓舞。

十项准则

基于对我过去的成功、犯下的错误以及难忘的转折点的回顾，我总结了十项我认为对我的职业生涯很重要的准则。关于这十项准则，我想先说明几点：首先，这些准则来自我对自己职业生涯的事后感悟。很遗憾，由于我无法对我自己做实验来判断因果关系，所以不能保证这些是正确的，或者真正准则的数量是三还是十七。其次，我也可能忽略了其他因素，包括大量的好运和交互作用。另外，谁都无法预料这些准则是否能够被推广到不同的情景、学者以及时期。所以，即使我能准确地捕捉那些对我有用的事情，也仅仅是一种且不是目前为止唯一获得影响力的方式。最后，我并不是在建议其他所有人走我曾走过的路，比如研究"阴暗面"或者去引入新现象。相反，我只是希望有学者能够思考一些我认为对我有效的那些基本准则，并且能够从中受益。

做你自己：追逐你的兴趣但同时把握纲领和方寸

作为学者，我成长过程中最艰难的一部分是搞清楚我是谁，以及我想在这个领域中成为怎样的人。学习文献中的知识和研究技能很简单，但是发掘自己真正的兴趣和天赋，并学会让其引导自己，却是一个漫长和复杂的过程。我以前并不知道这是我需要做的事情，但现在回过头来看，很明显，这对我的成功至关重要。以我的兴趣作为导向，我能够做出更多、更好的研究，并发展自己作为学者的身份认同。

追逐你的兴趣。在我的职业生涯中，这一点非常重要。如果说我有什么做得对的选择，那就是相信我的直觉，并让这种兴趣来引导自己做研究。我始终如一地用这条准则来指导我研究的话题、探索的问题以及我承担的角色。我的兴趣也同样引导我去放弃某些机会或者停止在某些领域的研究。

追逐自己的研究兴趣不仅意味着我会选择令我兴奋的研究话题，还意味着我会选择我最喜欢的研究问题和研究过程的各个方面。对于我们领域的一些学者来说，他们最大的兴趣在于发展理论，或挖掘并解决现有研究中的矛盾，或探索某些研究方法。对我来说，我的兴趣在于发现一种新的行为学现象，并将其引入组织行为的"阴暗面"这个领域来。我对那些未被充分研究的现象情有独钟，研究这些现象是我最喜欢的任务。我非常喜欢涉猎不同的研究领域，并将它们整合在一起。我也喜欢在一个新的领域进行概念性的理论探索。

追逐兴趣的价值。追逐内在兴趣对我来说是大有裨益的，譬如它很好地替代了自律。坦白来说，我并不是特别自律的人，但如果我在做我喜欢的事情，就不需要那么依赖自律。这一点对学者尤为重要，因为我们在工作中必然会遇到各种各样的障碍和负面反馈。坚定的意志力和持续的努力可能是每一个学者想要做好一系列研究时遇到的最大挑战。然而，当我享受某个研究时，我就不会在意需要付出多少努力，而且我也知道我会收获可观的结果。

追逐我的兴趣，也使我的研究更有系统性。读者可以看见，我的研究总是有很多相似之处，即使我不知道这些相似之处是什么。正如我稍后将解释的那样，有纲领和方寸地做研究是非常有价值的。

我自己坚信这条准则，也鼓励我的博士生做他们感兴趣而不是我感兴趣的研究。比如我最近的一个毕业生，现在在华盛顿大学任教的姬拉·夏布拉姆（Kira Schabram）就是如此。她的研究兴趣与我相反：因为她对积极的话题如召唤、勇气和同情更有研究热情。虽然如此，我仍然可以有效和愉快地引导他们前进。找到那些给我们学术自由的导师和学校，这一点非常重要。

发掘我自己的研究兴趣。我从孩提时起就梦想成为一名学者。小时候，我喜欢玩搭建城堡的游戏，并在城堡里建起俱乐部。我记得我曾经在夏日里收拾和整理出了一个非常老旧的闲置木屋车库，把脏兮兮的地板打扫干净，铺上地毯，把车库变成一个俱乐部。我还记得我曾经协助一个小伙伴在一大片空地上造了一个树屋式城堡，但由于地处偏远，并没有太多其他孩子们来玩。我也记得我曾和邻居们一起花了两个暑假造了一个木板城堡来连接两个车库，我们还创建了一份加入俱乐部的条件清单，在其中列出了其他小伙伴加入我们俱乐部之前必须学习的东西。作为一名学者，我致力于引入和研究新现象，与建造城堡和俱乐部其实有异曲同工之妙。它们都需要我找适宜的地方，梳理它们，搭一个构架，制定一些基本规则，并邀请人们加入。

从小我也对人际互动很感兴趣，尤其是那些做坏事的人。例如，我七年级时做了一份读书报告，在里面介绍了一种作者称为"照片分析"的技术，据说用这种技术可以通过检查照片来分析各种社会关系。虽然这种技术后来并未成为大众认可的研究领域，但我依然对它深深着迷。我还记得我曾在公共图书馆借阅了一本成人书，名为《可怕的谋杀：维多利亚时代的犯罪与激情》（*Horrible Murders：Victorian Crime and Passion*），书里介绍了很多由维多利亚新闻改编而成的图片和犯罪故事。我发现图书管理员看我的眼神有点忧虑。

尽管如此，读博时期的我还是陷入了焦虑和迷茫，因为我不知道我想做什么。我不清楚我真正的兴趣是什么，也不知道我作为一个学者的定位是什么。我记得在我第一学期的组织行为学研讨课上，我们每周研讨不同的研究话题，从动机到领导力，但这些都无法让我感兴趣。也许比起那些喜欢太多主题而纠结的同学，我的情况不算那么糟糕，但我们都面临着同样的问题：到底如何发掘自己真正的研究兴趣，并弄清自己想在这个领域成为什么样的学者。

那次研讨课的最后一周的主题是"组织行为学中的新兴话题"，我们读了一篇关于心理契约的文章。这篇文章激发了我浓烈的兴趣，并让我想读更多的文章。这使我感到一种解脱，感觉找到了自己喜欢的研究话题。但这不能算一见钟情，因为我并没有即刻兴奋的感觉；我只是觉得它比我们正在学习的所有其他话题更有趣。随着时间的推移，我才真正喜欢上这个领域。我的导师德妮丝·卢梭提出了心理契约的概念，我也尝试将心理契约作为我暑期论文的主题。正当我为怎么做这一研究发愁时，德妮丝让我看了她回收到的调查问卷。问卷中有一道开放题，询问受访者的雇主是否曾经违背了他们的心理契约，如果有，是怎样违背的。我记录下了每个答案，发现违背心理契约是一个极其普遍的经历，而在陈述这些经历的文字里我也看到了员工的情绪反应。于是，我在这里找到了我的第一个研究课题：心理契约背叛。我也基于此发表了我第一篇真正的学术文章。

大约在这个时候，我也听从了别人给我的建议，用日记去记录那些"有趣的事情"。无论是我在阅读文章或观看演讲，还是我胡思乱想时，每当脑子里冒出一些我感兴趣的东西，我就会把它写下来。每遇到一篇我认为非常有趣的文章，不管是在什么领域，我都会记录到我的笔记中。我走了些许弯路，才发现了我一直以来真正的兴趣：人类行为的"阴暗面"。虽然我曾经担心我没有足够的有趣话题可以研究，但是我在职业生涯中的最大挑战却恰恰相反：我有太多想要研究的东西，却没有足够多的时间来研究它们。

研究生毕业后，我追逐兴趣的方法逐渐从阅读文章获取灵感转变为观察我周围的事件上。这是一个很好的方法，因为我总是对现象最感兴趣，它帮助我发现有趣的东西来研究。例如，我对职场偏差行为的兴趣来于 20 世纪 90 年代经常出现的关于工作场所枪击事件和员工"发飙"的头条新闻（在那些日子里，经常有关于邮递员枪杀同事的新闻）。我和丽贝卡·贝内特都很想研究这个"性感"的话题。在回顾了现有的文献后，我们意识到除了偶然出现的个别研究，如阿希福斯关于领导暴政的研究或格林伯格关于因为不公正采取盗窃行为的研究，没有人在研究职场攻击性行为，或者说，没有人在系统地研究职场负面行为。因此，我们开发了一个"职场偏差行为"的构念。在我和贝内特在 1995 年发表的研究中，我们利用多维度测量的方式将不同的职场偏差行为基于两个维度进行归类和整合。然后贝内特和我在 2000 年发表的研究中开发了一个量表，以便我们可以实证测量职场偏差行为。

我可以将寻找研究兴趣的过程比喻成约会。有时候可能会发生一见钟情，就像我对职场偏差行为的感觉那样。在这种情况下，就要跟着直觉走，看看它是如何发展的，不要在一开始就过分担心实际问题。另外，我们并不总是要等待合适的人出现来俘虏我们的心，我们在未来想要研究的东西可能并不会在第一次接触时就抓住我们的心。我们可能需要花时间去透彻地了解一个专题领域后，这种初期的吸引力才会发展成长期的热爱。这就是我如何对心理契约这个构念感兴趣的过程。

跟着直觉走和追随兴趣其实是一个试错的过程。虽然时至今日我仍旧会犯错，但我已经逐渐明白了什么是不应该做的。我相信对于我的职业成功而言，我说的"不"和我说的"行"一样重要。有时我还是会犯这样的错误，因为快捷、容易，或有好的数据，或有我想一起工作的人，而加入那些不足以让我兴奋的项目。但这些都不是加入一个研究项目的好原因。如果我对某个领域或研究没有发自内心的兴奋，或者说如果我对我们可能的研究发现并不感到兴奋，我通常不会享受这个过程，也不会收获最好的结果。

追逐兴趣时的注意事项。在结束本节之前，我想补充几点。首先，我不认为"追随自己的兴趣"应该与"追随你的激情"混为一谈，因为我认为激情对许多人来说是一个太高的标准。如果我们总是等待激情，我们可能永远不会知道我们想研究什么。我很喜欢我的工作，但我不会说我对它充满激情。这让我想起一位同事分享的故事：因为她没办法等到第二天才读最新一期的《应用心理学杂志》的文章，为了避免吵醒她丈夫，她选择当天晚上在被子里用手电筒阅读。这个故事让我感到惊叹和嫉妒，竟然有人可以这么喜欢研究。但我不是这样的人，我也不认为我们需要这样。

其次，追逐我的兴趣也并不意味着我做的所有研究都是有趣的。每个项目都有起伏，即使是最初最激动人心的项目，也会有令人苦闷的时期，比如我们要根据十五页的审稿意见来修改一篇文章。有人会觉得这很有趣吗？正如我将在后面讨论的那样，另外一个准则是面对逆境要坚持不懈。

最后，当我还是年轻的学者时，我不得不比现在更务实地对待论文发表的问题。那时候，我无法拒绝来到我面前的机会；只有随着时间的推移，我才获得了越来越多的自由去专注于我感兴趣的事情。但在其他条件不变并且有选择的情况下，我相信我们应该只从事那些令我们真正感兴趣或兴奋的研究。

建立研究的系统性。我相信建立研究的系统性对我的学术成就也同样至关重要。所谓系统性是指我能把自己的研究依据某种有意义的方式联系起来。我做的研究在本质上相通，读过我的文章的人，都能很明显地知道"我是以研究什么出名的"，以及我的研究产生了什么样的影响。我自己知道，作为一个从现象出发做研究的学者，我以研究企业的"阴暗面"而出名，特别是关于心理契约违背和职场偏差行为的研究。

系统性研究的好处。第一个好处是，它自然而然地引我走向了一个与我有相同研究兴趣的学者群体。如我将在后面阐述的那样，找到并依属于一个志同道合的学者社区是非常有价值的。

第二个好处是，这样做能促进"规模经济"，让我开展和发表更多研究论文，因为从一项研究中获得的知识和资源可以直接应用于其他研究中。例如，在开展对职场偏差行为的研究时，我对文献了如指掌并且对文章开头的写作也游刃有余。对于职场领地或社交排斥的研究，我也很知道去哪里找最公认的定义和量表。相比而言，当我撰写关于我不熟悉领域的文章时，从审稿人的反馈中就很容易看出，了解一个领域的细微差别是多么重要。每个领域都有其公认的规范，即学者们对于应该如何从事研究，以及应当引用哪些文章和应该避免哪些陷阱的期望。我发现，如果对这些规范不熟悉，要通过期刊审稿过程是很困难的。

第三个好处是，这样做有助于我向整个领域以及我的学校传达我是怎样一个学者：我是一名有追求并且想要在某个领域有所作为的学者，而不是一名急功近利或者投机取巧的学者。

如何使研究系统化。对这一问题，很难用简单一句话来回答，因为我自己是在追逐兴趣的过程中不经意地形成了自己的研究系统。我基本只做我想做的，而不是我认为应该做的研究，我的大多数研究很自然就具备了一些共同点。

值得一提的是，在我写那些文章时，我起初并没有看到它们之间的共同点；但在我把文章放到一起进行回顾时，才发现了它们的共同点。我记得在为升职准备对自己研究的陈述时，我遇到了很大的困难，因为当时我找不到心理契约和职场偏差行为研究之间的关联。但正当我一筹莫展时，突然灵光一现，我意识到其实我的研究都在关注不正当的职场行为，包括雇主的不正当行为（心理契约背叛）和雇员的不正当行为（职场偏差行为）。这一点现在看来显而易见，但说实话，在当时意识到这一点并不容易。后来，随着我在其他领域发表了更多的文章，我用一种鸟瞰的视角来回看我的研究，才开始意识到我的研究不仅仅是关于不正当的职场行为，更多的是关于负面偏差："应该做什么"（如规范、法律、合同义务以及社会期待）和"实际是什么"（如偏差行为、未实现的义务以及社交隐形）之间的偏差。我并没有从一开始就研究完全相同的主题，而是倾向于关注让我感到兴奋的现象：契约背叛、背叛信任、职场偏差行为、领地行为、攻击性行为和社交排斥等。虽然是不同的现象，但它们都反映了我最核心的兴趣：不正当行为，即偏离标准的行为。

我相信，在我们职业生涯的早期阶段，这并不是一个关键的问题，因为我们还在寻找自己的兴趣，并要尽可能抓住一切发表的机会。但是，当我们有机会选择如何分配我们的研究精力，并有机会真正发展我们的兴趣时，形成并追随自己的研究纲领就变得很重要了。

提出精彩并合时宜的研究问题

找到自己的研究兴趣与提出好的研究问题是相辅相成的。

提出好的研究问题。我个人最得意的几篇文章都是因为精彩的研究问题。精彩的研究问题往往会孕育好的理论、假设、研究设计和数据分析。大家熟知的顶级期刊也总是致力于寻找被严谨验证和回答的精彩研究问题。作为一名期刊审稿人和编辑，我注意到许多被拒绝的稿件都是由数据或结果驱动，而不是从一个精彩研究问题发展而来。这些文章写作的方式好比是，作者先发现了一些数据结果，然后围绕这些结果倒过来设计了一个研究问题。这种模式无法产生有影响力的研究，也没有合理利用本就稀缺的研究资源。

什么是精彩的研究问题？ 对我来说，一个精彩的研究问题应该是直截了当的、明确的、与现实世界相关的重要问题，而且对这种问题的答案无法直接从现有的研究中获得。回答精彩的研究问题能够帮助完善我们目前的知识体系，并启发未来的研究或者为未来的研究打下基础。

我相信重要的问题就是有研究必要的问题，但这不一定意味着这些问题是反直觉或令人惊讶的，尽管研究者可能希望造成那样的效果。这一点对于以现象为出发点的研究者而言可能尤其如此。拿我自己举例，我的一些研究虽被大家广泛接受，但其研究结果并不令人讶异，这些研究更多是为未来的研究打开了一扇门或提供了一个重要的基石。对我来说，研究目的不是让读者惊讶，而是让人们在读完我的研究后能以不同的方式看待和思考事物。

我是如何找到精彩的研究问题的。 我相信精彩的研究问题来自对文献的沉浸和对外部现象接触的结合。所谓沉浸文献，我指的是对我感兴趣的文献深入了解，以至于我能迅速捕捉在某个时期有趣、重要和新颖的研究问题。对文献的沉浸式阅读和了解可以确保你已经熟知你所在领域的知识，这样你就能识别和判断某个你想到的研究问题的好坏和新颖性。然而，对我来说，如果仅仅阅读文献，则很难想到一系列好的研究问题。当我还是一名博士生时，我以为我可以通过阅读论文中的"未来方向"来寻找我的下一个研究问题，但这似乎有点徒劳。我的研究并不是仅仅想要改进现有研究，例如通过增加调节变量，或中介变量，或考虑更好的量表或背景来研究某个话题。我想做的是，在现实世界的观察中——而不是在文献中——找到问题。因此，沉浸在文献中是提出好的研究问题的必要但不充分条件。

对我来说，接触指的是走近并观察外面的世界。我研究现象，所以我习惯于经常观察我的环境，寻找潜在的研究问题。这些观察包括家人同我分享的经历，或是新闻中提到的一些事情，或是数据中一个奇怪的结果，抑或是排队中观察到人们的行为。我的研究问题总是始于我看、读或听东西时出现的好奇心，这种好奇心会驱动着我去思考和寻找现象背后的规律。很多这些问题甚至与组织行为学无关，但我总是不断地问自己"我想知道为什么……"或"我想知道是否会……"。当我的直觉告诉我其中一些问题比较精彩时，我会立马思考如何去研究它们。

我将用几个例子来阐述我是如何找到具体的研究问题的。几年前，我的岳母（一位在宾夕法尼亚州的一个小型政府机构工作的职员）曾同我抱怨她办公室里有两个女同事对她冷嘲热讽，把她当作空气，每当我岳母走近她们时，她们就会立即停止交谈，我岳母为此非常厌恶她的工作，于是她给我发邮件，希望能从我这儿获得一些情感支持，以缓解她的苦恼。虽然这些女同事并没有对她做出什么过分的行为，比如说骂她或批评她；但是，这种故意的忽视显然让她受到了很大的伤害。她一直是个很坚强的人，所以我还挺惊讶她会为这点小事苦恼，特别是想到她其实压根就不喜欢这些同事。就在那段日子，我在为筹备某本书的一个章节综述职场霸凌的文献，所以我对这个领域很了解。我知道那时还没有人研究过类似我岳母遇到的问题：被忽视或被当作空气是否会像其他形式的职场霸凌一样让人痛苦？对我来说，这是一个很好的研究问题，因为我觉得写一篇关于它的文章有可能会改变学者和大众对忽视他人这样看似无害行为的看法。此外，如果我证明它是有害的，或比更明显的不公待遇形式更有害，它可能会激发学者、政策制定者和执业管理人员减少其发生。我们基于这个研究问题后来在《组织科学》上发表了一篇文章（O'Reilly，Robinson，Berdahl，& Banki，2015）。

另一个更近的例子是我在阅读加拿大国内新闻时发现的一个研究问题。新闻报道了关于加拿大电信员工控诉他们是如何被迫使用违背道德的销售技巧的。我那时对员工不道德行为的研究已经很熟悉了，所以这个故事启发我意识到了一个潜在的、新颖的、具有实际意义的研究问题：在职业生涯早期被迫从事不道德行为会如何影响一个人后来在工作中的道德准则？然后我回到文献中，看看这是否算是一个新颖的问题，以及它如何衔接或补充组织伦理学的学术研究。对我来说，这很重要，因为我相信这种压力很可能是一种常见的工作经历，而且很可能产生深远的影响。如果说道德教育很重要，那么了解那些商学院学生开始工作后更有力地塑造他们道德准则的因素也很重要。目前，这项研究仍在进行中。

确认我已经找到了精彩的研究问题。我会经常问自己：为什么有人会引用我的研究？它对将来从事研究的人有什么作用？这是不是一项有新闻价值的研究？新闻标题会是什么？我的研究对这个领域的意义是什么？

因为我的研究问题来自观察而不是文献，而且我最感兴趣的是了解组织中的现象，所以我发现向学术界以外的人请教我们关注的研究问题是否有价值是一个很好的方法。我们可以在一个鸡尾酒会或一个家庭聚会上向家人或者朋友请教，也可以是在公园里向陌生人请教，如果我发现自己不仅可以很清晰地向他们解释我的研究问题，还能得到他们的认可时（比如发现在听到我们提出的问题时他们的眼睛会发亮），这足以说明问题的精彩。当他们回答说"噢，你应该来研究我的工作场所！"然后还给我举例子时，那更是一个好迹象。我应该在这里补充一下，虽然似乎大多数人（即使不是全部的话）都认为他们自己的工作场所出奇地不正常，但实际上并非如此。

时宜很重要：与整个研究领域同步。精彩的问题也必须是合时宜的。无论是一个专题领域还是其中的具体研究问题，我们关注的东西必须与该领域当时正在寻找的、需要的或认为令人兴奋的东西相一致。精彩的问题可能会被认为是太超前或者太过时。我们需要根据自身对某个领域的了解程度，来思考什么样的问题是一个应该被研究的问题。如果期刊编辑和审稿人没有意识到这种研究的必要性，那么对一个学者来说可能真正有趣甚至对该领域很重要的东西就得不到应有的关注。以下是我自己早期经验中关于这种研究时宜的一些例子。

想法太新。一个伟大的想法可能会被这个领域认为太超前。我加入德妮丝·卢梭的研究项目时，她才刚开始研究心理契约。她在《雇佣权利和责任》（*Employment Rights and Responsibilities*）期刊上取得了成功，但她觉得组织行为学领域还没有真正接受心理契约这个构念。尽管她的研究想法很好也很重要，但对于当时来说还是有点超前。直到1994年我们第一次发表文章时，这个领域才算准备好接受这个概念。

恰到好处。我和安·奥莱里·凯利（Anne O' Leary-kelly）一起，发表了一项关于同事对员工偏差行为的社会影响以及这种影响的调节因素的研究（Robinson & O'Leary-Kelly，1998）。我们把它命名为"有学有样"。从开始到结束，我们在十二个月内完成了整个研究，而且基本上是通过电子邮件，期间我们只见过一次面。除了拥有一个出色的合作者以外，这项研究之所以受到如此欢迎，是因为它出现在正确的时间。当时已经有一些关于职场偏差行为的研究，而这项研究感觉完全衔接了当时的研究，符合"下一个要回答的问题"这一原则。这是一个不断发展的研究领域，尽管学者已经探讨了很多对影响偏差行为的"理性"因素，但社会情境的影响还没有被研究。这是今后许多研究同事对员工有害行为影响的文章中的第一篇。

过时了。我的博士论文是一个"过时了"的例子，因为我研究的问题是"为什么员工会对工作不满意做出某种反应"。虽然我的主要兴趣在于反应本身（其中包括我后来关注的负面行为），但我的论文还是被定位在工作满意度研究领域。我的研究的标题、摘要和想要扩展的文献都是关于工作满意度的。虽然我的研究问题很新颖，但该领域的学者觉得它很乏味，因为工作满意度这个方向已经是明日黄花，在当时被认为是一个较老的、"已经吃透"的研究领域，所以无论是招聘的学校，还是期刊审稿人都对我的论文不感兴趣。我从未发表过它（尽管如我刚提到的，我确实使用了一些我与安·奥莱里·凯利一起收集的研究数据）。我当时不知道研究一个目前领域所兴奋的话题是很重要的。

如何把握好时宜。对我来说，把握时宜不是一个可以被有意识规划和管理的过程。我把握时宜的能力随着经验的积累逐渐有所提升。这也许是一个类似于渗透的过程——通过完全深入地学习和了解某一领域，我们对这个领域的情况会产生一种直观的感受，知道它发展的方向。通过这种深入的学习和了解，我们更能自然而然地发现一些该领域也被认为有趣的研究兴趣和问题。

学术与时尚其实有很多共通点。如果你很少买衣服，只是通过普通杂志、广告和观察人群来关注时尚潮流，那么你的服装品位很可能会落伍。相比之下，如果你经常逛商场，订阅 Vogue 杂志，对时尚感兴趣，你的时尚感就会很前沿。这可以解释为什么年轻学者在这方面常常做得很好，他们就像中央圣马丁学院出来的新时装设计师一样。通过博士项目培训、准备综合资格考试和探索自己的研究领域等方式，对文献有深度的把握，更了解某个研究领域的现状和走向，而我们这些"老人"则更可能拘泥于以往的传统。

然而，除了合时宜以外，我相信我们也可以自己来助推某个话题或领域。产生影响的一个重要方法是说服他人相信某个领域需要你做的研究，否则大家可能无法意识到研究这些东西的必要性。因此，我们作为学者有责任让读者相信我们所研究的东西是有趣和重要的。我们不能简单地说："这是一个新奇的问题"或"看看 A 是否会导致 B，这不是很有趣吗？"。我们必须说："这是一个新颖的问题，由于以下某个原因，它是有趣和重要的"。例如，当我和我的合著者发表第一篇关于职场领地的文章时（Brown，Lawrence，& Robinson，2005），我们告诉《管理学会评论》的审稿人为什么职场领地的研究对我们的领域很重要，以及这项研究对未来的研究有怎样的启发。你的研究越是新颖，就越需要相应的理由。一旦已刊印的研究激发了人们的兴趣，并鼓励其他人跟进，这个领域就有合法性了，后续相关研究也能更快地被接受。毫无疑问，我和德妮丝·卢梭关于心理契约的第一项研究（Robinson & Rousseau，1994）帮助我们后来多年来能够发表更多这一主题的文章。一旦这些文章为人所知，该领域似乎渴望得到更多。

不要走捷径！我的运气有好有坏，但天下没有免费的午餐。我一直觉得，我们在高质量的工作上投入大量的时间和精力，只是为了获得发表过程中抛硬币的资格。我所说的抛硬币，是指那些我们无法控制的因素，如谁是我们的编辑或审稿人。如果我想成为一个有影响力的学者，我至少需要承担一些风险，做一些难度较大的事情。也许其他人现在已经找到了有效的捷径，但我却没有资格这么说。

研究令人激动和有难度的问题，而不是安全和容易的问题

我研究过相对较新的现象，但我并不建议其他学者也都这样做。事实上，我认为这样做越来越难了。我们的领域目前有很多重叠的构念，因此我们可能更需要构念上的整合。即使不研究新的、未研究的课题，同样的原则也适用；要想有影响力，必须避免安全和容易的话题。

我犯过的大错。在从失败中吸取了深刻的教训后，我对此有强烈的感受。作为一名学者，我最困难的时期是在博士课程结束后到为博士论文寻找研究问题之前的那段日子。我当时很痛苦，面对着不确定性，以及顶着要找到那个最终的、最重要的博士论文想法的巨大压力。我当时误以为论文题目的选择将决定我整个职业生涯的成败，并将成为我在未来十几年研究的唯一内容。我们可以尝试去完成一篇高质量的博士论文，但正如我将在后面用我的例子证明的那样，即使有一篇差劲的博士论文，也可以实现一个成功的职业生涯。

虽然我当时已经对心理契约背叛这个构念感兴趣，但我很快就否定了做这方面的论文，因为我觉得风险太大。它有太多的未知数：还没有人研究它，我

也不知道如何测量它。以我记录下的"有趣事件"为灵感，我思考过很多不同的想法，但每当我发现某个研究问题会带来的困难时，我就放弃了它。仿佛困难对我来说就是意味着风险，而我承担不起任何风险。最终，我选择了一个极其安全、似乎没有什么障碍需要克服的研究课题：对工作不满意的反应。这对我来说足够有趣，但更重要的是，它让我感到安全和轻松。不幸的是，很少有人觉得我的博士论文有趣。尽管我从一所好学校毕业，但却很少收到工作面试机会，而且我的博士论文几乎无法被发表。我把这些结果归结为我的论文让人感到乏味。我现在知道，做一篇有诸多问题但令人激动的论文要比做一篇毫无瑕疵但无聊的论文要好得多。

但这个故事还有下文。在撰写这篇安全却枯燥的博士论文时，我还收集了一些有趣的关于心理契约背叛的数据。因为我对它没太大期待，并且我也在写我的博士论文，我对这个项目感到轻松和安心。我利用我们的校友办公室来跟踪 MBA 毕业生与他们的雇主在一段时间内的经历。我感兴趣的是，他们在被雇用时对雇主的感知义务是否或者在多大程度上会被雇主履行或打破，以及这将产生的影响。对我来说，如果要准确地评估心理契约背叛的情况，需要进行纵向研究，这也意味着我需要花很长时间才能完成这篇文章。因此，我在即将毕业的 MBA 学生在接受工作要约邀请时对他们进行了调查，然后在接下来的两年里对他们进行了多次跟踪（他们自愿同意继续参与，因为我向他们提供了关于他们同行的基准工资和晋升数据，我也在调查中收集了这些数据）。这个故事的重点或寓意是：与我枯燥的博士论文不同的是，我甘愿冒风险去研究心理契约背叛，我在《行政科学季刊》上发表了一篇独作的文章（Robinson，1996），这也是我迄今为止被引用最多的研究，有近 5000 次引用量。

如果我们的目标是要有影响力，我相信我们需要很大胆，做一些高风险高收益的研究。这当然不是成为一个成功的学者的唯一途径，却是成为一个有影响力的学者的最佳途径。

对大胆（being bold）的理解。我没有一个具体建议可以分享去告诉大家"如何变得大胆"。然而，我可以分享一些差点让我误入歧途的想法，以及我的想法是如何随着经验和信心的积累而改变的。对我来说，大胆最主要的因素是不因阻碍而气馁。我犯过很多次这样的错误，现在可能还在犯。我开始研究一个看起来非常有趣和重要的研究问题，但当我深入研究时，总是会遇到一些超级具有挑战性的困难，这些困难就像一堵墙一样立在我面前，于是我就退缩了。如果我不知道如何测量心理契约，我怎么能研究它们呢？事实上，随着时间的推移，我了解到，做好研究是很难的，至少对我来说是这样，而且一直都很难，因为这个领域的标准在不断提高。但是，如果这是容易而且没有风险的问题话，它很可能已经被别人发表了。树上所有低垂的果实都已经被采摘，所以我们都必须爬到更高的地方。

随着经验的积累，我认识到我们的研究本身就是有缺陷的，而做好工作的意义在于以我们当时知道的最好方式来克服障碍。挑战是不可避免的，但它们也标志着我们正在创造学术价值。尽管我们目前对问题的解决方案并不完美，但未来学者会对其进行改进。继续前面的例子，在早期的研究中（Robinson & Rousseau，1994；Robinson & Morrison，1995；Robinson，1996），为了解决如何衡量心理契约破坏的问题，我和我的合作者通过最初对自我报告的心理契约履行分数进行反向计分，后来采取雇主对雇员的承诺和他们报告从雇主那里得到的承诺履行之间的差异。几年后，方法论大师杰夫·爱德华兹及其同事提供了一种更为复杂和成熟的方法来衡量心理契约破坏（Lambert，Edwards，& Cable，2006），这也放大了我们当时所采取的方法的局限。现在想想当时用的计算方法，都让我有点后怕，但我必须提醒自己，当时我已经尽力了，审稿人也同意我的看法。而且我所做的比完全不处理这个话题要好得多。不要因为解决障碍的方法不明确或不理想而回避一个研究问题；相反，要用你能找到的最佳解决方案来研究它。

质量比数量更重要

最为理想的情况是既保质又保量地做研究，但如果必须选择，我认为要追求质量而不是数量。我发表的论文数量比许多同行少，但我的大多数文章都有很高的引用量。有些学者有足够的动力和才华，可以同时做到保质保量，但如果一个学者像我这样，必须在这两者之间做出决定，我倾向于前者。我并不是说我所有的工作都是高质量的，而是我不会故意写质量差的文章或偷工减料。有时我甚至放弃了一些文章和想法，因为我觉得无法将它们提高到我可以引以为豪的水准。

我的研究不能同时既保质又保量，原因有以下两点。第一，在我职业生涯的前二十年，因为我是单亲家长，无法也不愿意一周内工作更长的时间。第二，我总是需要很长的时间和大量的注意力来高质量地工作，当我感到在各种项目之间被拉扯时，我很难在其中任何一个项目上有足够深的专注，质量也因此受到影响。因此，鉴于这种情况和我的最佳工作方式，我选择在同一时段内开展较少的项目。

我认为尽力提供最高质量的工作成果是一个人人品正直的体现。我的首要目标是推动该领域的发展，而不是在我的简历上增加文章发表的行数。我从我的导师那里学习到：当一个人有能力做得更好却偷工减料或故意做劣质研究时，这是一种不负责的做研究的方式。我最不想做的事情是为这个领域制造没有价值的噪声。因此，我一直试图避免这样的一些做法：将一个数据切割成许多研究，用稍有不同的变量重复现有的研究，或围绕观察到的关系来撰写文章，而不是提前提出假设。你可以通过大量的途径故意发表一些劣质文章，但这些文章无法对该领域的发展起到任何作用或帮助。

但这个问题如今变得越来越有挑战性，因为学校往往更重视数量而不是内容，要求教授发表大量文章。正如我所说，最理想的情况当然是保质保量地做研究，但如果不能做到这一点，那就选择数量少但质量高的研究，而不是数量多但质量低的研究。另外就是寻找能够支持和鼓励这种方式的工作环境，因为他们与你共享类似的研究价值观。

与研究质量这个话题有关的是，发表论文要以顶级期刊为目标。虽然我的许多研究最终没在顶刊发表，但我在开展每项研究时都会考虑以某个特定的高质量期刊为目标。尽管期刊的地位随着时间、机构和专业领域的不同而有些变化，但对我的研究来说，A 类期刊一直包括《管理学会杂志》《管理学会评论》《行政科学季刊》《组织行为和人类决策过程》《组织科学》《应用心理学》《人事心理学》《管理学报》和《组织行为学研究》。这些发表渠道能使我研究的曝光度和影响力达到最大化。因为我的研究经常涉及开发一个新的研究方向，我要为其建立合法性，就特别需要在这些期刊上发表，以此获得尽可能多的学者的关注。

我往往以某个特定的期刊为目标，按照该期刊设计和撰写我的研究。多年来，我总是发现，看一看期刊中的典范，模仿它，了解在我的领域中什么是高质量的研究，是非常有帮助的。例如，我记得当我写关于心理契约的研究（Robinson，1996），以《行政科学季刊》为目标期刊时，我躲在床上看了五篇《行政科学季刊》的微观组织行为学文章。我研究它们，做了注释和笔记，试图解析这个期刊看重的东西。我当时注意到，《行政科学季刊》上的微观组织行为学文章倾向将两个理论对立起来，我于是修改了自己的文章，改善了文章的表述方式，也提升了文章的贡献程度。

除了我提到的这些期刊外，我还想指出另外两个发表文章的好地方。第一，作为《管理学会发现》的副主编，我可以说这是一本非常重视关注现象研究的期刊。第二，我想让大家注意书中的章节。我被引用最多的一些论文发表在书中。当我需要一个平台来分享我的想法时，合适的编辑一直是天赐良机。书籍章节给了我自由和灵活的空间让我表达我的观点，让我可以说我想说的话。

坚持不懈

与做风险大、难度大、质量高的研究密切相关的是培养坚持不懈的能力，在负面反馈和失败中继续前进。我经历过很多负面反馈和失败，我很高兴在这里分享这些经历。

在被否定中的坚持。我相信，想要在学术界中成功，一个必要的特质是能够在大量的批评声中坚持下去。很多职业工作者没有像学者那样需要承受大量的匿名批评意见。即使是最有影响力的文章，通常也需通过好几轮审稿，批评意见总是满满好多页。我也不例外，几乎我所有的文章都在第一轮审稿时至少有一位审稿人认为我的研究不应该被发表。

我恐怕不是唯一对负面反馈有着清晰记忆并被失败感刺痛的人。我在此分享一些失败的故事，因为我觉得认识到失败的普遍性对读者是非常有价值的。在研究生阶段，我曾给两个会议递交了三篇文章（后来我知道其中一个会议几乎接受所有投稿）。那时候还没有电子邮件，所有的决定信都寄到邮箱。我记得自己坐在邮箱下面的橙色沙发上，打开第三封拒稿信时，不禁泪流满面。在随后一段日子里，我甚至认真思考过我是否应该退出学术界。我当时认为写一篇会议论文应该很容易，鉴于我明显缺乏天赋，也许我应该考虑换个职业。事实上我还有很多东西需要学习和改进。幸好我当时没有放弃，这次痛苦的被拒经历根本无法预测我未来的职业发展。

而且，我还搞砸了我的博士资格考试。在我们的博士项目中，有两个必须在 48 小时内答卷的考试：一个关于组织理论，另一个关于组织行为学。在我们五个博士生中，我是唯一没有通过组织行为学考试的人。这个事情也说明考试失败并不一定能预测一个学者的未来。

更糟的是，我在找教职工作时也有一种失败感。在西北大学，我有幸能从同学们身上学到了很多东西，至今仍与他们关系密切。但不幸的是我要与他们一起找教职工作！很少有学校邀请来自同一所学校的两个人，更不用说三个人，而我们是五个人一起进入就业市场，再加上我无聊的论文和寥寥无几的发表成果，所以我的处境很不理想。当我的一些同学有十个或更多的面试机会时，而我几乎没有任何工作面试，这令我十分沮丧。在经历了一番波折之后，我最终在三月下旬获得了一份出色的工作。我被叫去面试，然后又被取消，之后他们又改变了主意。在我做面试演讲时，他们向我抛出了一堆问题，弄得我不知所措。我只能默默地暗示自己（当我继续说话的时候）："坚持把演讲做完，你明年总能回到市场上，不要哭……"完全没想到的是，系主任竟然在我的面试访问结束之前就向我发出了录用函。纽约大学给了我一个机会，事实证明这所大学很支持我，是开始我职业生涯的好地方，我在那里工作期间发表了很多文章。

在我决定开始研究职场偏差行为时，我也听到了很多的质疑声。当时有人告诉我，这个问题很难研究，因为没有人愿意承认做了这些坏事。有些人甚至认为，只有愤世嫉俗或不道德的人才会研究这样一个话题。事实证明，消极的工作场所行为很普遍，人们也愿意匿名承认他们自己或同事的不当行为。而我今天想说的是，我们这些研究消极行为的人之所以对此感到好奇和困惑，正是因为我们不熟悉这类行为。

随着资历的增加和经验的积累，应对挫折对我而言慢慢变得更容易了。但我觉得，即使是最成熟的学者，也会因被拒绝而受伤。我发现有几件事对我有帮助。先是要有一个或一组共同作者一起分享经历。我还发现，在回复反馈意见之前，让自己情绪消退一些是有帮助的。这样做可以让我更好地理解反馈意见的含义并从中学习，以及制定下一步研究内容。我知道有些学者没有采纳反馈意见就把文章再次递交给另外一个期刊，但我认为这是个错误。采纳第一次审稿给你的一般性意见来改进你的文章，能够提升在另一个期刊上获得成功的概率。此外，我喜欢从不同视角看待挫折。一个糟糕的工作日或令人失望的评审结果，反过来提醒我应该关注我的人际关系、我的学生、我的爱好，或者我擅长的、重视的或认同的东西。从大的方面来说，这份工作不仅仅只是研究和发表论文；让我感到安慰的是，我的智力、作为人的价值或对世界的贡献并不取决于"一些随机的匿名（和明显不合格的）审稿人对我的某项研究的看法"，也不会因其而改变。此外，科研上的成果并不能决定我一生的幸福或成功。

我曾经得到弗朗西斯·米利肯（Frances Milliken）——我在纽约大学的同事的一个建议。我认为以此建议来做总结特别合适。记得当时我跟她说了一些不顺的事情，她回了一句话，大意是"我们的事业和科研产出不是呈线性关系的"。她向我解释："现在看起来的失利或失败，无法预测一个人的发展轨迹和未来的成功。"多么正确啊！特别当我们还是年轻学者的时候。我们都有低谷或失落，但它们只是我们职业道路上暂时的颠簸。我们必须顺其自然；有些日子、星期或学期会是一个低点，但并不意味着我们会永远停留在那里。接受坏消息和失望，但不要用它们来预测你的未来。从错误中学习，继续一个接一个脚印地向前进。

战胜论文修改

一个需要坚持不懈的关键活动是修改论文。自从我开始职业生涯以来，直到今天，我在某种程度上仍然在脑海中持有这种疯狂的信念，认为我的文章在提交给期刊时就完成了。当然，这种想法与现实相差甚远。现实情况是，我在修改中投入的工作往往比最初提交时要多。

没有哪篇得到修改机会的论文是过于困难而不应尝试的。在我的整个职业生涯中，很少遇到快速简单的审稿过程。有时修改文章的过程是一个奇怪的旅程。我有一篇文章修改了四次后依然被拒（我就不提该期刊的名字了）。另一篇文章，有五位审稿人和一位非常投入的编辑提供了反馈，我们在很长一段时间内经历了三次修改，才被接受。我还经历过审稿人在中途被替换的情况。有一篇文章被一位编辑拒绝了，他后来突然打电话给我，问我是否同意拒绝的意见。还有一次，一位编辑拒绝了我的一篇文章，后来又打电话与我讨论，结果他改变了主意，接受了这篇文章，将其在特刊上发表。

不管否定的声音和反馈有多么令人生畏，也不管审稿人的要求有多么高，我始终认为与编辑和审稿人交流对文章进行修改要比重新开始一项研究更容易。出于这个原因，我在论文修改中总是投入大量时间和精力，而且常常收集更多的数据。比如，现在我办公桌上的一篇被要求修改的论文，其编辑写道："你得发展一个新的理论，收集更多的数据，并对你的新数据进行另一次内容分析，但我相信你的论文有希望。"这意味着此论文要在同一个审稿团队再过一次，可能会花大量的时间。所以我尽可能地让我的回复文档详细、准确和合乎逻辑。我还努力去用审稿人的反馈意见来改进文章，让审稿人尽可能容易地知道我非常尊重他们给我的反馈，以及让他们了解我所做的所有修改及其原因。

审稿人提出的几乎每一条反馈都可以用来改进你的文章。即使当我认为审稿人的看法完全错误的时候，我也会通过某种方法修改文章，想方设法对审稿人的反馈做出回应，因为即使审稿人在某一点上可能不准确，我作为作者也有责任确保有关问题在所有后续版本中不会误导读者。

找到志同道合的人

我的最后一套准则侧重于阐述学术道路中其他人的帮助。我知道我并不是职业生涯的独行者。作为学者，我的成功取决于我自己的动机和才能，但同样要归功于我的合作者，以及那些支持我和被我支持的人。这里重点讲解找到一个支持性的学者社区和找到好的合作者的重要性。

找到学者社区。如果你沉浸在你的领域并与时俱进，你很可能会发现，你并不是唯一对某个研究问题或研究领域感到兴奋的人。吸引我们的力量也在无形中吸引着其他人。这有点像发生在我以及其他父母身上的为小孩取重名的事情。我当时以为我已经为女儿找到了一个相对独特的名字，但当她上幼儿园时，我却发现有三个孩子有类似的名字。而在我的研究中，我也多次面临这种完全相同的经历。当我和丽贝卡·贝内特决定研究职场偏差行为时，感觉这个话题非常新颖，因为当时组织行为学研究大多集中在积极的话题上，而我们觉得大家忽视了"消极行为"。然而，我们于1995年在《行政科学季刊》上发表了我们的概念模型后不久（Robinson & Bennett，1995），瓦尔迪和维纳就在1996年开发了一个关于组织不端行为的概念模型，并在《组织科学》上发表。

我们于 2000 年在《应用心理学》上发表了我们关于职场偏差行为的测量量表（Bennett & Robinson，2000）之后，福克斯（Fox）、斯佩克特（Spector）和迈尔斯（Miles）于 2001 年就在《职业行为杂志》（*Journal of Vocational Behavior*）上提出了反生产性工作行为的测量量表，与我们的量表非常相似。这是一个好兆头，表明我们关注的话题在领域中的重要性。当其他人和你有类似的兴趣时，即使是用不同的构念名字或从不同的角度，这也意味着你找到了你的学者社区。当我们加入或建立一个专注于类似兴趣的学者社区时，就会产生协同效应。那些有相同研究兴趣的人可以给我们提供反馈，与我们合作，参加我们的会议和研讨会，也可以成为我们的审稿人。

如何找到学者社区？ 我不是那种喜欢交际的人。我更喜欢在晚宴上随机坐在某人旁边，或在一起加入某个博士论文委员会的过程中发展新的友谊，而不是通过在美国管理学会社交时间握手。说到认识那些与我有共同研究兴趣的人时，我发现在演讲报告中建立联系更为有用。当我对一个新领域产生兴趣时，我发现一种能够有效建立社区的方式是，通过在美国管理学会组织一个核心小组，然后看看谁会来；或者更好的是，组织一个关于该主题的研讨会，请同事们推荐贡献者。如今，我仍然与那些我认为与我有共同兴趣的学者保持联系。例如，当我几年前开始研究职场排斥时，我联系了纪伯伦·威廉斯（Kipling Williams），因为他在心理学方面写了很多关于这个主题的文章。我确信他对我一无所知，但他仍非常和蔼可亲，为我提供了很好的建议，由于我们之间的联系，我们被邀请写了几本书中的章节，也合作召开了几次专题讨论会，还一起参加在瑞士举行的关于社交排斥的小型会议。

寻找好的合著者。 好的合著者是我能取得这些学术成就的另一个重要原因。合著者分担了我的工作量，大大提升了我的工作效率。更重要的是，他们还弥补了我的弱点，并教会我很多东西。而拥有好的合著者的最大好处是使整个过程变得有趣和不孤单。对我来说，最好的合著者都是那些我喜欢的人，他们与我的研究价值观和职业道德相同，但他们也有不同的天赋，或者对项目的不同方面感兴趣。

合著者的来源。 我的合著者来源甚多，都是通过机缘巧合认识的。这也是为什么我们应该出去交流学习，与有类似兴趣的人建立随机联系。我通过一些圈子认识了一些合著者，比如罗布特·福尔杰有一个非常棒的、涉及美国邮政服务的数据集，他邀请我加入此研究项目，后来我们就一起发表了一篇关于职场侵犯行为的文章（Dietz，Robinson，Folger，Baron，& Schulz，2003）。我也通过论文报告和会议建立了一些合作。就我与安·奥莱里·凯利的研究合作（Robinson & O'Leary-Kelly，1998）而言，我当时向她提议说我们可以重新利用我论文中的数据来测试她刚刚在美国管理学会会议上展示的理论。同样，珍妮弗·伯达尔在看到我在她的学校报告论文后，建议我们一起合作，因为她搜集的关于社交排斥的数据可以与我的数据相匹配。后来我们合著了一篇文章：比较职场排斥和骚扰的影响（O' Reilly et al.，2014）。我的另一些合著者是在认识之前就与我一起工作的人，这些人后来也成了我的朋友，比如乔尔格·迪茨（Jorge Dietz）和杰奎·科伊尔—夏皮罗（Jacqui Coyle–Shapiro）。还有一些出色的常年合作者是我在研究生院时的朋友，如丽贝卡·贝内特和伊丽莎白·莫里森（Elizabeth Morrison）。

在我职业生涯的早期，我更多地与资深教授和同行合作，但随着时间的推移，我更多地与我优秀的研究生们合作。教授最大的好处是能够指导他们，与他们一起发表文章，并享受他们的成长。他们不仅让我收获成就感，而且帮助我成为一个更好的学者。例如，我以前的学生格雷厄姆·布朗向我介绍了环境心理学中关于领地的构念和文献，而我上一个毕业学生姬拉·夏布拉姆一直都是我在方法论方面的得力助手。我还得感谢我以前的博士生们，因为这一章的内容包含了我多年来与他们一同经历的许多故事。

结语

这就是我的学术之旅，或者至少是其中一些重要的经历和一些建议。我希望这一章对在研究道路上的学者有所裨益。我用回顾的方式来讲述这段旅程，其中可能带有偏见。尽管如此，由于本书中的其他作者也叙述了他们的职业生涯，我相信会出现一些共同的主题。这一章的主题是，若要成为一个有影响力的学者，就是要推动整个领域的发展。这意味着用高质量、有挑战性的研究来扩充我们的知识基础，而不是只发表大量劣质的文章。作为学者，产生影响的方式之一是坚持我们的兴趣，同时发现新颖、重要和及时的研究问题，然后努力去解决这些问题。而整个过程最好是与别人一起合作完成。

鸣谢

我要感谢我的同事迈克尔·丹尼尔斯（Michael Daniels）和西玛·萨贾迪尼（Sima Sajjadiani），我以前的学生姬拉·夏布拉姆和我现在的学生钟锐。感谢他们对本章的反馈和见解。

参考文献

（1）Bennett，R.，& Robinson，S. L.（2000）. The development of a measure of workplace deviance. Journal of Applied Psychology，85（3），349–360.

（2）Brown，G.，Lawrence，T.，& Robinson，S. L.（2005）. Territoriality in organizations. Academy of Management Review，30，577–594.

（3）Dietz，J.，Robinson，S. L.，Folger，R.，Baron，R，& Schulz，M.（2003）. The impact of community violence and an organization's procedural justice climate on workplace aggression. Academy of Management Journal，46（3），317–326.

（4）Fox，S.，Spector，P. E.，& Miles，D.（2001）. Counterproductive work behavior （CWB）in response to job stressors and organizational justice：Some mediator and moderator tests for autonomy and emotions. Journal of Vocational Behavior，59（3），291–309.

（5）Lambert，L.，Edwards，J.，& Cable，D.（2006）. Breach and fulfillment of the psychological contract：A comparison of traditional and expanded views. Personnel Psychology，56，895–934.

（6）Morrison，E.，& Robinson，S. L.（1997）. When employees feel betrayed：A model of how psychological contract violation develops. Academy of Management Review，22，226–256.

（7）O'Reilly，J.，Robinson，S. L.，Banki，S.，& Berdahl，J.（2014）. Is negative attention better than no attention? The comparative effects of ostracism and harassment at work. Organizational Science，26（3），774–793.

（8）Robinson，S. L.（1996）. Trust and breach of the psychological contract. Administrative Science Quarterly，41，574–599.

（9）Robinson，S. L.，& Bennett，R.（1995）. A typology of deviant workforce behaviors：A multi-dimensional scaling study. Academy of Management Journal，38，555–572.

（10）Robinson，S. L.，Kraatz，M.，& Rousseau，D.（1994）. Changing obligations and the psychological contract：A longitudinal study. Academy of Management Journal，37，137–152.

（11）Robinson，S. L.，& Morrison，E.（1995）. Psychological contracts and OCB：The effects of unfulfilled obligations. Journal of Organizational Behavior，16，289–298.

（12）Robinson，S. L.，& O'Leary-Kelly，A.（1998）. Monkey see，monkey do：The influence of work groups on the antisocial behavior of employees. Academy of Management Journal，41，658–672.

（13）Robinson，S. L.，& Rousseau，D.（1994）. Violating the psychological contract：Not the exception but the norm. Journal of Organizational Behavior，15，245–259.

（14）Vardi，Y.，& Wiener，Y.（1996）. Misbehavior in Organizations：A motivation framework. Organization Science，7，151–165.

第十二章

致年轻的自己

多伦多大学　安妮塔·麦加恩（Anita M. McGahan）

肖婷　翻译

引言

有一句古老的格言，大意如下："有人问你是如何获得成功的时候，大概也是你差不多该退休，使命已经完成的时候。"因此我怀着惶恐和欣慰并存的心情在这里写下在我职业生涯中发生的事情，是这些事情成就了我，让我到达今天的高度。但真相是，我失败的次数几乎和我成功的次数一样多。我为人所知的成就其实并不是我真正想取得的成就，而我的失败大都可以追溯到我当时就知道不应该犯的错误中。我的成功都来自运气、坚持和许多人的慷慨帮助，特别是我的合作者、学生、家人和导师。我碰巧出生在一个占据天时、地利和人和的时代环境和家庭环境中，这些都对我成为一个教育家和学者而受益匪浅。

我当前的研究主题是实现公共利益的私人企业家精神。这个主题的本质涉及如何利用有效治理组织来解决当今世界面临的最紧迫问题。我认为组织不但是完成目标的重要工具，而且也是解决我们这个时代面临的"重大挑战"——如气候变化、全球健康、移民和消除贫困等公共问题——的核心所在。我这里所说的"私人"指的是非政府管理的企业和机构。我之所以关注私人组织，是因为我相信，要寻找能够大规模的、及时解决重大问题的方案，必须让代表不同利益的众多人群共同参与。这就需要私人组织能够在政府建立的框架内工作，而且经常与公共部门的机构合作。我这里所说的"企业家精神"是指用创新、非传统的方法去寻找解决方案的精神。这一点很重要，因为目前采用的主导型体制结构正在系统性地令很多问题恶化，如全球变暖、贫富不均等。"公共利益"则是指社区中人们的共同利益，并且这些利益只能通过集体努力来实现。

　　我希望上面这段话没有让读者感到无聊。我之所以有这种担心，是因为我觉得我们这个领域更偏向理论和概念的构建，而这些理论和概念常常逻辑不连贯，缺乏说服力。我对此感到抱歉，并认为至少有50%的问题在于我自己的功力不够。真正激励我的并赋予我的研究和我的著作以生命力的是人道主义，即通过人性化的方法解决重大的社会挑战问题。这表明我是一个经验主义者，因为我喜欢通过观察在重要的公共利益领域正在发生的事情，如医疗、消防、监狱、治安、军事和移民等领域的事情，来提出研究的理论问题和公共政策问题。

　　某种程度上，我也是结构主义者，因为我相信，如果组织中某个角色所做的事情与其对组织目标的理解一致，结果却出了问题，那就说明这个组织的结构需要改变。换言之，我相信一般人都会做他们认为应该做的事情，但如果组织结构出了问题，那组织结果注定会再次事与愿违。此外，我喜欢整合生活中不同领域的知识，这意味着我的职业和个人信仰之间没有界限。我试图只写我认为真实的东西，然而，我也意识到，像任何人一样，由于理解、数据、方法、理论、研究设计和分析方面的不足，我写的文章内容与观点很可能不完全正确或经不起反复检验。我的一位教授曾经说："我说的东西有一半是错的，但如果我知道是哪一半，我就不会说了。"但我可以说，我在研究论文中报告的结果在当时我尽可能得到的、最真实的结果。当然，我也以一种结构化的方式迫使自己去回看我曾经认为真实，但现在已被否认的结果，通过这个过程我试图确保我的个人信仰与我的所学尽可能一致。

　　我认为我在管理研究领域最有名的事情是，我对研究全球重大挑战的呼吁（Amis，Munir，Lawrence，Hirsch，& McGahan，2018；Devinney，McGahan，& Zollo，2013；George，McGahan，& Prabhu，2012；Mahoney & McGahan，2007；McGahan，2007，2018，2019a，2020；McGahan & Keusch，2010；McGahan，Zelner，& Barney，2013；Yang，McGahan，& Farmer，2010）。我在职业生涯早期，研究的是产业结构和产业变革（McGahan，2000，2004a，2004b；McGahan & Porter，1997，2003；McGahan & Silverman，2001），这些研究中反映出我对结构性问题的本源观点，主要通过我撰写的案例研究（McGahan，1992，1994a，1994b；McGahan & Coxe，1996；McGahan，Coxe，Keller，& McGuire，1997；McGahan & Keller，1995；McGahan，McGuire，& Kou，1996；McGahan

& Verter，1997）以及我在哈佛商学院和波士顿大学时设计的课程，进而对学术界产生影响。我在这一时期发表的论文，特别是我与迈克尔·波特教授共同撰写的论文，也有一些影响力，但这些论文大多揭示了我们这个领域中别人已经感知到的事实。我同意我的好朋友凯西·艾森哈特教授（Kathy Eisonhardt）对我的评价，她说，"你在离开哈佛大学后，整个人都变得更有趣了"（虽然这是她的善言，但我觉得她说得对）。这是因为我一拿到终身教职，就把研究方向转了一个大弯，我开始琢磨解决私营企业的结构性问题，而这些问题又与"重大挑战"同生共谋。同时我开始通过丰富我的学术活动来研究这些问题，比如参与更多的实地调研，特别是在医疗保健行业。2007 年我就职于多伦多大学后，开始更加系统化、条理化地研究重大挑战，而且令人惊讶的是，我的研究也变得更理论化（Cabral，Mahoney，McGahan & Potoski，2019；Dutt，Hawn，Vidal，Chatterji，McGahan，& Mitchell，2016；Klein，Mahoney，McGahan，& Pitelis，2010，2012，2013，2019；Mahoney & McGahan，2007；Mahoney，McGahan，& Pitelis，2009；McGahan，2007，2019b；Rezaie，McGahan，Daar，& Singer，2012；Vakili & McGahan，2016）。来到多伦多大学后，我的智识成长大都得益于与大学内外学者的合作，对此我深表感谢。有一点我可以肯定的是，假如没有我的学者朋友，我将一无所成。

这篇文章的其余部分是我想象自己回到过去，并把这些话送给那个年轻的自己。

坚持写日记，追求思想的延续性

请记录你的想法，特别是那些没有同时被纳入研究项目的想法。这是因为有趣的东西往往会保持有趣，在困惑、气馁和失去灵感的时候，把想法写下来供日后参考是很有用的。我的研究兴趣的连续性覆盖了不连续性。例如，我在职业生涯后期的核心兴趣其实在我早期选择的人文、政治科学和数学等本科课程中已显现。当我偏离了对我有吸引力的想法时，我就偏离了属于我的学术轨道。

回过头来看看你本科时的兴趣和视野，从而了解你的原初激情，是非常值得的。在读本科的时候，我们大多数人都想改变世界。激励你的信念往往会塑造你的选择。我的体会是，如果你在对你而言很重要的事情上工作，你会产生最大的影响力。通常而言，你对自己想做的事情的想法在你早期的职业承诺中表现得比较明显。（我也注意到，一些学者由于诸多原因，如缺乏资源、社会和家庭的限制以及缺少机会，无法在本科生时期追随他们心中兴趣。这里的大意是说要从你的过去中寻找灵感。）

我还建议你把你的想法写成日记。这样做，一方面可以清除脑子里的杂念，并且不用担心你会失去你认为有趣的东西；另一方面可以随着时间的推移，找到散落的线索，然后将它们联系起来，带入研究和教学框架中。例如，我认为自己是在描绘一幅关于完善全球健康不平等问题的广博的思维画作。每个研究项目都只是这幅画作中的一小块，就像拼图的一小块。这是因为，若要在我们的学术期刊上发表文章，这项研究必须深入钻研一个特定的主题。我的所有项目，以及在我子领域的其他研究项目，都是构成宏大研究的一部分，它们积累起来，形成了一幅关于公共和商业政策如何运作的更广泛的图景。最终，我对通过改进政策来提高人类健康水平，并在总体上改善公平性，特别是贫困群体所得到公平感等问题兴趣浓厚。坚持写日记有助于梳理每一块拼图和与之承载的宏大图景之间的关系。

在认为重要的事上狠下功夫，并始终听取实践者的意见

幸运的是，我在职业生涯的早期，曾在摩根士丹利和麦肯锡工作过几年——在我读哈佛大学 MBA 的前后都有这样的从业经验。我看到有才华的人是如何通过各种方式为决策者帮忙来争取到机会和资源的，然后在得到机会后培养能力。20 世纪 80 年代，当我来到哈佛大学攻读 MBA 课程时，意识到两点：（1）强调资源有效配置的自由市场资本主义经济理论与投资银行和公司金融领域的实际情况并不完全一致；（2）有才华、受过训练的金融界人士在哈佛大学相遇，建立起牢固的关系，然后依靠这些关系来完成重要的事情。换言之，理论似乎完全不能解释金融业界的真实情况。这使我不时陷入一些困惑，特别是在我读博时，当被问及为什么会出现市场低效率时，我很快就知道，我找到了发展理论的机会。这不是基于不准确的基本原则，而是基于坚实的现象和现实。

因为理论往往是不完整的，并且建立在基于不完善理解的或错误的原则基

础上，所以它可以把你引向与现实不一致的方向。与实践者交谈可以为你节省大量的时间，并能使你获得重要的洞察力。这一点在研究诸如气候变化、难民问题和不断攀升的医疗费用等重大问题时尤为重要。原因在于，那些过时但已确立的理论，如新古典主义经济逻辑，所证明的既定体系，正是造成这些重大挑战的帮凶。实践者能够暴露理论与现实的矛盾，因为他们身陷其中。他们知道，在管理领域，一些最根深蒂固的理论都会被现实挑战。换言之，他们知道理论从根本上不足以揭示究竟应该如何应对这些挑战。我来举个例子，新古典主义经济理论认为，监狱的私有化是一个涉及效率的比较治理问题，但由于这一理论没有考虑到监禁的偏见、行为、社会心理学或历史基础，所以它无法充分解释监狱的私有化如何将导致囚犯的残暴化；它也同样没有考虑监禁的目的，因此，它不足以解释私营监狱为什么和如何运作。对我而言，理解这种现象的最好方法就是和参与其中每一个过程的工作者进行交谈。这种方法也可以加速对理论的修正。

我了解到，许多学者不和实践者交谈的原因在于他们觉得这样做太耗费时间，而且会分散他们的注意力。理论模型的优雅、简单和简明对他们来说更具有吸引力。许多理论学家认为理论研究比实证研究更难做，故此回避与实践者交谈，并觉得这与他们的研究并无关联。我的体会是，理论研究确实很难，但不是因为模型建立很难，而是恰因为理论往往像建立在不牢固根基上的纸牌屋，经不起实践推敲。解决这个问题是个大工程，因为这关系到许多人，包括理论家，因为他们在这个不牢固的根基上已经积累了多样的见解和方法。对我而言，与实践者的交谈节省了我很多时间，因为它直接开启对既定理论中存在问题的要素洞察，以及能够对可能有用的要素提出见解。实践者还能指出理论从来没有解决的问题。也许最重要的是，实践者能够清楚描述在现有理论基础上建立的各种系统，出现了怎样的问题以至于最后将系统摧毁。因此，与实践者交谈可以帮助我们了解到什么是重要的。一定要这么做。

学习相关研究方法，但同时接受它们的不完美

与研究问题相关的研究方法，就其关联性而言，在先验上几乎总是不完美的。这是因为任何新奇的事物，也是有趣的和有研究价值的，都存在一些特性

使其难以用常规方法来理解。首先，对于真正新奇的现象，可用来定量分析的数据并不成熟，因为关于它们的时间序列尚未建立，所以，这些现象不能被很好地测量。这就是为什么定性（质性）研究方法在这种情况下是如此有用和重要。当然，各种类型的质性分析法也普遍存在许多问题，有时只能通过补充性分析技术，包括定量分析方法来解决。因此，在研究真正新颖的问题时，同时使用多种研究方法往往是最有效的，特别是在研究"重大挑战"类问题的时候。这需要学者在研究中富有灵活性，而且愿意学习新方法。我认识到，伟大的现象学家并不拘泥于特定的研究方法。

我还了解到，要把上述的拼图—碎片—整体问题描述清楚，写书可能是比较合适的方式。写书有许多不同的模式，出版商也多种多样。作为一个学者，通过写书让实践者成为读者可能需要等到你成为资深学者才会实现。但写书也可以接触到学术圈的读者受众。写书很重要，因为一本书可以把某一主题上的不受约束的观点汇集起来，从而提供对一个重要现象的累积性见解。对我来说，关于研究重大挑战的学术书籍之所以有趣，是因为它能将不同学术研究的洞见汇集和描绘出一幅令人信服、重要和翔实的画面。

坚韧不拔，坚持不懈地在期刊上发表论文

你必须极其努力地工作才能在这个行业取得成功。这句话适用于每一个学者。因为作为学者，你必须具有开创性，你得在某个研究领域确立自己的独特学者身份，并且要教书育人，还要对其他学者和实践者产生影响。有很多人，特别是审稿人和资深学者，会在这个过程中折磨你。若你证明已被广泛接受的理论没得到实证支持，他们可能会真的认为是你的假设和研究方法存在隐患。要证明一件事是错误的并不容易，但要证明别人错了也不容易。我们职业的这种情况，对初级学者来说，产生了非同寻常的压力。

所以你必须足够热爱这项工作，才能在这些挑战中坚持下去。一个特别重要的因素就是你自己心里要清楚你正在做的事情的价值和意义。要把研究现象的重要性和你希望在此研究上产生影响力作为动力；尽量尝试从失败中学习，特别是在与期刊投稿打交道的过程中。

我很幸运自己在年轻的时候得到了这样的建议，即怎么写论文与研究分析

同样重要。大多数学者——包括编辑和审稿人——都很难对一个目的不明确的研究感兴趣，所以文章开篇就要解释研究的贡献，这在研究摘要和引言上花再多时间也值得。

要坚持不懈地向期刊投稿。不断修改，不断重投。在最有可能获得发表的文章上下功夫，同时尽量使你的文章早日送审，因为评审的时间至少与你在办公桌上钻研它的时间一样长。

要虚心受教，但不要太受教

我参加过的每个博士生研讨会都有一个关于指导学术的环节。我们教学生去寻找导师和建立社交网。这虽然重要，但远远不够。同样重要的是，你要学会如何做一个虚心受教但又不是太受教的人。

在我职业生涯的早期，我不仅受益于我父母给我的箴言，也受益于当时在西北大学（现在哈佛大学）的简·曼斯布里奇（Jane J. Mansbridge）教授和哈佛大学的理查德·卡夫斯（Richard E. Caves）教授的指导。曼斯布里奇教授是我的本科论文导师，而卡夫斯教授是我的研究生论文导师。他们给予我鼓励、教导和支持。他们还帮助我做正确的决定，以免掉进学术黑洞。换言之，他们指导我，主要是为了防止我犯新手会犯的错误。但他们并没有引导我偏离我的核心兴趣。我信任他们，所以接受了他们的许多建议，即使有时并不情愿（当我回想起来，我相信我的这种技能是由父母灌输的，他们也是伟大的老师）。毫无疑问，我可以把我在这个行业取得的任何成功直接归功于我在曼斯布里奇教授和卡夫斯教授的教导下所做出的选择，以及他们的关心和指导。

善于受教在我们这个职业中很关键

我在博士毕业成为哈佛商学院的助理教授后，就开始非常努力地去做我认为是获得终身职位所必需的事情。我写了很多哈佛商学院（HBS）的案例研究，其中一些是我喜欢的，还有一些只是为了完成任务。我与一些关心我的资深教师合作，但他们对我的兴趣并不像我对他们的兴趣那么强。我为哈佛商学院和哈佛大学做了太多零零碎碎的事情，但这些事情并没有积累到会产生什么影响。

我还特别看重院长的建议。那时，我将自己表现得像是在做一份传统的工作，但职业发展会以一种结构化、线性的方式进行。我太受教了。

"不要太受教"是什么意思？在我的职业生涯中，我经历的一些逆境和困境正是因为我把作为学者的责任放在一边，去追随那些好心的同事为我建议的道路而产生的，结果让我分心并走入死胡同。当然，这不是他们的错，没有人希望你失败。但有可能你得到的一些建议并不中肯，我却当真了。

所以这是我难得的经验教训。请认真思考别人对你建议的方式、原因和内容，请确保你不要自动遵循任何人的建议，试着弄清楚你被建议不要做什么，并在你的承诺中寻求深度和一致性，包括对你依赖的导师的承诺，并尽可能回馈你所关心以及关心你的人。

对自己的职业成功不要多虑

我的大学室友现在也是一名教授，虽然是在不同于管理学的领域，但当我们聚在一起时，会经常反思，如果我们在本科时就知道我们的生活会变成这样，我们当时将会快乐得多。

我所获得的每一次晋升和每一项荣誉都令人欣慰，但是比起我学生时期的成功，实践者对我所写或所讲的赞同，或由于我的参与使公共政策得到了实施所带来的满足感，便都显得微不足道。

得到晋升和认可其实是我们的职责。我永远不会忘记在我晋升为正教授之后，马上就被分派负责大量的委员会工作（这就是为什么我经常建议终身副教授尽可能长时间地坚持他们当前的级别）。请不要误会我的意思：委员会的工作很重要。但是在我们的领域里，为职业成功所花的精力和忧虑占比过大。虽然我们都很荣幸能从事学术，但如何享受它却是一个大挑战。我的建议是，尽量减少对能否拿到终身教职的关注，而把注意力放在找一条足够好的退路上，这样你就不会那么在乎升职这件事了。你可以通过与实践者接触，或者做你自认为重要的事情，来找好退路。

我还注意到，虽然职业挫折不可避免，但如果你真正致力于思考重要问题，友好地对待同事，那你就可以在这个行业中长期生存下去。世界上许多最伟大学者的学术生涯都充满了艰辛（如阿尔伯特·爱因斯坦、卡尔·萨根、玛莎·努斯鲍姆和罗伯特·阿克塞尔罗德，仅举几例）。在管理学领域，不少学者换过学校，甚至有一些学者离开了学术界。（我注意到，越来越多的终身教授因为不喜欢这份工作或职业而离开。）

所以，请不要让你生命中的整整十年被定义为只是为了争取获得终身教职。有太多不可预见的因素可能决定终身教职的获得，而这很可能与你实际所取得的成就没什么关系，不值得为此浪费时间和精力。

参加会议，为期刊审稿

参加学术会议很耗时，而且可能令人生畏，让人觉得费劲。但是你可以学到大量的知识，结交伟大的朋友，并获得对你研究工作的宝贵反馈。你在这个领域的地位取决于其他学者对你、你的想法和你参与的研究主题的认知，以及你向他人提供反馈的慷慨程度。通过参加学术会议可以快速树立自己的形象。

起初你需要通过坚持不懈的努力去认识别人，并参与其中。最好的方法是参加博士生和青年教师座谈会，提交你的研究供项目评判，并参加预发展研讨会和论文会议。我还建议你挑选一两个与你的兴趣最相关的分会或兴趣小组，然后把你的大部分时间花在与这些兴趣相关的会议上，去参加这些小组的业务会议，了解有哪些志愿服务的机会。在几年后，可以开始做志愿者。不要做太多，但要做一些，如审稿、主持会议、担任讨论者和帮助后勤的工作都是不错的选择。试着去认识别人，并保持友好的态度。

我还认为，如果你认为重要的研究领域是时候从总结成果中获益时，那么参与分会的领导小组或举办会议就是值得做的事情。2010 年，我做了一个TEDx 演讲，在演讲中我说全球面临的气候变化和健康不平等挑战其实与管理教育也脱不了干系。我以为我的言论会遭到同事抨击，但没想到，我被选入了美国管理学会的学术领导层，可见这是一个信号，表明其他人也有同样的顾虑。

给期刊审稿需要平衡时间。如果审稿量太大，你就没有时间做自己的研究；如果太少，就无法了解你所在领域的研究现状。最重要的是，通过审稿，你有机会塑造综合连贯的重要话题并参与对话。作为审稿人，你可以引导研究的未来方向。如果你想在我们的领域产生影响，参与审稿是很重要的活动。

做一个优秀的合作者和朋友，但助人先助己

做一个优秀的合作者和朋友意味着什么？简单地说，就是实话实说，信守承诺。我个人在这一点上最大的教训就是低估了我对他人承诺的重要性。

对我来说，更困难的事情，是如何在成为一个优秀的合作者和朋友的同时，又不屈服于渗透到研究合作中的利益和压力。记得我曾参与了一个我的资深同事深感兴趣的研究项目，其兴趣有很强的感染力。我对他无比信任，就想与他合作。但随着项目的进展，我感觉研究设计存在很大的问题，以至于无法回答那个研究问题。更麻烦的是，那时我对他在其他方面的行为也十分不解，尤其是在判断年轻教授能否升职的决定上。我强迫自己继续进行合作，我也尝试告诉他我自己的疑惑。但结果，我在这个项目上花了好几年时间，依然疑虑重重。这个研究最后没有发表，还损坏了我们的友谊。至今我都深感遗憾。

从根本上说，出错的原因在于我没有很好地解释研究设计中困扰我的具体问题是什么。随着我们在项目中投入越来越多的精力，要应对这些根本问题就变得越来越难。这类问题在研究"重大挑战"课题中特别普遍，因为此领域的理论薄弱，现象不容易识别，而且影响因素混杂。同时，研究结果与众多方面有利害关系。事后想来，我作为一个朋友是失败的，因为我无法想清楚如何与一个自己对其学术相关行为有疑惑的人合作。我找不到方法。我当时应该更努力地工作，更好地沟通，并在那些最初促使我致力于合作的事情中找到能量。

在飞机起飞前的例行通告中，总是说要在帮助他人之前先给自己戴上氧气面罩。在这个研究项目中，我没有做到这一点，结果导致合作与友谊尽失。先给我自己戴上氧气罩，意味着我应该更好地了解这个项目如何融入我的整个研究计划。我既没有对研究项目中的结构性问题进行足够多的思考，也没有对我的合作者关于晋升的决定标准进行足够多的思考，没有去理解他的视角。如果我做了这些事情，也许就能够慎重地规划出一条前进的道路，而不是在我不再相信某件事情的时候强迫自己去做。

制定服务战略，巩固贡献、成就影响

研究"重大挑战"课题常常让人窒息。我在写一系列关于移民的研究报告

时，对美国南部边境发生的不合情理的状况有了真实了解，所以我非常担忧，以至于夜不能寐。比如有一位法官曾判处在押者去私立监狱监禁，因为这个监狱贿赂了法官。我在全球卫生领域的工作让我到访了许多地方，在那里每天都有人饿死和难以想象的残酷行为发生。

在学术研究过程中，我们的情绪自然会受到研究课题的影响，而这种情绪代价会因为学术机构存在的结构性问题变得雪上加霜，包括我在本章简要讨论过的理论问题、竞争问题、折磨问题和拒稿问题。找到一种保持平衡和复原的方法是至关重要的。当然，每个人都有自己的方式来做到这一点。我认为保持牢固的人际关系和拥有一个独立于学术领域的身份认同是非常重要的。

我深深体会到，在我为社会存在的重大问题（如移民、公共健康）失眠之后，就觉得大学里的行政服务工作不那么重要，而且我也不想再去关心了。

请允许我在这方面提出对大家有帮助的建议：我努力以与我的研究兴趣相一致的方式为大学做出贡献。比如，我在大学里做了很多志愿教学工作，包括为其他学院，如全球事务学院、医学和公共卫生学院（我现在被任命到这些学院，主要是这些志愿教学的结果）。我辅导来自大学中各个角落的学生，只要他们正在做与我研究相关的课题；我还在大学的一个委员会中任职，负责制订与非洲其他学术机构的合作计划。

具有讽刺意味的是，当你是"新手"时，以某种方式做出贡献是很重要的，这能证明你的承诺和能力；但当你是"老人"时，做出贡献同样重要。我试图在通过如何对大学做出贡献以及我所感兴趣的现象之间取得某种程度的一致来解决这种讽刺性。我建议你从事服务活动时选择一个特定的重点领域，然后在被要求做该重点领域之外的服务时，礼貌地拒绝。当然，这意味着你对和你所选领域一致的服务说"是"。

最后几点思考

这篇文章是写给我年轻自己的建议。我试图穿越时空回到过去，告诉自己一些我希望在我职业生涯开始时就知道的事情。我希望这些建议在某种程度上会对你有用。

最后，请允许我就"负责任的研究"这个理念提出一些想法。这些想法来自我目前正在致力思考所把握的真知灼见，希望你发现它们有用。

第一，只要你不是主要为了某种不正当的个人利益而采取工具式的行为来做研究和发表论文的话，你就是在做负责任的研究。只要你心存寻求真理的动机，并且体现信守诚信和意义的学术价值，那么你的研究就是负责任的。虽然我个人认为我们领域的理论太脆弱，让我无法在其基础上构建研究，但这并不意味着你不能这样做。学术价值中最重要的一点是多元性。对你有用的东西未必对我有用。你的方法和想法可能与我不同，但这并不意味着你是不负责任的。去做吧。

第二，世界上存在着不合情理、不平等的痛苦，世界上有那么多人生活在极度贫困之中，商学院应该负一部分责任。在过去的一个世纪里，每一代人，每一个国家，几乎每一个十年，领导人都会说他们的社会正处于转折点。我同意这些人的说法：在过去的一百年里，我们确实一直处于一个巨大的转折点。工业化、数字化和全球化在世界许多地方创造了令人难以置信的繁荣昌盛。但同时，它们也带来了巨大的挑战，而这些挑战成为我以及本书其他作者的中心研究课题，也应该成为管理学院更多学者的重要研究课题。站在全人类的角度上看，过去的系统和制度所带来的痛苦是难以容忍、不能持续，甚至是无法承受的。

第三，气候危机正在向我们袭来，而在政府、企业或非政府生活的任何层面，都尚未发展出有效的管理和组织原则，未能给出与问题规模相称的解决方案。这个世界迫切需要通过领导力和治理上的创新来应对这一挑战，而这个课题就是管理学者应该研究的。

第四，我们正在吸引比以往更多的有才华的年轻人进入管理学院的课堂。在北美，大约 20% 的本科生学习商业管理，25% 的研究生学习各种类型的管理课程。然而，在许多学校，课程内容却并没有反映出这些学生在一生中会面临的最重要的问题：气候、环境污染、医疗费用、移民、健康不平等、失业、工作不稳定，以及伴随这些问题而产生的社会心理失调。我们在向学生传授我们对这些问题的认识上的努力还远远不够，因此必须加速弥补，方能使他们能站在我们的肩膀上向前，而不是重复我们的错误。

第五，数字化等技术的快速发展，包括人工智能、5G 和大数据分析，非同寻常，很值得探求。更好的通信、基础设施、分配系统和相互理解是解决世界最紧迫问题的关键要素。但与此同时，数字化的进步如果不以反映共同治理的核心原则来进行管理和组织的话，就会对人类产生威胁。这些核心原则包括尊重隐私、大众代表性、发言权和程序正义。我们必须弄清楚如何从数字化中获得利益，而不是把自己置于数字显微镜和计算机驱动的算法治理之下。

第六，进行治理的创新还有一个原因，那就是越来越多的解决世界上最紧迫问题的方法，需要快速协调和精心管理共享资源才能实现。简言之，可持续消费的简单公式将要求人类少花钱多办事。在这一点上，我对未来很有信心，因为我看到我们的学生，这些将成为未来领导人的年轻一代，他们对过度消费、吃不健康的食物或给他人带来痛苦没有兴趣。相反，他们对公共资源的治理创新极感兴趣。

第七，全球化 1.0 在 21 世纪第二个十年的失败，引起了人们对国际商务宏观经济框架的根本质疑。民族主义、失业、移民和难民的非法待遇也都在沦陷之中。因此，以全新的方法去了解、组织、管理和治理生产性组织之间的跨国关系，应该成为我们这个时代政府政策的核心议程。管理和组织的学术研究对这一领域的进展至关重要。

第八，重新认识和定义"繁荣"这个概念，正在我们的社区、公司、政府部门、教育机构和其他行业协会如火如荼地进行，但管理和组织的学术研究却还没有跟上。20 世纪的股东至上论继续主导着我们的大部分课程，尽管大多数人对公司股东的致富不感兴趣，而且股东至上论本身最初在理论构建上就有缺陷。在我们领域里，还缺乏对管理和组织终极目标的有效理解。

我的这八个观察深刻地指出了研究"重大挑战"和我们领域的关系。但必须要承认的是，我们所做的学术和教育活动其实一直在导致"重大挑战"中起了助纣为虐的作用。我们一直是这些问题存在的原因之一。

所以，我认为真正负责任的研究是承认自己也是造成问题的帮凶。如果只是提倡让别人改变，那么这种宣言就没有分量。结构性问题需要结构性的解决方案。负责任的研究应该以实践者访谈和对理论基本原则的深思熟虑为依据，真正了解系统结构中存在的问题，然后设计出反映自己最有价值的想法的研究方法。方法只是工具。组织本身瞬息万变。组织所处的大系统才是重点。

因为我们这个时代面临的"重大挑战"规模如此之大，所以我才对领导力和如何治理这些系统深感兴趣。我从那些致力改变这些系统并有所作为的人那里找寻灵感。我尝试多读别人在这些主题上的文章。我的目标和希望是以同情心、诚信和对合作者的关注从事研究。学生给了我未来的希望，所以我尽量多花时间与他们相处，我尽量不在课堂上"应付交差"。我所在的大学想改变现状，这给我创造了机会去检验自己关于教育变革的想法，并通过它我尝试做得更多。虽然我知道自己的很多想法不会成功，但我有志尝试。

在我迈向职业生涯的尾段时，我越来越想变成几十年前那个还是大学生的自己：有灵感、有动力、求知若渴。最后，对我来言，负责任研究的核心就是把我最好的东西——尽管它不完美——传承给下一代。

参考文献

（1）Amis，J. M.，K. A. Munir，T. B. Lawrence，P. Hirsch，& A. M. McGahan.（2018）. Inequality，institutions，and organizations. Organization Studies，39（9），1131–1152.

（2）Cabral，S.，J. T. Mahoney，A. M. McGahan，& M. Potoski.（2019）. Value creation and value appropriation in public and non-profit organizations. Strategic Management Journal，40（4）（April），465–475.

（3）Devinney，T.，A. M. McGahan，& M. Zollo.（2013）. A research agenda for global stakeholder strategy. Global Strategy Journal，3（4）（November），325–337.

（4）Dutt，N.，O. V. Hawn，E. Vidal，A. Chatterji，A. M. McGahan，& W. Mitchell.（2016）. How do firms and markets co-develop? Exploring the role of incubators in emerging market economics. Academy of Management Journal，59，766–790.

（5）George，G.，A. M. McGahan，& J. Prabhu.（2012）. Innovation for inclusive growth：Towards a theoretical framework and a research agenda. Journal of Management Studies，49（4）（June），661–683.

（6）Klein，P.，J. T. Mahoney，A. M. McGahan，& C. Pitelis.（2010）. Toward a theory of public entrepreneurship. European Management Review，7（1）（Spring），1–15.

（7）Klein，P.，J. T. Mahoney，A. M. McGahan，& C. Pitelis.（2012）. A property rights approach for a stakeholder theory of the firm. Strategic Organization，10（3），304–315.

（8）Klein，P.，J. T. Mahoney，A. M. McGahan，& C. Pitelis.（2013）. Capabilities and strategic entrepreneurship in public organizations. Strategic Entrepreneurship Journal，7（March），70–91.

（9）Klein，P.，J. T. Mahoney，A. M. McGahan，& C. Pitelis.（2019）. Organizational governance adaptation：Who is in，who is out，and who gets what. Academy of Management Review，44（1）.（January），6–27.

（10）Mahoney，J. T.，& A. M. McGahan.（2007）. The field of strategic management within the evolving science of strategic organization. Strategic Organization，5（1），79–99.

（11）Mahoney，J. T.，A. M. McGahan，& C. Pitelis.（2009）. The interdependence of private and public interests. Organization Science，20（6）（November-December），1034–1052.

（12）McGahan，A. M.（1992）. Philips' compact disc introduction（A）. Harvard Business School Publishing 9-792-035.

（13）McGahan，A. M.（1994a）. Lotus Development Corporation in 1994. Harvard Business School Publishing 9-794-114.

（14）McGahan，A. M.（1994b）. Sunrise Medical，Inc.'s wheelchair products. Harvard Business School Publishing 9-794-069.

（15）McGahan，A. M.（2000）. How industries evolve. Business Strategy Review，3（Autumn），

1–16.

（16）McGahan, A. M.（2004a）. How industries change. Harvard Business Review（October）, 98–106.

（17）McGahan, A. M.（2004b）. How industries evolve: Principles for achieving and sustaining superior performance. Boston, MA: Harvard Business School Press.

（18）McGahan, A. M.（2007）. Academic research that matters to managers: On zebras, dogs, lemmings, hammers & turnips. Academy of Management Journal, 50（August）, 754–761.

（19）McGahan, A. M.（2018）. Freedom in scholarship: Lessons from Atlanta. Academy of Management Review, 43（2）, 173–178.

（20）McGahan, A. M.（2019a）. My presidency of the Academy of Management: Moral responsibility, leadership, governance, organizational change, and strategy. Journal of Management Inquiry, 28（3）（July）, 251–267.

（21）McGahan, A. M.（2019b）. Where does an organization's responsibility end? Identifying the boundaries on stakeholder claims. Academy of Management Discoveries（December）. https: //journals.aom.org/doi/10.5465/amd.2018.0218.

（22）McGahan, A. M.（2020）. Immigration and impassioned management scholarship. Journal of Management Inquiry, 29（1）, 111–114.

（23）McGahan, A. M., D. O. Coxe.（1996）. African Communications Group. Harvard Business School Publishing 9-796-128.

（24）McGahan, A. M., D. O. Coxe, I. M. Ganot, & G. Keller.（1996）. Passion for learning. Harvard Business School Publishing 9-796-057.

（25）McGahan, A. M., D. O. Coxe, G. Keller, & J. F. McGuire.（1996）. The pharmaceutical industry in the 1990s. Harvard Business School Publishing 9-796-058.

（26）McGahan, A. M., & G. Keller.（1995）. Saturn: A different kind of car company. Harvard Business School Publishing 9-795-010.

（27）McGahan, A. M., & G. Keusch.（2010）. Economic valuations in global health. Global Public Health, 5（2）（March）, 136–142.

（28）McGahan, A. M., J. F. McGuire, & J. Kou.（1996）. The baseball strike. Harvard Business School Publishing 9-796-059.

（29）McGahan, A. M., & M. E. Porter.（1997）. How much does industry matter, really? Strategic Management Journal, 18（S1）, 15–30.

（30）McGahan, A. M., & M. E. Porter.（2003）. The emergence and sustainability of abnormal profits. Strategic Organization, 1（1）（February）, 79–108.

（31）McGahan, A. M., & B. S. Silverman.（2001）. How does innovative activity change as industries mature? International Journal of Industrial Organization, 19（7）（July）, 1141–1160.

（32）McGahan，A. M.，& G. Verter.（1997）. Coming soon: A theater near you. Harvard Business School Publishing 9-797-011.

（33）McGahan，A. M.，B. A. Zelner，& J. B. Barney.（2013）. Entrepreneurship in the public interest: Introduction to the special issue. Strategic Entrepreneurship Journal,7(March),1–5.

（34）Rezaie，R.，A. M. McGahan，A. Daar，& P. Singer.（2012）. Globalization of health innovation. Nature Biotechnology，30（10）（October），923–925.

（35）Vakili，K.，& A. M. McGahan.（2016）. Healthcare's grand challenge: Basic science on diseases that primarily afflict the poor. Academy of Management Journal，59（6），1917–1939.

（36）Yang，A.，A. M. McGahan，& P. E. Farmer.（2010）. Sustainability in global health. Global Public Health，5（2）（March），129–135.

结语

炼成有影响力学问的过程模型

华盛顿大学　凯文·斯廷斯马（H. Kevin Steensma）　陈晓萍

南京大学　贺伟　蒋旭婷　翻译

听完了这些顶尖学者讲述的自己的学术生涯故事，我们现在来观察和总结一下他们走过的貌似迥异的道路是否存在共性，如果是，其特征又是什么。首先要提醒大家的，鲁宾逊和索伦森也在他们的文章中提到过，就是这些故事中隐含的"事后诸葛亮"的局限性。这十二位学者在回忆自己通往成功的道路时，视角或多或少存在偏差。而且，我们选择的都是成果斐然的顶尖教授，并没有包括其他普通成功学者的个人旅程。但即便如此，我们认为这些顶尖学者总结出来的共性，也能够为冉冉升起的学术新星和正在考虑从事组织管理学术研究的人，提供一些启示。

虽然我们常常寻求事物之间的因果关系，但我们发现这些学者成功道路中的第一个共性却是偶然性。本书中好几个学者都提到了一些偶然事件对他们开始学术生涯的重大影响。比如，阿什福斯在高中时偶然读到斯坦福大学津巴多教授的监狱实验研究，并由此激起了他对组织如何影响个体角色和行为的极大的好奇心，继而影响了他的学术追求和职业选择。鲁宾逊也提到她曾偶然与一位同事的父亲会面，那位同事碰巧是一位组织行为学领域的学者。科尔基特在印第安纳大学读本科时，与一位教授讨论公正这个概念，如遇知己，从而决定了他的职业方向。这些偶然发生的事件不仅引导本书的作者们进入管理学这个领域，更在他们启航时为其打开大门。比如，好几个学者回忆自己参加学术会议时，一些看似偶然的相遇也使他们的职业受益——在会议中遇到的人、引发的即兴讨论和随之带来的合作机会甚至改变了他们的学术研究方向。拉奥和韦斯特法尔都提到了他们人生中的各种机遇与邂逅，甚至将他们的成功归于一系列偶然事件发生的结果。我们当然不认为他们的成功是因为运气特别好而得到了从天而降的馅饼；相反，而是因为这些学者特别善于开发机遇，并能主动拥抱机遇。

巴塞德强调，学者需要走出书房，积极参加各种活动。她认为，虽然表面上这些活动并不会直接促进职业生涯的发展，但是，那种太理性、太过算计权衡利弊得失的行为反而可能使人错失有助于职业发展的大好机会。当然，参加会议、提供学术服务，或是帮助年轻学者成长都会耗费不小的机会成本。但是，阿加瓦尔指出，她所经历的许多重要交流都来自学术会议上的偶遇、新教师招聘研讨会和对博士生的指导，而这些重要的同行交流最终也塑造了她的研究轨迹。因此，我们不妨将这些活动看成是一种对职业生涯的早期风投，虽然其中大部分都不可能带来净收益，但只需要几段重要的际遇，便足以改变一个人的职业生涯。

除了偶然性这个共性外，我们还发现另一些主题贯穿所有学者的成功旅程中。下面，我们用斯伯莱茨的心理赋能理论（Spreitzer，1995）作为框架，来整理这些共同主题。心理赋能理论指出，一个人心理赋能的程度取决于四个因素：自我决定、能力、意义和影响力。我们详细分析这四大因素是如何铺就学者们的成功之路的。

逆境下的自我决定

第一个贯穿所有这些学者成功的共性就是他们强烈的独立自主意识。他们没有跟随导师的研究方向，而是坚持做自己觉得有兴趣和意义的研究，以此确立自己独特的学术身份。比如，鲁宾逊听从自己的直觉和兴趣，对组织中人的行为阴暗面开展研究。她因此放弃了一篇保险系数大但对她来说兴趣索然的论文。我们发现，有些学者的独立自我意识可能要到职业生涯后期才出现。比如麦加恩，她真正的研究兴趣其实在于她本科时产生的一个想法。但在她职业生涯的早期，她为了晋升，只做那些比较循规蹈矩容易发表的研究，而忽视了她原本真正感兴趣的问题。她从自己的经历中体会到，做被导师要求做的研究和做自己热爱的研究是两种截然不同的状态，她因此告诫年轻学者不要仅仅出于功利性的目的做研究，只有对自己做的研究充满激情才有意思。阿什福斯则指出，学者应该研究重要且有价值的问题，而不是鸡毛蒜皮或无关痛痒的问题。当然，所谓的价值可能是内生的，且取决于学者自己是否真的相信这些研究问题的价值。阿加瓦尔回顾自己当初为了探寻一个有价值的研究问题而反复纠结的经历，因而建议学生们应该在阅读过文献的诸多话题中，找出自己真正感兴趣的，而不是让导师来做出判断；只有这样才能决定适合自己的研究方向。如果没有激情，学者们就不会对那个研究问题付出足够的心血和不懈的努力，也就不能应对负面反馈和挫折，更不可能被他们的目标读者所认可。从结果来看，跟随自己的激情是个不错的策略，因为它更有可能让人获得成功。本书学者在此分享的是他们自己的实践经历，虽然他们都已经成为博士生导师，但却鼓励博士生寻求自己的内在兴趣，而不只成为导师的复制品。

我们要指出的是，独立自主、听从激情并非全然无害。事实上，其中蕴含着巨大的风险，因为要研究一个新现象（新构念）往往缺乏广泛的理论基础，需要从头做起。现在我们很容易只看到这些学者的成功，并误以为其成功之路一帆风顺，然而事实却并非如此。比如，索伦森的第一次研究就遇到了一个没有方差的因变量！其他人早期也都陷入过自我怀疑的挣扎中，不管是来自求职市场的挑战（如鲁宾逊），还是辛辛苦苦写出来的论文得不到积极的反馈（如韦斯特法尔）。在这种情况下，正如麦加恩所言，激情，只有激情，才能让他们在挑战审稿人和资深学者的负面评语时，有勇气承受这些学术同行的"嗤之以鼻"。

其实，在所有故事中，我们能明显地感受到这些学者锲而不舍、坚韧不拔的品质，所谓自主决定也是。正是因为拥有这些品质，阿加瓦尔才会宁愿延迟毕业也要煞费苦心地收集论文数据，这最终为她长远的成功奠定了基础。巴塞德则庆幸自己能坚持维护工作与家庭之间的平衡，如此她才得以更坦然地直面逆境。总而言之，本书的作者们很早就能够自主决定，去做自己抱有激情的学术研究。也因如此，他们才有足够的毅力去承受学术道路上不可避免的挑战和挫折。

个体能力与集体力量

当然，仅有自主决定和研究激情还是不够的，学者必须还得有相应的能力匹配才会结出硕果。毫无疑问，本书中的每一位学者都是技艺精湛、才能超群的个体，并且我们发现，他们的团队合作能力同样强大。凭借杰出的个人实力，他们也许完全能以独立学者的身份闻名于世，但实际上，他们并不认为学术生活本身应该是一个独立的过程。用阿什福斯的话来说："独木不成林。"重视合作的态度在研究组织行为的学者中尤其普遍，因为他们更能自然而然地意识到合作的价值。虽然在擅长合作方面学者之间存在差异，但无论从合作者的数量还是多样性上看，本书中的顶尖学者在合作方面都堪称出类拔萃。

尤其难能可贵的是，这些学者对自身的优势和劣势皆有清醒的认知，他们因此扬长避短，展现比较优势。比如，阿什福斯承认统计分析不是他最擅长的。可以想象，如果他下定决心提升这方面的能力，他也可能在统计分析方面出类拔萃，甚至可能超过他合作者中的统计专家。但是，牺牲他在开发理论上的强项，而花时间去攻克统计难题，这样做既不高效，也不利于领域的学术发展。所以，也许更应该"做你最擅长的部分，而把其余的交给你的合作者"。

此外，这些学者之所以成为成功的合作型学者，也许正是得益于他们自身突出的能力，使别人愿意与他们合作，因而形成一个良性循环：他们在职业生涯早期显示出来的强大个人能力，让他们成为众望所归的合作对象。于是，他们可以对潜在合作者精挑细选，把机会转化为成功。同时，经年累积的优质合作对象，又让他们产生新的思想火花，从而创造了更多新的合作机会。归根结底，他们自身的能力引发了马太效应，即高潜力的合作机会能催生出更多的潜在合作机会。厉害的合作者也能够激发别人从不同的学科或子学科中获得新的研究视角。

合作对象的变化常常是一个自然的过程，大部分人都是先和资深导师合作，再是同辈，最后带上博士生一起工作。不过很少有人能像阿加瓦尔教授那样，去构建非常系统化的合作者生态，涉及几代人：导师、同辈、研究生，以及她过去的学生的学生。这样的合作生态系统给她和研究团队带来了高产的数据获取资源，为他们研究有趣复杂的跨学科问题带来了优势，这可以用严谨的三角数据来加以验证。因此，有效的合作不是加法而是乘法；有效且具有吸引力的合作者能让团队成员如虎添翼。我们鼓励大家充分实践本书学者在多年合作经验中总结出来的成功要点。

虽然合作好处很多，但学者对此亦有所警示。巴塞德和格雷夫都强调了独立研究对个人学术声誉和职业生涯发展的重要性，尤其是在职业生涯的早期或者在新研究领域的起步阶段。当一篇学术文章有许多合著者时，大家会问究竟谁才是关键贡献者。一个人如果过度依赖与资深学者和导师的合作，会被同行贬低其贡献，尤其是在其职业生涯早期。格雷夫也强调只有独立作一篇论文才能让学者完全掌控自己的研究，特别是在开辟一个全新的研究领域时。只要拥有对数据收集、分析和处理的绝对自主权，学者就能够完全自主地斟酌何种写作方式能将关键论证表达得更清楚。一旦你这个独立研究在领域中一石激起千层浪，潜在的合作者便会蜂拥而至。

研究的意义和影响力

首先我们要澄清一下，并非本书中的所有学者都相信他们的工作是有意义且有影响力的。影响力包含两个方面：学术影响力和实践影响力。有影响力的研究有助于形成新的理论视角，这不仅能证明并解释重要的组织现象，还能影响管理者的思维和组织实践。

那么，这些学者是如何获得影响力的呢？尽管大家的秘诀不尽相同，但还是有一个共同点，那就是都在讲一个通俗易懂且普适性强的简单故事。即便是致力于开发复杂理论的大理论家（如阿什福斯）也会关注他们理论的实践意义，即他们的理论能如何改善组织。在已发表的研究中有太多不接地气的论文，为了支持他们的实证发现不得不生搬硬套各种理论，以至于文章佶屈聱牙、晦涩难懂。与之相反，本书中的这些学者都是行文深入浅出、简明扼要，可读性强。正如他们所述，简单的故事能引起学术圈外人的共鸣，能在鸡尾酒会上分享交流而无须惹人注目。韦斯特法尔用一分钟电梯演讲来阐述他研究的核心思想，以此精练他的行文。

矛盾的是，如同将一堆杂树治理成一片森林，打磨出一段简单的故事比简单罗列观点要难很多；在这一过程中，写作和关注细节至关重要。阿什福斯在例证他对细节的关注时提到，他能注意到合作者或编辑修改了他文章中的一个标点符号。尽管顶尖学者们无疑欢迎一切对他们研究的改进，但作者这样关注细节说明，文章中每个句子、短语和词汇都是站在读者角度上逐字逐句精心考虑后使用的。索伦森指出，写作在博士生的训练中重视程度不够高。有许多学者的研究其实贡献很大，但却发表不出来，就是因为文章没有写好，导致主编和评审不愿意细读。索伦森说他本人就是如此，但他后来通过模仿行文优秀且清晰的学术文章而提升了他的写作技巧。

需要注意的是，简明的叙述和平淡乏味的叙述有着本质区别。顶尖学者强调，需要找到那个最佳点，即探索一些既非渐进性的小问题又非颠覆性的大谜题。与主流观点完全背道而驰的研究，其出版之旅可能异常艰难。那么，本书中的学者们是如何判断并根据那个最佳点来形成研究问题的呢？他们是从哪里获得灵感来提出研究问题的呢？他们是理论驱动还是现象驱动做研究的？虽然每个人的答案不尽相同，但他们在一个问题上的共识也相当值得关注，那就是：在哪里得不到研究灵感？我们发现，顶级期刊发表的论文在讨论部分勾勒的未来研究方向，基本不会被这些学者考虑；另外，图书馆的文献堆也不是他们的灵感源泉！

积极融入这个世界、观察现实生活中的现象，是这些学者提出有趣的研究问题最为普遍的方式。比如，在读博之前的一份工作引起了巴塞德对职场中情绪传染的好奇。在韦斯特法尔走上学术道路前，一份为期不长的咨询工作为他日后的学术生涯给予了必需的灵感和见解。这些例子说明，一个人在追求学术之前，拥有一份职业经历是很有价值的。志向远大的学者也可以通过间接接触职场来弥补工作经历的缺失。比如，洪洵和麦加恩在他们整个职业生涯中，都通过与从业者持续的互动来精炼、简化故事，同时发现具有潜在影响力的并且会动摇现有理论体系的研究问题。阿加瓦尔则深入档案数据，通过大量定性与定量数据的交叉验证来理解现象，形成对"领域全貌"的充分理解。

这些学者将他们对现实世界的种种好奇融入学术世界的知识海洋来理解现有理论体系在解释现实世界时的各种局限。本质上讲，对理论海洋的沉浸和对现实世界的好奇是相辅相成的，彼此都能为对方提供新的视角。洪洵承认，旧观点会制约新观点。尽管这些杰出学者在他们各自的领域都是专家，但他们没有让自己的创造力受到现有理论的约束。正如格雷夫所强调的，新视角和新问题的出现可以让已经被研究过的数据焕发新生，学者可以从不同角度重新挖掘这些数据，以获取新的见解。

索伦森提醒我们要警惕一种当下日渐普遍的做法，尤其在宏观领域的学者中，要根据现有数据和情境提供一个严谨、可靠的研究设计来选择要研究的科学问题，也就是所谓的"方法论驱动"研究（陈晓萍、沈伟，2018）。尽管对内生性和模型识别的担忧合情合理，但过分强调这些威胁效度的因素，会导致学者们最终选择索然无味的研究问题。在利用数据解决与管理实践紧密相关且发人深省的研究问题时，索伦森和阿加瓦尔都使用了极富创造力的方法和溯因推导的过程来解决内生性问题，以支持他们的推论。同样，微观领域的学者也应该警惕满足于做渐进式创新的研究，比如对一个已经研究过的现象额外加一个调节或中介变量。巴塞德虽然专注于研究情绪在职场中的影响，但她的每一个研究都会探索一个新的现象，而不仅是增加一个新的调节变量。鲁宾逊关注组织行为的阴暗面，但她一直在揭示不同种类的负面行为（如反生产行为、职场偏差行为、职场排斥等），而非集中精力于其中的一个小点。

这些杰出学者中，也有不少是通过整合不同学科知识的方式作出了有影响力的学问。正如阿加瓦尔所述，没有哪个学科拥有只属于自己的知识。所以，虽然有些学者欣赏经济学的理论和方法，但他们也承认经济学知识的局限性，并积极借鉴其他学科的知识予以弥补。韦斯特法尔就极为擅长将植根于心理学、社会学和经济学的理论整合交融。他也承认，这样做挑战极大，尤其是面对如何调和不同学科的研究范式差异，整合出不同学科受众都能理解的通识框架时。但与局限在某一学科精耕相比，整合多种学科知识可能会产生更大的影响力。

通往有影响力学问的一个过程模型

至此，我们用自我决定、能力、研究的意义和影响力概括了本书这些杰出学者们共有的特征。下面，我们从他们各自的成功故事中抽象出一个相对普适的过程模型。这一过程模型（如下图）包含五个阶段，最终能让一个崭新的研究流派成型，在领域内得到认可，并成为主流。

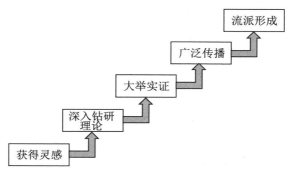

通往有影响力学问的过程模型

获得灵感

　　一个研究灵感的来源有许多，其样态形式也各不相同。拉奥教授受到历史事件的启发，发现了其中蕴含的模式并寻求解释机制。鲁宾逊则从时事新闻中获得灵感，调查为何职场中会出现堪称灾难性的负面事件。韦斯特法尔则得益于他从枯燥的财务分析中收集的额外数据，而刷新了他对公司治理的观点。巴塞德则因为一个坏脾气主管的休假能缓解同事间紧张气氛的现象而对职场情绪产生了研究兴趣。阿什福斯在阅读了津巴多教授的斯坦福监狱实验后，决定走上学术道路，并成为一位对重要组织现象的敏锐观察者和深刻思考者。周京曾经因为教授对她学期论文的负面反馈，而激发起对创造力这个问题的兴趣，并最终选择这个主题作为她的终身研究方向。阿加瓦尔坦言，当她从一个固定的理论视角或特定分析层次对某一现象了解越来越多时，她就会意识到自己从其他理论视角或不同分析层次得到的知识会越来越少。格雷夫则是从对某个企业绩效反馈理论的强烈共鸣开始，想方设法寻找高质量的数据资料去证明这个理论的预测效果，从此一发不可收拾。

　　索伦森呢？他反复观察到企业家就地创业，而不是去更有创业条件的外地创业的现象，这个现象让他着迷，因此萌生了一定要从理论上解释这个现象的动力。科尔基特则是对社会公平这个构念一见钟情，从此欲罢不能，因而对拓展这一研究领域保持了长久的激情。洪洵自己有跨文化工作和生活的经历，同时与很多国际化企业和外派经理保持联系，这为她在文化智商方面的研究提供了独特的见解。那麦加恩呢？她长期以来对解决当今人类面临的重大挑战——如全球变暖、贫困和不公平等——抱有强烈的使命感，所以才热衷于从事公共领域中私人企业家精神的研究。由此可见，研究灵感可以来自不同的渠道和方向，但核心是只有当这个想法扣人心弦，或是当你感受到和它有特殊联结的时候，你才能够发展出独到深刻的见解以丰富完善它，并怀有经久不衰的热忱，建立研究项目、深入探索。

深入钻研理论

　　一旦明确了自己的研究想法或主题，我们的这些杰出学者无一例外会深入钻研相关文献中，去启发他们思考不同的但却紧密相关的理论视角。一般而言，微观领域的学者倾向于钻研社会心理学的理论，而宏观领域的学者则更有可能应用社会学或经济学的理论，以构建他们即将提出的新理论的基础。比如，巴塞德深入钻研到社会心理学领域的情感、心情和情绪（Hatfield，Cacioppo，& Rapson，1992，1994；Lazarus，1991）的相关文献中，从而阐明情绪如何在个体、团队和企业层面影响职场中的人际交往。洪洵则深耕多元智力或智商领域（e.g.，Sternberg，1986）的文献，构建自己提出的文化智商的概念，继而开发出有效的测量工具。格雷夫对企业低绩效如何导致组织变革方面的理论理解深刻并极为欣赏，还在无线电广播行业找到了一组最能证明该理论有效性的数据。索伦森则在社会嵌入文献和企业家精神领域钻坚仰高。我们有的学者还采用了多学科交叉的研究方法，将心理学、社会学和经济学的理论整合，为他们的理论发展提供更为多元的知识基础，如阿加瓦尔、韦斯特法尔和麦加恩。而这尤其需要付出额外的努力，以确保采用多学科交叉研究时关注的问题是一致的。

　　除了深入钻研文献之外，这些学者还会对相关群体进行访谈，包括普通员工、经理、高管团队、CEO 和创始人的访谈，以确认他们的研究想法与真实的组织情境密切相关。有时，他们也通过闲谈、非正式研讨会或正式的学术会议征求同事们的意见和反馈。这一步能够帮助他们获得更多信息，以判断研究想法或问题的意义和潜在影响力。

大举实证

　　虽然理论研究往往有很大的影响力，能启发其他学者在理论的指引下开展实证研究，如阿什福斯在组织认同、肮脏工作、情绪劳动和组织拟人化方面的理论研究影响深远而广泛；但在有影响力的管理学者中绝大多数都是实证主义者。对一个全新的研究主题或者新构建的理论进行广泛的实证检验对创立一个新的研究流派至关重要。从这个意义上讲，严谨是证明有能力做好科学研究的一个关键标准；用巴塞德的话说，她的实证研究一直都在追求"大方法"。

　　"大方法"是指使用多种研究方法来检验理论基础，确保研究结果的稳定性、可复制性和普适性。管理研究方法包括两大类：定性法和定量法。定性法，如访谈、观察、案例研究和档案检索，经常在探索性研究和理论构建中使用。

定量法，如问卷调查、二手数据、实地或实验室实验，则主要用于理论检验。开创性的研究通常需要同时使用定量和定性两类方法。比如，班纳特和鲁宾逊为了构建职场偏差行为概念和开发测量工具，进行了两个研究，每个研究都包括多种样本和方法（定性法和定量法）（Bennett & Robinson，2000）。巴塞德和她的同事们为了探索正面情感随时间推移会如何影响创新团队的创造力，进行了数次问卷调查，继而对 11471 份开放式日志进行编码，同时使用了定量和定性分析（Amabile，Barsade，Mueller，&Staw，2005）。因为每种方法都各有其优缺点，使用多种方法来研究目标现象能够对结果进行三角验证。特别值得注意的一点是，这些学者中许多人起初都只擅长使用一种方法，但随着时间推移他们会在自己的工具包中纳入越来越多的方法，并非常注重方法与研究问题间的匹配。定性分析丰富，实证检验严谨，在糅合两类方法方面——不论是个体内层面还是个体间层面的分析——阿加瓦尔、拉奥和格雷夫都堪称典范，值得我们学习。

除了研究方法设计，"大方法"也指使用最为正确合理的分析工具对数据进行分析，比如使用方差分析、协方差分析、回归、逻辑回归、多层线性模型、结构方程模型、路径分析或时间序列分析，如何确保内部效度，如何解决内生性问题，诸如此类。"大方法"也包括了解哪种工具能进行内容分析、社交网络分析、面板数据分析等。本书中的学者们绝不会局限于一套狭窄的分析工具；相反，他们会训练自己使用合适的方法，或找到掌握此类技能的合作者。

广泛传播

截至目前，传播研究结果的最重要的手段还是在同行评议的权威期刊上发表文章。因此，"在哪里发表？"就成了一个很重要的问题。尽管我们都想要发表在《行政科学季刊》和美国管理学会的期刊上，但并非每个研究都符合这些期刊的功能和使命。正如许多微观领域的学者接受的是心理学的博士训练一样，许多宏观领域的学者受到的是社会学或经济学的博士训练，所以有些论文也许更适合这些基础学科的期刊，更能被这些领域的学者接受。在瞄准某个期刊或某类目标读者进行写作之前，学者有责任判断他们到底想让自己的研究在哪里发挥最大的影响力。比如，科尔基特、鲁宾逊和周京在《应用心理学》或者

《组织行为和人类决策过程》上发表文章，拉奥、格雷夫和阿加瓦尔在《美国社会学评论》《美国社会学期刊》《美国经济学评论》和《经济学快报》上发表文章。判断哪类读者最容易接受你的研究话题和方法并明确你要和谁对话，能够帮助你确定在哪个期刊上最适合发表你的研究论文。

要想开拓一个新的研究流派，一篇论文往往是不够的。发表一系列围绕同一话题开展的、探索更广泛的、理论见解更深入的研究论文有助于推动该流派的发展进程。本书中的每位学者都进行了一系列广泛深入的研究。（如果他们不是这么做的，他们的故事也不会被收录在本书中）。包括阿加瓦尔在内的一些学者，甚至在自己的后续研究中挑战了之前提出的推论。这样的重新审视能让学者们剖析入微、使理论构建更为扎实牢固。读者们可以仔细研究他们的履历以获得更多细节信息。

另一种在学术圈传播某个研究流派发展现状的方式，是在眼光长远的思考之下，将你对该流派的想法、思考和未来发展方向的预测著书立说。不过其中更需要考虑的是，提出什么样的问题才能够激发更多学者对该流派的兴趣，以推动其继续发展。格雷夫正是通过这种方式促进了他在企业绩效反馈方面的研究（Greve，2003）；洪洵写了三本著作来推进文化智商的研究和发展（Ang & Van Dyne，2008；Earley& Ang，2003；Earley，Ang，& Tan，2006）；周京则编辑了数本专著以鼓励出现更多对创造力和创新的研究（e.g.，Shalley，Hitt，& Zhou，2015；Zhou & Shalley，2008）；麦加恩还专门为管理者和员工撰写了有关可持续性的书籍，这包括企业如何打击人口贩运、为全球健康奋斗等（Ahn，Burke，& McGahan，2015；Bhattacharyya，McGahan，Mitchell，& Mossman，2019；McGahan，2004）。

另外，带领博士生一起研究也是一种有效的方式。在心理学和工程学的研究中，常常是教授开创一个研究流派，然后和几代博士生一起推进。但在管理学领域，学者们常常不太会用整个职业生涯来推进一个研究话题。但是也有例外，并且在这些凤毛麟角中已经出现了成功的案例。凯西·埃森哈德——斯坦福大学工程学院的一位教授——正是其中之一，她花费数十年时间带领博士生研究企业家精神和创业，如今已产生了相当大的影响力。阿加瓦尔也构建起了一个由博士生合作者组成的出色的研究网络。

当然，还有其他更多传统的方法可以来扩大研究的影响力。比如，在学术会议或系里的研讨会上展示你的研究成果，或是在社交媒体平台上发布你的研究，这些都可以为你的研究成果增加知名度和曝光度。在美国管理学会年会上组织专题研讨会或工作坊也同样能让其他学者加入进来，多年坚持参会能够让学者们的兴趣历久弥新。另外，去其他大学演讲或者通过 Zoom 等免费的视频会议平台展示研究，也同样能够产生影响力。

要判断我们的研究是否具备真正的影响力，除了需要考虑学术层面，还要考虑实践层面的影响。而如果要发挥实践层面的影响力，以非学术用语、面向管理者撰写文章，也许是最为可行的办法。如《哈佛商业评论》《斯隆管理评论》和《管理视野》等刊物都是非常好的选择。在热门网页如《赫芬顿邮报》上发布博客或者在《对话》上发表短文也有助益。

流派形成

在经历了上述四个阶段后，你的新研究就积聚了形成流派的动能，使原本在"圈外"的学者们跃跃欲试。随着越来越多的人关注该研究主题，新的结果会不断涌现，继而抵达那个转折点——曾经的"小"流派壮大成为主流，并获得自己独立的生命力。

我们认为，上述过程模型也许可以囊括本书中所有学者经历的学术旅程。显然，这个过程往往要花费二十年甚至更长的时间才能完成。我们衷心希望，在通往有影响力的学术道路上，这些学者的故事能够照亮这段路途漫漫、时而黑暗孤独但最终得以满载而归的不凡之旅。

我们相信，只要充满热情、保持耐心、坚持不懈、不断成长，终有一天你会抵达理想的彼岸！

参考文献

（1）Ahn，R.，Burke，T. F.，& McGahan，A. M.（Eds.）.（2015）. Innovations，urbanization and global health. New York：Springer.

（2）Amabile，T. M.，Barsade，S. G.，Mueller，J. S.，&Staw，B. M.（2005）. Affect and creativity at work. Administrative Science Quarterly，50，367–403.

（3）Ang，S.，& Van Dyne，L.（2008）. Handbook on cultural intelligence. New York：M. E. Sharpe.

（4）Bennett，R.，&Robinson，S. L.（2000）. The development of a measure of workplace deviance. Journal of Applied Psychology，85（3），349–360.

（5）Bhattacharyya，O.，McGahan，A. M.，Mitchell，W.，& Mossman，K.（Eds.）.（2019）. Private sector entrepreneurship in global health innovation，scale and sustainability. Toronto：University of Toronto Press.

（6）Cyert，R. M.，& March，J. G.（1963）. A behavioral theory of the firm. Englewood Cliffs，NJ：Prentice-Hall.

（7）Earley，P. C.，& Ang，S.（2003）. Cultural intelligence. Stanford，CA：Stanford University Press.

（8）Earley，P. C.，Ang，S.，& Tan，J. S.（2006）. CQ: Developing cultural intelligence at work. CA：Stanford University Press.

（9）Greve，H. R.（2003）. Organizational learning from performance feedback：A behavioral perspective on innovation and change. Cambridge，UK：Cambridge University Press.

（10）Hatfield，E.，Cacioppo，J.，& Rapson，R. L.（1992）. Primitive Emotional Contagion. In M. S. Clark（ed.），Review of personality and social psychology：Emotion and social behavior，151–177. Newbury Park，CA：Sage.

（11）Hatfield，E.，Cacioppo，J.，& Rapson，R. L.（1994）. Emotional contagion. New York：Cambridge University Press.

（12）Lazarus，R. S.（1991）. Emotion and adaptation. New York：Oxford University Press.

（13）McGahan，A. M.（2004）. How industries evolve: Principles for achieving and sustaining superior performance. Cambridge，MA：Harvard Business School Press.

（14）Shalley，C. E.，Hitt，M. A.，& Zhou，J.（Eds.）.（2015）. The Oxford handbook of creativity，innovation，and entrepreneurship. New York：Oxford University Press.

（15）Spreitzer，G. M.（1995）. Psychological empowerment in the workplace：Dimensions，measurement，and validation. Academy of Management Journal，38，1442–1465.

（16）Sternberg，R. J.（1986）. A framework for understanding conceptions of intelligence. In R. J.

（17）Sternberg，& D. K. Detterman（Eds.），What is intelligence? Contemporary viewpoints on its nature and definition，3–15. Norwood，NJ：Ablex.

（18）Zhou，J.，& Shalley，C. E.（Eds.）.（2008）. Handbook of organizational creativity. Hillsdale，NJ：Erlbaum.

（19）陈晓萍，沈伟 . 组织与管理研究的实证方法（第三版）[M]. 北京：北京大学出版社，2018.

词语表

罗文豪翻译

A

abduction，溯因推理

actor-context interactions，role in creativity，主体和情境的互相作用在创造力中的角色

adversity，self-determination，逆境下的自我决定

affect-based trust，情感信任

affective diversity，情绪多样性

Agarwal，R.，拉吉西丽·阿加瓦尔

agenda，building，制定长远研究方案

Amabile，T.，特蕾莎·阿马比尔

American Science Quarterly（ASQ），《美国科学季刊》

analytical tools for data analyses，数据分析对应的分析工具

anchoring effect，锚定效应

Ang，S.，洪洵

antecedents in cultural intelligence，文化智商的前因

antecedents of creativity，创造力的前因

artificial intelligence，人工智能

Ashforth，B. E.，布莱克·阿什福斯

ASQ，Administrative Science Quarterly，《行政科学季刊》

assessment center，评鉴／评价中心

attitude towards chance，应对基于的态度

attitudinal consequences of justice，公正的态度类结果

attitude towards career success，对职业成功的态度

attending conferences，参加会议

breakthroughs，突破

breaking new conceptual grounds，让新概念破土而出

Brown，G.，格雷厄姆·布朗

Buckingham，M.，白金汉

building theory，构建理论

bullying，霸凌

Byun，H.，卞熙贞

C

Campbell，B. A.，本·坎贝尔

career life-cycles，职业生命周期

Carnahan，S.，赛斯·卡纳汉

Center for Advanced Study in the Behavioral Sciences/ CASBS，斯坦福行为科学高级研究中心

case-control design，案例控制设计

case studies，案例研究

Case Western Reserve University，凯斯西储大学

categorical complexity in interdisciplinary research，学科交叉研究中的类别复杂性

Caves，R. E.，理查德·凯夫斯

career considerations，职业选择

caveat emptor，读者需谨慎

cluster persistence research，集群可持续性研究

CD-ROM production，生产只读存储器光盘

Center for Leadership and Cultural Intelligence，Nanyang Business School，南洋商学院领导与文化智商中心

CEO-board relationships，CEO—董事会关系

CEOs，首席执行官

cultural intelligence challenges，文化智商的挑战

CFA（confirmatory factor analyses），验证性因子分析

chain store movements，连锁店运动

Chatman，J.，珍妮弗·查特曼

Chen，P.-L.，Chertkoff，J.，杰罗姆·彻特科夫

citations，引用 / 引文

Clifton，D. O.，克利夫顿

cluster persistence，集群的持续性

coachability，可教性

coauthors，合著者，合作者

Erez，M.，埃雷兹

Escue，C.，埃斯库

event history methods，历史事件方法

evidence-based interventions，designing，基于研究证据设计干预方案

exchange ideology，交换意识

executives，管理层

exit，辞职（退出）

expansion into related fields，扩展到相关领域

experiential learning theory，经验式学习理论

exploitation，利用

exploring ideas，探索想法

exposure，finding research questions through，通过接触找到研究问题

extending research，扩展研究

entrepreneur choices based on resources，创业者基于资源做出的选择

effect on creativity negative mood，负面情绪状态对创造力的影响

effects of ingratiation，逢迎的效应

effect on creativity mood states，情绪状态对创造力的影响

empirical methods，实证方法

F

Failure，失败

  acknowledging failures，承认失败

  learning from failures，从失败中学习

family life，家庭生活

fashion analogy，与时尚类比

feedback，role in employee creativity，反馈在员工创造力中的角色

feedback valance，反馈效价

field studies，实地研究

field survey approach，实地调查研究方式

figures and tables，图表

firm evolution，企业演化

firm-level conceptualization of cultural intelligence，企业层面文化智商的界定

firm performance，企业绩效

first study on，第一项关于……的研究

future of CQ，文化智商的未来

formulating phenomenon-driven research questions，构建现象驱动的研究问题

framing research，框定研究

finding niche，找到适宜的定位

framing contributions，框定贡献

finding good coauthors，寻找好的合著者

Fiske，S. T.，苏珊·菲斯克

Folger，R.，罗布特·福尔杰

follow-up studies，后续研究

footwear manufacturers，制鞋厂

Frake，J.，贾斯廷·弗雷克

framing，框定

Franco，A. M.，艾普尔·佛朗哥

free spaces，自由空间

friendly reviews，友好评阅

G

Gaba，V.，加巴

game theory，博弈论

Ganco，M.，马丁·甘科

gap approach to framing，以"研究空缺"方式来框定

garbage can study，垃圾桶理论研究

Gelfand，M. J.，米歇尔·盖尔芬德

generalizability，普适性

getting lay of land，洞悉领域全貌

genesis of CQ，文化智商的缘起

George，J.，珍妮弗·乔治

Gioia，D. A.，吉奥亚

global identity，全球身份认同感

going to conferences，参加会议

going to conferences，参加会议

genesis of，……的源起

Gong，Y.，龚亚平

Gort，M.，迈克尔·戈特

Gould，R.，罗杰·古尔德

Gulati，R.，兰杰·古拉蒂

Cultural Intelligence Survey，文化智商测验

guanxi management，"关系"管理

Greenberg，J.，杰瑞•格林伯格

Greve，H. R.，亨里奇•格雷夫

grand theories，宏大理论

Greve on，格雷夫

H

Hatfield，E.，伊莱恩•哈特菲尔德

Haveman，H.，希瑟•哈夫曼

hazard rate analyses，故障率分析

Helfat，C.，康妮•海尔法特

heterogeneous diffusion model，异质扩散模型

hierarchical symmetry，层级式对称

high negative affectivity，高度负面情感

high-performing individuals，高绩效的个体

high positive affectivity，高度正面情感

high risk/high reward strategy，高风险 / 高回报策略

Hillman，A.，赫尔曼

Hirsch，P.，保罗•赫希

Hirschman，A. O.，赫希曼

historical data sets and methods，历史数据库和方法

Hoetker，G.，格伦•霍特克

Hoffer，E.，埃里克•霍弗

Hollenbeck，J.，约翰•霍伦贝克

Hom，P.，彼得•霍姆

honesty as network outcome，诚信作为网络的结果

horizontal differentiation lens，水平差异化视角

human capital，人力资本 human enterprise，人力企业

how-much-theory issue，理论是多是少的争议

I

idea ignition，点燃灵感

identification，认同

immersion，沉浸

immigration restrictions on work，关于工作的移民限制

impact，影响力

imperfect methods，不完美的方法

intrinsic motivation，内部动机

impact on employee creativity negative affect，负面情绪情感对员工创造力的影响

impact on employee creativity，对员工创造力的影响

importance of，……的重要性

integrating multiple disciplines，整合不同学科

integrating justice and，整合公正（与其他组织行为领域）

integrating multiple disciplines，整合不同学科

interdisciplinary scholarship，学科交叉研究

influence of demographic minorities on，人口统计学中的少数派对……的影响

in publishing，发表论文

J

Jackson，C. L.，杰克逊

job dissatisfaction，工作不满意

impact on employee creativity，对员工创造力的影响

Robinson dissertation on，罗宾森关于……的博士论文

job market，就业市场

journal of ideas，想法记录本

journals. See also review process，期刊，也可参见"评审过程"

publishing in，在……发表

justice，公正

of meta-analysis of literature，文献元分析

justice climates，公正氛围

justice and personality，公正与性格 justice and trust，公正与信任

justice in teams，团队公正

justice measure validation，公正量表的效度验证

justice and trust，公正与信任

K

Kang，S. M.，Kazanjian，R. 罗伯·卡赞吉安

Kellogg School of Management，凯洛格管理学院

Keynes，J. M.，凯恩斯

Khot，S.，谢加·科特

Kim，S.，Klepper，S.，史蒂文·克莱伯

Kraimer，M.，克莱默

Kwon，H. K.，关浩光

L

laboratory studies，实验室研究

learning styles，学习风格

Leggett，A.，安东尼·莱格特

LePine，J. A.，杰夫·勒平

Leung，K.，梁觉

leverage of markets，市场的杠杆作用

Lievens，F.，利文斯

life partners，人生伴侣

Lind，E. A.，林德

location choices of entrepreneurs，创业者的地点选择（选址）

loyalty，忠诚

M

Mahoney，J.，约瑟夫·马奥尼

Malmquist，S.，桑德拉·马尔姆奎斯特

managerial cultural intelligence，管理的文化智商

manager recognition of creative ideas，管理者对创造性想法的认可

Mansbridge，J. J.，简·曼斯布里奇

March，J. G.，詹姆斯·马奇

market creation，创造市场

Massini，S.，西尔维亚·马西尼

matching model theory，匹配模型理论

Matsumoto，D.，大卫·松本

Matthew effect，马太效应

McGahan，A. M.，安妮塔·麦甘

Mead，B.，米德

meaning，意义

measurement 测量

measurement of CQ，文化智商的测量

measurement of companionate love，友爱

measurement of cultural intelligence，文化智商

Mechanical Turk，土耳其机器人（亚马逊的众包服务平台）

mental capabilities，心理能力

mental well-being，心理幸福感

mentorship，导师 / 指导关系

meta-analysis of justice literature，公正文献的元分析

meta-analytic structural equation modeling，元分析结构方程模型

manager recognition of creative ideas，管理者对创造性想法的认可

metacognitive cultural intelligence，元认知文化智商

meta-mood processes for creativity，创造力的元情绪过程

methodological versatility，方法的多样性全面性

methods used by，所使用的方法

mid-range，中观

mom test，妈妈测试

methodology 方法论

Agarwal on，阿加瓦尔（论方法论）

Barsade on，巴塞德（论方法论）

Greve on，格雷夫（论方法论）

Robinson on，罗宾森（论方法论）

Sorenson on，索伦森（论方法论）

micro foundations of evolution，演化的微观基础

micro-radio movement，微型电台运动

mid-range theories，中观理论

Milliken，F.，弗朗西斯•米利肯

Milton，L.，劳瑞•米尔顿

Mindruta，D.，德妮萨•明德茹塔

Mintzberg，H.，亨利•明茨伯格

Mishra，P.，米什拉

mistakes，learning from，从错误中学习

mobilization effect，资源动用效应

Moeen，M.，玛卡•莫恩

Monin，P.，菲利普•莫南

mood-as-information theoretical framework，情绪信息理论

mood-as-input model，情绪输入模型

Moore，L.，拉里•摩尔

morality，道德

moral sentiments，道德情操

Morrill，C.，卡尔•莫里尔

most respectful interpretation（MRI），最尊重的态度来阐述

motivational cultural intelligence，动机的文化智商

Mueller，J.，穆勒

Rao，H.，哈吉·拉奥

realism in organizational studies，组织研究的现实性

real-world experiences，现实世界的经历

recognition of creative ideas by managers，管理者对创造性想法的认可

recurrent institutional cycle design，循环制周期设计

relevance of methods，方法的关联性

remedial interaction，补救型交互作用

reorientation of research stream，研究流派的重新定向

replication，复制

reputational effects of ingratiation，逢迎的声誉效应

research programs，building，构建研究项目

research questions，研究问题

research streams，研究流 / 脉络

reorientation of，……的重新定向

responsible research，负责任的研究

retesting old theory，重新检验旧理论

return on assets（ROA），资产收益率

reviewing for journals，为期刊审稿

review process，评审过程

responding to reviewers，回复审稿人

review studies，综述研究

research streams，研究流派

review studies，综述研究

revision process，修改过程

Rich，B. L.，里奇

Rindova，V.，林多娃

risk aversion，风险规避

ROA（return on assets），资产收益率

Roberson，Q.，奎妮塔·罗伯逊

Robinson，S. L.，桑德拉·罗宾逊

Rockefeller Foundation"Yieldwise"initiative，洛克菲勒基金会的"产量明智"行动

Rockstuhl，T.，托马斯·洛克施图尔

Rodell，J. B.，罗德尔

Rogers，K.，克里斯蒂·罗杰斯

role plays，角色扮演

Rousseau，D.，德妮丝·鲁索

Rowley，T.，蒂姆·罗利

rumination，反刍

realistic workplace tasks，现实化的工作任务

role of feedback，反馈的角色

research on grand challenges，研究重大挑战

role in management education，管理教育的角色

relationships and resources，关系和资源

resonance of practice bowl，实务之钵的共鸣

resonance of science bowl，学术之钵的共鸣

Robinson dissertation on，罗宾逊关于……的博士论文

reviewing for，为……回顾/综述研究

retesting old，重新检验旧的（理论）

S

Sandelands，L.，兰斯·桑德兰

Sarkar，M. B.，萨卡尔

scaling up excellence in firms，在企业中让卓越展翅

Schabram，K.，姬拉·夏布拉姆

Schumpeter，J. A.，约瑟夫·顺彼得

science bowl，学术之钵

SCP（structure-conduct-performance）paradigm，"结构—行为—绩效"范式

screen scraping，屏幕抓取法

search theory，搜寻理论

Shah，S.，索娜丽·沙哈

Shalley，C. E.，克蕾丝·沙利

Shapiro，D.，黛博拉·夏皮罗

Shen W.，沈伟

Shipilov，A.，安德鲁·希皮洛夫

simplicity in writing，写作中的简洁性

simulations，模拟

Singh，J.，吉图·辛格

single-author model，单一作者模式

situated learning theory，情境学习理论

situational judgment tests（SJTs），情境判断测验

Snider，E.，埃德·斯奈德

social construction of reputation，声誉的社会建构

social influence，社会影响

social movements，社会运动

sociocultural adjustment，社会文化适应

Sonka，S.，史蒂文·桑卡

Sonnenfeld，J. A.，桑尼菲尔德

Sorenson，O.，奥拉夫·索伦森

strategic，战略的

stepping back from research，从研究中"退后一步"

social relationships，impact on entrepreneurs，社会关系对创业者的影响

Souitaris，V.，范吉利斯·苏塔瑞斯

spinouts，分拆

spline variables，样条变量

Spreitzer，G. M.，斯伯莱茨

Stanford University，斯坦福大学

Starr，E.，埃文·斯塔尔

Staw，B.，巴里·斯道

Sternberg，R. J.，斯滕伯格

stochastic excursions，随机漫步

career considerations，职业生涯考虑

storytelling，讲故事

strategic entrepreneurship，战略创业

strategic management，战略管理

strategy，战略

structural cultural intelligence，结构性文化智商

structure of theoretical framework，理论框架的结构

Stuart，T.，托比·斯图尔特

stylized facts，典型化事实

subjective cultures，主观文化

supplementary knowledge，skills，and abilities，互补的知识、技术和能力

supportive community，finding，survey methods，问卷调研方法

sustained inquiry，持续的调查

Sutton. B.，鲍勃·萨顿

symbolic action，象征性行动

symbolic management，象征性管理

synergistic interaction，协同型交互作用

systematic program of research on creativity and innovation，对创造力和创新的系统性研究项目

spirit of feedback from reviewers，获得审稿人反馈的精神

sustained inquiry and observations in organizations，在组织中进行持续的调查和观察

sweet spot，最佳点

T

task crafting，任务塑造

Tata Group，Tata 集团

team creativity，团队创造力

territorial behavior，领地行为

timing，sweet spot，时机，最佳点

timing of research questions，研究问题的时宜

timing，importance of，时机的重要性

theory-building process，理论构建过程

thinking different，别类思考

thrifts，储蓄机构

timing 时机

tipping point，临界点

top management teams（TMT），高层管理团队

top managers，高管

Tourish，D.，图里什

translational research，翻译式研究

Triandis，H.，哈利·蔡安迪斯

triangulation，三角验证 / 交叉验证

trust propensity，信任倾向

Turner，J. D. F，吉恩·特纳

Tyler，T. R.，泰勒

two bowls singing concept，双钵颂音的概念

theory-building challenges，构建理论的挑战

U

unethical behavior in workplace，职场不道德行为

University of British Columbia（UBC），不列颠哥伦比亚大学

University of Michigan，密歇根大学

V

validity，效度

Van Dyne，L.，琳·范达因

venture capital investments，风险资本投资

vertical differentiation lens，垂直差异化视角

video ratings，视频评分

virtual humans，culturally intelligent，虚拟人，高文化智商的

Vissa，B.，巴拉格帕尔·维萨

voice，建言

voice account of creativity，创造力的建言方式 / 选项

W

Walmart entry studies，沃尔玛进入市场的研究

Ward，A. J.，安德鲁·沃德

Weick，K. E.，卡尔·韦克

Westen，D.，德鲁·韦斯滕

Westphal，J. D.，詹姆斯·韦斯特法尔

framing interdisciplinary research，框定学科交叉研究

review process，negotiating，评审过程中的协商

Williams，C.，查理·威廉斯

Williams，K.，纪伯伦·威廉斯

wooden base，木质底座

Woodman，D.，迪克·伍德曼

work-life balance，工作—生活平衡

workplace creativity，工作中的创造力 .

See also employee creativity and innovation 亦可参见员工创造力与创新

workplace deviance，职场偏差

workplace instrumentality，职场工具性

workplace ostracism，职场排斥

work styles，工作风格

Wormald，A.，奥德拉·沃莫尔德

working out ideas，执行想法

worthwhile research questions，值得研究的问题

writing up ideas，写下想法

with organizations，与组织

worthwhile，值得研究的

worrying about career success，担心职业成功

writing articles，论文写作

X

XLRI，泽维尔劳资关系学院

Y

Y2K bug，千年虫 / 千禧虫

yes，habit of saying，说"是"的习惯

Yue，L.，岳庆媛

Z

Zajac，E. J.，艾德·扎亚克

Zald，M.，迈耶·扎尔德

Zapata，C. P.，赞帕塔

Zhang，C. M.，张曼

Zhang，X.，张晓萌

Zhou，J.，周京

first study，development of，第一项研究的发展

principles and approaches to research，研究的原则和方法

Ziedonis，R. H.，艾米丽·齐多尼斯

Zimbardo Stanford prison study，津巴多斯坦福监狱